网络营销实务

WANGLUO YINGXIAO SHIWU

主　编 ◎ 陈建明　李元花

副主编 ◎ 成　强　沙　莎　邵家珺

参　编 ◎ 张　萍

中国海洋大学出版社

·青岛·

图书在版编目（CIP）数据

网络营销实务 / 陈建明，李元花主编 . — 青岛 : 中国
海洋大学出版社，2017.10
ISBN 978-7-5670-1616-3

Ⅰ . ①网… Ⅱ . ①陈… ②李… Ⅲ . ①网络营销

Ⅳ . ① F713.365.2

中国版本图书馆 CIP 数据核字（2017）第 273149 号

出版发行	中国海洋大学出版社		
社　　址	青岛市香港东路 23 号	邮政编码	266071
出 版 人	杨立敏		
网　　址	http://www.ouc-press.com		
电子信箱	sjyybook@163.com		
订购电话	010-60739092		
责任编辑	王积庆	电　　话	0532-85902349
印　　制	廊坊市广阳区九洲印刷厂		
版　　次	2017 年 12 月第 1 版		
印　　次	2017 年 12 月第 1 次印刷		
成品尺寸	185mm×260mm		
印　　张	13	印　　数	1-3000
字　　数	318 千		
定　　价	41.80 元		

前言 **Preface**

在信息网络时代,网络技术的发展和应用改变了信息的分配和接受方式,改变了人们生活、工作、学习、合作和交流的环境,因此企业也必须积极利用新技术变革企业经营理念、经营组织、经营方式和经营方法,搭上技术发展的快速便车,促使企业飞速发展。网络营销基于互联网,可以整合传统的各种单一的营销模式,对公司和产品进行全方位、立体式的宣传,起到事半功倍的效果。企业利用网络这一科技制高点在潜力如此巨大的市场上开展网络营销、占领新兴市场,为消费者提供各种类型的服务,是取得未来竞争优势的重要途径。

在"互联网 + "的强大背景下,在"一带一路"的国家战略下,中国需要培养高素质、高技能的网络营销人才,这也是各类职业院校的重要任务。我们根据财经商贸类专业的发展情况和网络营销岗位技能的要求,以网络营销实务流程为主线,以培养学生网络营销操作技能为宗旨,集教、学、做于一体,设计了本书的框架体系。这是一本适应职业类院校教学需要的特色教材,本教材具有以下鲜明特点:

1. 教材结构合理。本书结合专业课程教学的实际情况和职业院校学生学习的特点,依据网络营销专业自身的规律,以"学习情境—学习任务"模式组织教材结构,既注重专业基础理论的系统梳理,又突出针对性实务操作训练。

2. 知识体系完善。从理论到实践,从实操到应用,内容丰富,全面覆盖了网络营销的知识内容。

3. 内容鲜明、新颖。本书内容着力凸显时代感和现代性,融入了大量的网络营销案例,结合当下最常用的网络营销平台,着重强化网络营销实践动手能力的培养。

4. 受众广泛。本书主要针对职业类院校财经商贸专业的学生、网络营销从业人员、各类财经商务培训机构学员,浅显易懂,并具有可实践操作的特性。读者可以通过对本书内容的学习,全面学习网络营销,结合自身的具体情况实现营销管理的目的。

本书的顺利出版,感谢中国海洋大学出版社和众多网络营销平台运营方的大力支持和帮助,本书参考了大量的书籍、文献和网络资源,书中未一一列出,在此一并表示感谢。

编者
2017 年 9 月

目 录 Contents

学习情境七　微信营销

学习情境八　网店推广

学习情境一
网络营销概述

情境描述

　　在信息网络时代,网络技术的发展和应用改变了信息的分配和接受方式,改变了人们生活、工作、学习、合作和交流的环境,企业也必须积极利用新技术变革企业经营理念、经营组织、经营方式和经营方法,搭上技术发展的快速便车,促使企业飞速发展。

　　网络营销基于互联网,可以整合传统的各种单一的营销模式,对公司和产品进行全方位、立体式的宣传,起到事半功倍的效果。企业利用网络这一科技制高点在潜力如此巨大的市场上开展网络营销、占领新兴市场,为消费者提供各种类型的服务,是取得未来竞争优势的重要途径。本情境你将学习以下知识:

- 网络营销的定义、特点。
- 常见网络营销的应用。
- 网络市场的定义、结构和基本特征。
- 网络消费者的定义、类型。
- 网络消费者的需求特征、购买动机和影响因素。
- 编撰网络营销内容、选择发布渠道。
- 网络推手的定义、任务和操作。

任务1.1 网络营销课程导言

案例导入

案例一："康美之恋"——康美药业

当MTV音乐电视广告作为一种新的宣传方式开始出现在电视荧幕时,康美药业抓住这个契机,借明星效应传播自己的康美文化,以真情动人。山水美景映入眼帘,深入人心,如图1-1-1所示。

图1-1-1 《康美之恋》宣传图

《康美之恋》是广东康美药业股份有限公司斥资300万余元制作的MTV音乐电视,在央视《著名企业音乐电视展播》中播出。影片以康美药业公司老板及老板娘当年创业的故事为原型,邀请影视明星李冰冰、任泉担纲主演,由著名歌星谭晶演唱片中歌曲。整部影片风格优雅、情深意长,用美妙动听的歌曲诉说着创业的信念与情怀,诉说着主人公在桂林神奇秀丽的山水间演绎他们相互爱恋、共同创业的感人故事,如图1-1-2所示。

图1-1-2 《康美之恋》影片截图

图 1-1-3　《康美之恋》音乐电视开机仪式

案例二:"封杀王老吉"事件

2008 年 5 月 18 日,在中央电视台《爱的奉献》大型募捐活动中,生产红罐凉茶王老吉的加多宝集团为四川灾区捐款 1 亿元,一夜之间这个民族饮料品牌迅速成为公众聚焦的中心。

5 月 19 日晚,天涯论坛上出现了名为《让王老吉从中国的货架上消失,封杀它!》的帖子,"王老吉,你够狠!捐一个亿!为了整治这个嚣张的企业,买光超市的王老吉!上一罐买一罐!不买的就不要顶这个帖子啦!"

这个帖子迅速被搜狐、网易、奇虎等国内人气最旺的论坛转载,受到网友的热捧,几天之后,类似的帖子已经充斥大大小小各类网络社区,简单用百度搜索"封杀王老吉"一词,就出现了 3350 个结果。

因为一个亿,王老吉被推到舞台中心,吸引了无数公众的关注,在此背景之下网络话题被挑起,显得如此名正言顺,以至于不少网民觉得支持王老吉是应该的事,如同受恩应回报一样理所当然,此时诸多国内外企业深陷"捐款门"漩涡,而王老吉却卖断了货。如此的创意,高关注度、好口碑指数都在意料之中,"封杀王老吉"事件当仁不让地入选 2008 上半年度最典型、最成功的网络口碑个案之一。

究其原因,有以下几个方面值得借鉴:

1. 成功借势

汶川大地震之后,在全国人民都对企业捐款非常关注的大舆论背景下,王老吉捐款一亿元,并在中央电视台播出,创造了引起舆论关注的契机。在这之前,网络上已掀起了对名人和企业捐款额度的关注浪潮,网络上充斥着关于国内外企业捐款的信息传播和探讨,网民已经习惯于对各个企业和个人捐款额度进行比较,并据此修正自己对于这些企业和名人的偏好。王老吉的一亿元捐款,成为空前的舆论噱头。

2. 事件策划

王老吉通过有效策划,使其捐款一个亿的"壮举"在接下来的几天里迅速成为各个论坛、讨论的焦点话题。但是话题是分散的,需要一个更强有力的话题让这场讨论升级。于是"封杀王老吉"成了由赞扬到付诸实际购买行动的号令。创意本身契合当时网友的心情,使得可能平日里会被人痛骂为"商业贴"的内容一下子成了人人赞誉的好文章。

3.持续推动

一个单帖,能够有如此大范围的影响,背后的网络推手对于这个帖子的初期转载和回复引导至关重要。BBS营销在这个事件中显得尤为成功。首发天涯等大论坛,然后迅速地转载至各个小论坛,之后,就可以依靠病毒般自身的传播惯性去进行扩散了。这种"病毒营销"的效果,不仅促进了王老吉品牌形象的树立,还提高了王老吉的产品销量和企业经济效益。

知识链接

(一)网络营销定义

网络营销(E-Marketing)是基于互联网和社会关系网络连接企业、用户及公众,向用户与公众传递有价值的信息和服务,为实现顾客价值及企业营销目标所进行的规划,实施及运营管理活动。

狭义地说,网络营销是以互联网为媒体从事的营销活动,强调互联网在整合营销中的商业价值;广义地说,网络营销是市场营销的一种新的营销方式,它是企业整合营销战略的一个组成部分,是企业为实现总体经营目标,利用互联网等信息通信技术手段开展产品服务等一系列营销活动的总称。

(二)网络营销的优势

作为一种全新的营销方式,网络营销具有以下优点:

1.市场范围扩大

通过互联网企业可方便快捷地进入新的市场,推销自己的产品和服务。可以说,网络营销为企业架起了一座通向国际市场的绿色通道。而网络开放互联的性质,使通信实现了信息全球化,企业可以发掘世界各个角落的潜在用户,企业的潜在用户也可方便地了解企业的信息。因此,网络营销为企业提供了进入全球化市场的途径。

2.减本增益

在互联网的交易中,企业的业务是在一种"虚拟市场"的网络环境下进行的,互联网交易为企业节省了营销与渠道成本,使企业具有低成本的竞争优势,使产品拥有价格优势。同时,网络营销加强了企业与供应商的信息交流,实现多方招标,减少了采购费用;网络营销也建立了企业与消费者之间的直接联系,减少了交易的环节和销售费用。此外,网络营销还使企业和消费者能即时沟通供需信息,使无库存生产和无库存销售成为可能,从而降低库存费用。

3.信息沟通高效

网络就是信息高速公路,企业可以借助网络多方面收集顾客的需求信息,尤其是个性化的信息,并迅速地做出反应。同样企业也可以通过网络平台把产品或服务传递给消费者,这些传递不仅快捷,而且几乎不受时间和地点的限制。并且企业也能很快获得消费者的反馈信息,使企业不断地进行产品的更新换代。

4.拓宽消费者的选择空间

在互联网上,消费者可以根据自己的特点和需求在全球范围内不受地域和时间限制,快速地寻找商品,并进行充分比较,节省消费者的交易时间与交易成本。此外,通过互联网还可以帮助企业实现与消费者的一对一沟通,便于企业针对消费者的个别需要,提供具有特色的个性化服务。

5.竞争趋向公平

网络为企业提供了一个相对公平、自由的市场体系,使企业间的竞争在网上变得透明而清晰。

6.宣传具有可重复性和可检索性

网络宣传可以将文字、声音、画面完美地结合之后供用户主动检索,重复观看。而与之相比,传统媒体(如电视)却是让用户被动地接受宣传内容。如果错过宣传时间,就不能再得到宣传信息。

7.宣传的投放更具有针对性

通过提供众多的免费服务,网站便能建立完整的用户数据库,包括用户的地域分布、年龄、性别、收入、职业、婚姻状况、爱好等。这些资料可帮助企业分析市场与受众,根据目标受众的特点,有针对性地进行信息发布并提供有针对性的内容,为密切迎合用户的兴趣提供了可能。

8.能够提高营销效率

网络营销具有传统任何一种营销方式所不可比拟的优势,商家面对的是全球的市场、全球的用户,使传统营销在地域和空间上得到了极大的顺延和拓展,这很大程度地提高了营销的效率。此外,互联网是集声音、图像、文字于一体的互动的多媒体介质,网络营销基于互联网,可以整合传统的各种单一的营销模式,对公司和产品进行全方位、立体式的宣传,起到事半功倍的效果。

任务 1.2　网络市场与网络消费者分析

案例导入

案例:农夫茶利用腾讯 QQ 空间投放网络广告

农夫山泉作为国内饮料行业的巨头之一,2007 年 3 月开始推出新品农夫茶。通过系列明星代言、硬广告宣传等传统营销推广,农夫茶逐渐在茶饮料市场占据了一席之地。农夫系列产品的品牌内涵一贯走"清新健康"的路线,而此款茶饮料主要面对时尚新潮的年轻人,如何更好地提高品牌知名度,更好地切入目标消费人群,成为农夫茶在推广一段时间后所面临的难题。为了更好地推广新包装、新口味的农夫茶系列产品,在激烈的市场竞争中打开局面,农夫茶突破了以往的营销模式,选择与腾讯网携手,借助腾讯强大的在线生活平台为用户打造了一个"梦幻爱情世界"。

1.市场定位分析

农夫茶饮料的主要消费群是充满活力的年轻人,他们善于接受新事物,渴望机会展示自己,更重要的是,网络已经成为他们生活中不可缺少的元素。结合市场情况和消费者需求,在新品的推广中,农夫茶确定了以网络媒体推广为主的营销策略。而在对网络媒体合作伙伴的选择中,腾讯凭借其庞大的用户群,与农夫茶消费群的高度契合以及特有的在线生活平台模式成为此次农夫茶推广最主要的营销平台。

结合目标受众的特点以及活动倡导的"爱情"主题,农夫茶在腾讯 QQ 空间中建立了主题,并以此为平台开展系列活动并及时对活动进行报道。农夫茶 QQ 空间(见图 1-2-1)的设计着重体现了清新、爱情的味道。鲜明的主题和新颖的设计,抓住了时下年轻人的眼球。

图 1-2-1　农夫茶的 QQ 空间

2."爱情表白通关蜜语"活动

农夫茶"爱情表白通关蜜语"活动是通过文字方式对所爱的人大胆表白。北京网络营销公司结合 QQ 空间互动、灵活的特点,采用回帖参与的方式进行,参赛者只需将"蜜语"直接回复在农夫茶 QQ 空间页面中最新活动"梦幻爱情世界"帖的下方便可参赛。最终根据网友投票选出最感人的爱情表白,农夫山泉并给予其奖金和爱情积分的奖励。便捷的参赛方式吸引了众多网友。

3.找"茶"活动

此找"茶"非彼找"茬",这里讲的是寻找"农夫茶"(见图 1-2-2)。为了促进消费者对农夫茶新包装、新口味的广泛认知,农夫山泉在"爱情表白通关蜜语"活动举办不久后便开展"线下寻找,线上参赛"的"找茶"活动。网友通过搜罗所在城市各大超市和小店,寻找新包装、新口味的农夫茶,拍下"找茶"照片并注明时间和地点。如果没有找到农夫茶,只需在没有农夫茶的超市或小店茶饮料货架前留影,并注明时间、该店名称以及所属区域街道等信息即可。然后将这些"找茶"照片上传到农夫茶 QQ 空间的找"茶"活动中进行参赛。农夫山泉每天评选出 20 个优秀奖,赠送一个月的 QQ 黄钻贵族体验资格,在 20 个优秀奖里面还将产生一个特别奖——"加油!好男儿"决赛门票一张。活动截止后,根据获得票数的多少选出最终获奖者。农夫茶基于 QQ 空间的找"茶"活动,通过线上线下的双重互动,不仅增加了用户对农夫茶新包装及品牌的认知,同时还能使企业通过腾讯的监测系统了解到参赛用户的基本信息,并作出详细的市场及受众分析。

快乐找"茶"　轻松赚积分

声明:作品上传截止时间为9月4日16:00(过期无效)

最新一轮的找"茶"活动又开始了……为感谢大家从活动上线以来对茶品的支持,现在活动将掀开新一轮的高潮啦!!所以没有来得及获得奖品的以及刚才开始参加的亲们要注意了~!!现在就赶紧积积分,为下一轮抢奖品做好准备吧!加油加油😊

你知道哪有农夫茶吗?你经常逛超市吗?立刻举起你的手机或相机!想要找茶就是那么简单!从8月24日—9月4日请你利用农夫茶的任意元素,进行创意拍摄!搜罗你所在城市的各大超市和小店进行寻找农夫茶活动,如果你找到农夫茶请你手持茶瓶在其专柜前留影一张,如果没有找到农夫茶!你只需在没有农夫茶的超市或小店茶饮料货架前也留下靓影一张,并注明时间、该店名称以及所属区域街道等讯息即可。然后将这些"找茶"照片上传到
农夫茶活动中!

只要参加就有机会赢得500-1000的爱情积分!只要您的爱情积分越高,就有机会赢得Ipod、Swatch等实物奖品,更有机会参加9999元/双人夏日梦幻爱情之旅大奖的角逐,还等什么,赶快来找"茶"吧!

活动时间
8月24日—9月4日
参与方式
一、以拍照方式,拍下你的找茶照片。请注明时间地点(可提供多张照片参与活动)。
(1)如果你找到农夫茶请你手持茶瓶在其专柜前留影一张!
示范如下:

8月24日,我找到农夫茶了!就在深圳市南山区华侨城的沃尔玛超市

图 1-2-2　农夫茶的快乐找"茶"活动

4."梦幻爱情博客"活动

2007年6月1日到6月10日,农夫茶面向所有QQ空间用户开展"梦幻爱情博客"活动(见图1-2-3):参与者选择自己喜欢的爱情博客,摘录其中最有特点的部分以帖子回复的方式发表,并在文章末尾注明博客的链接地址就可以参加比赛,与网友共同分享心动故事、暗恋经历、爱情观点等。最终的获胜者可以获得精美礼品及相应的"爱情积分"奖励,并可以提前进入农夫茶梦幻爱情世界。根据农夫茶新推出的三种口味,这个虚拟的爱情世界划分为清新柠檬岛、鲜醇绿茶岛、幽香茉莉岛三个爱情岛,网友只需用QQ账号就可以选择入住自己心仪的爱情岛,成为岛上的居民。所有参与梦幻爱情世界活动的用户,在自己的领地都会有一棵自己专属的"爱情精灵树苗"。此外,梦幻爱情世界中还设有开心万象城和积分兑换岛,只要购买农夫茶新品活动装,在积分兑换岛输入瓶贴反面的16位活动字符代码,即可获得相应的幸运积分。在开心万象城参加游戏活动,每次参与也可获得积分,随着爱情积分的增多,爱情精灵树苗会逐渐成长、开花、结果,生成爱情精灵。最后这个经精心培育而诞生的爱情精灵将会带着你进入甜蜜王国——梦幻爱情城堡。

同时,"梦幻爱情博客"活动中还会有QQ空间尊贵黄钻资格、QQ空间购物券和新款农夫茶QQ空间皮肤以及各种时尚奖品发送。最终,每个爱情岛爱情积分排名前三名的用户将亲自起航"夏日奢华梦幻之旅",积分较高的岛民更有机会担任最新广告男、女主角。

图 1-2-3　张子萱农夫茶的博客广告

5.效果评价

截至 2007 年 6 月,腾讯 QQ 空间注册用户达 7 000 多万,日均流量可达到 10 亿人次,为本次活动的人气提供了基本保障,农夫茶充分利用腾讯 QQ 深入互动等特点,结合上传图片、回帖即参赛等便利资源,连续不断推出新活动,保持了持续的用户关注度。据统计,仅一个月时间,农夫茶官方 QQ 空间访问量便达到 107 281 亿人次,成为腾讯合作史上第一个单月访问人数超过 200 万、浏览量超过千万的企业品牌空间,通过前期活动的预热推广,农夫茶的新概念得到来自目标消费者的喜爱和认可,加深了品牌与用户的沟通,也为"梦幻爱情世界"的开展奠定了良好的基础。丰富、娱乐的活动内容,使农夫茶"梦幻爱情世界"一上线便得到了广大用户的喜爱和热情参与。上线仅两天,"梦幻爱情世界"就有超过 90 000 名用户报名参加活动,许多用户在活动参与中表示十分喜欢农夫茶 QQ 空间的风格,认为这种方式"既是种广告,也是种享受"。

6.案例评析

农夫茶的成功经验可以归结为以下两条:

(1)成功地把握了消费者的心理

消费者在消费过程中会受到自身和外部的各种影响。农夫茶此次选择了腾讯 QQ 空间作为营销平台,而这个平台的用户多为年轻人,因此农夫茶最终选择了"爱情"作为营销卖点,充分显示了其对这个群体心理的准确把握,为农夫茶挖掘了"爱情"价值。农夫茶在腾讯 QQ 空间中建立的爱情主题页面,其空间设计也着重体现出清新、甘甜的爱情味道,符合目标群体的爱情诉求,鲜明的主题、新颖的设计,一下就引起了时下年轻用户的兴趣,并对他们产生了足够的吸引力,促使他们主动地参与到整个营销活动中来。

(2)注重感情的互动交流

为了与这次营销主题"爱情"相呼应,在整个营销活动中,农夫茶也很注重与用户的互动和交流。农夫茶借助腾讯的互动平台,更多地是在扮演着鼓励消费者去说、去做、去感受的角色。它通过提供各种配饰、挂件、活动规则等,为消费者营造出一个浪漫的爱情氛围,消费者在农夫茶提供的平台上,相互间可以自由地进行情感交流,从而增加了消费者对农夫茶的品牌认可度以及对网站的黏合度。

这两条策略"双管齐下",共同促成了此次农夫茶推广的成功。

知识链接

(一)网络市场

1.网络市场的定义

网络市场是一个虚拟的消费市场,是以现代信息技术为支撑,以互联网为媒介,以离散的、无中心的、多元网状的立体结构和运作模式为特征,信息瞬间形成,即时传播,实时互动,高度共享的人机界面构成的交易组织形式,在消费者与厂商之间、不同消费者之间形成一个信息、商品、服务的交易平台。

2.网络市场的结构

网络市场按照购买者身份不同可以分为网络消费者市场和网络组织市场。

网络消费者市场:为了满足生活消费需要,而通过因特网购买货物或劳务的一切个人或家庭的所有消费者称为网络消费者市场。它主要包括 B2C 与 C2C 两种模式。

网络组织市场:一般把通过因特网实现自己部分或全部购买行为的所有组织称为网络组织市场。它主要包括 B2B 与 B2G 两种模式。其根据组织购买商品或服务的目的的不同又可以划分为:网络企业市场,包括网络生产者市场和网络转卖者市场;网络非营利组织市场。

3.网络市场的基本特征

随着互联网的盛行,利用无国界、无区域界限的 Internet 来销售商品或提供服务,成为买卖道路的新选择,Internet 上的网络市场成为 21 世纪最有发展潜力的新兴市场,从市场运作的机制看,网络市场具有如下基本特征:

(1)无店铺的方式。

运作于网络市场上的是虚拟商店,它不需要店面、装潢、摆放的货品和服务人员等,它使用的媒体为互联网络。

(2)无存货的形式。

互联网上的商店可以接到顾客订单后,再向制造的厂家订货,而无须将商品陈列出来以供顾客选择,只需在网页上列出货物描述以供顾客选择即可。这样一来,店家不会因为存货而增加成本,并且商品售价比一般的商店要低,这有利于增加网络商家和"电子空间市场"的魅力和竞争力。

(3)成本低廉。

网络市场上的虚拟商店,其成本主要涉及自设 Web 站成本、软硬件费用,网络使用费,以及以后的维持费用。它通常比普通商店经营的成本要低得多,这是因为普通商店需要昂贵的店面租金、装潢费用、水电费及人事管理费用等。

(4)无时间限制。

虚拟商店不需要雇佣经营服务人员,可摆脱因员工疲倦或缺乏经验而引起顾客反感所带来的麻烦,而一天 24 小时,一年 365 天的持续营业,这对于平时工作繁忙、无暇购物的人来说有很大的吸引力。

（5）无国界、无区域。

互联网创造了一个即时全球社区，它消除了同其他国家客户做生意的时间和地域障碍。面对提供无限商机的互联网，国内的企业可以积极接入网络，开展全球性营销活动。

（6）精简化。

网上营销使顾客不必再等待回复，便可以自行查询商品信息。客户所需信息可以得到及时的更新，企业和买家可以快速地进行信息交换，企业迅速传递出客户所需要的信息，在市场中抢占先机。

（二）网络消费者

1. 网络消费者定义

网络消费者是指通过互联网在电子商务市场中进行消费和购物等活动的消费者人群。狭义上指在互联网上的虚拟商城购买网络产品或服务的人，广义上指所有上网的人，即全体网民。

网络消费者行为是消费者行为在网络环境下的体现，是消费者在外部、内部因素以及网络环境因素的共同作用下，为了满足自身需求而采取的包括信息搜寻行为、购买行为和购后行为在内的各种行动。

2. 网络消费者类型

（1）简单型。

简单型的顾客需要的是方便、直接的网上购物。他们平均每月只花 7 小时上网，但进行的网上交易却占了一半。零售商们必须为这一类型的人提供真正的便利，让他们觉得在网站上购买商品将会节约更多的时间。要满足这类人的需求，首先要保证订货、付款系统的安全、方便，最好设有购买建议的界面。另外，提供一个易于搜索的产品数据库是保持顾客忠诚的一个重要手段。

（2）冲浪型。

冲浪型的顾客占常用网民的 8％，而他们在网上花费的时间却占了 32％，并且他们访问的网页量是其他网民的 4 倍。冲浪型网民对常更新、具有创新设计特征的网站很感兴趣。

（3）接入型。

接入型的网民是刚接触网络的新手，占常用网民的 36％，他们很少购物，而喜欢网上聊天等活动。那些有着著名传统品牌的公司应对这群人保持足够的重视，因为网络新手们更愿意相信生活中他们所熟悉的品牌。另外，这些消费者的上网经验不是很丰富，一般的对于网页中的简介、常见问题的解答、名词解释、站点结构之类的链接会更加的感兴趣。

（4）议价型。

议价型顾客占常用网民的 8％，他们有一种趋向购买便宜商品的本能，eBay 网站一半以上的顾客属于这一类型，他们喜欢讨价还价，并有在交易中获胜的愿望。在自己的网站上打出"大减价""清仓处理""限时抢购"之类的字眼能够很容易地吸引到这类消费者。

（5）定期型和运动型。

定期型和运动型的网络使用者通常都是被网站的内容吸引。定期型网民常常访问新闻和商务网站，而运动型的网民喜欢浏览运动和娱乐网站。目前，网络商面临的挑战是如何吸引更多的网民，并努力将网站访问者变为消费者。对于这类型的消费者，网站必须保证自己的站点包含他们所需要的和感兴趣的信息,否则他们会很快跳过这个网站进而转入下一个网站。

3. 网络消费者需求特征

由于互联网商务的出现,消费观念、消费方式和消费者的地位正在发生着重要的变化,使当代消费者心理与以往消费者心理相比呈现出新的特点和趋势:

(1)个性消费的回归。

在过去相当长的一个历史时期内,工商业都是将消费者作为单独个体进行服务的。在这一时期内,个性消费是主流。只是到了近代,工业化和标准化的生产方式才使消费者的个性被淹没于大量低成本、单一化的产品洪流之中。然而,消费者的心理并非是完全一样的,每一个消费者都是一个细分市场。心理上的认同感已成为消费者做出购买产品决策的先决条件,个性化消费将再度成为消费的主流。

(2)消费需求的差异性。

不仅仅是消费者的个性化消费使网络消费需求呈现出了差异性,因所处的时代、环境不同而产生不同的需求,不同的网络消费者在同一需求层次上的需求也会有所不同。所以,从事网络营销的厂商要想取得成功,必须从产品的构思、设计、制造,到产品的包装、运输、销售的整体生产过程中,认真思考这种差异性,并针对不同消费者的特点,采取有针对性的方法和措施。

(3)消费主动性增强。

消费主动性的增强来源于现代社会不确定性因素的增加和人类追求心理稳定和平衡的欲望的增强,从目前来看,网上消费者以年轻人为主,其经济收入一般较高,因此,主动性消费是其特征。

(4)对购买方便性的需求与购物乐趣的追求并存。

在网上购物,除了能够完成实际的购物需求以外,消费者在进行购物的同时,还能够得到许多信息,并得到各种在传统商店没有的乐趣,另外,网上购物的方便性也会为消费者节省大量的时间和精力。

(5)价格仍然是影响消费心理的重要因素。

正常情况下,网上销售的低成本将使经营者有能力降低商品销售的价格,并通过开展各种促销活动,给消费者带来实惠。例如,亚马逊书店比市场价低15%～30%的书价是对消费者很大的吸引。

(6)网络消费仍然具有层次性。

网络消费本身是一种高级的消费形式,但就其消费内容来说,仍然可以分为由低级到高级的不同层次。在网络消费的开始阶段,消费者侧重于精神产品的消费,到了网络消费的成熟阶段,消费者在完全掌握了网络消费的规律和操作方法,并且对网络购物有了一定的信任感后,消费者才会从侧重于精神消费品的购买转向日用消费品的购买。

(7)网络消费者的需求具有交叉性。

在网络消费中,各个层次的消费不是相互排斥的,而是具有紧密的联系,网络消费者的需求之间广泛存在着交叉的现象。

(8)网络消费需求的超前性和可诱导性。

根据中国互联网中心(CNNIC)的统计,在网上购物的消费者以经济收入较高的中、青年为主,这部分消费者比较喜欢超前和新奇的商品,他们也比较注意和容易被新的消费动向和商品介绍所吸引。

(9)网络消费中女性占主导地位。

喜欢消费和购物是女性的天性,在传统的现实社会生活中如是,在现代的网上虚拟社会中亦然,当女性网民所占的比例和数量达到一定程度时,网络消费中女性就会占主导地位。

4.网络消费者购买动机

(1)网络消费者的需求动机。

网络消费者的需求动机是指由需求而引起的购买动机。要研究消费者的购买行为,首先必须要研究网络消费者的需求动机。美国著名的心理学家马斯洛把人的需要划分为五个层次,即生理的需要、安全的需要、社会的需要、尊重的需要和自我实现的需要。需求理论对网络需求层次的分析,具有重要的指导作用。而网络技术的发展,使现在的市场变成了网络虚拟市场,但虚拟社会与现实社会毕竟有很大的差别,所以在虚拟社会中人们希望满足以下三个方面的基本需要:

①兴趣:即人们出于好奇或能获得成功的满足感而对网络活动产生兴趣。

②聚集:通过网络给相似经历的人提供了一个聚集的机会。

③交流:网络消费者可聚集在一起互相交流买卖的信息和经验。

(2)网络消费者的心理动机。

心理动机是由于人们的认识、感情、意志等心理过程而引起的购买动机。网络消费者购买行为的心理动机主要体现在理智动机、感情动机和惠顾动机三个方面。

①理智动机:理智动机具有客观性、周密性和控制性的特点。这种购买动机是消费者在反复比较各在线商场的商品后才产生的。因此,这种购买动机比较理智、客观而很少受外界因素的影响。这种购买动机的产生主要用于耐用消费品或价值较高的高档商品的购买。

②感情动机:感情动机是由人们的情绪和感情所引起的购买动机。这种动机可分为两种类型:一是由于人们喜欢、满意、快乐、好奇而引起的购买动机,它具有冲动性、不稳定性的特点;另一种是由于人们的道德感、美感、群体感而引起的购买动机,它具有稳定性和深刻性的特点。

③惠顾动机:惠顾动机是建立在理智经验和感情之上,对特定的网站、国际广告、商品产生特殊的信任与偏好,而重复性、习惯性地前往访问并购买的一种动机。由惠顾动机产生的购买行为,一般是网络消费者在做出购买决策时心目中已首先确定了购买目标,并在购买时克服和排除其他同类产品的吸引和干扰,按原计划确定的购买目标实施购买行动。具有惠顾动机的网络消费者,往往是某一网站忠实的浏览者。

5.影响网络消费者购买行为的因素

(1)个人因素。

①文化。大量的研究表明,亚文化对消费者决策的影响要远远大于主流文化。亚文化不仅包括与主流文化共通的价值观念,还包括自己独特的价值观念。每个人都是在特定的文化氛围中成长起来的,所在的国家、地区、家庭等的文化都会影响一个人的价值观念和行为方式。例如,一个年龄亚文化群是由年龄相近,且生活经历相似的人组成的。以"80后"为例,他们追求个性、时尚,都能熟练使用计算机,充分的利用网络,同时学历较高,大多数在积累了网络购物经验后最终都能够理性消费。淘宝网十分重视在这种文化背景下的交易双

方的沟通问题,例如,使用淘宝旺旺软件以及使用个性化的旺旺表情等。

②社会因素。社会因素包括消费者所属群体、家庭以及社会角色和社会地位。调查显示:我国网民对互联网信任度较低。只有约 1/3(35.1%)的网民表示对互联网信任。在这样的社会环境影响下,很多人会对网络购物望而却步。

③个人特点。个人特点包括年龄和所处的生命周期、职业、城市化、生活方式、个性和自我概念等。对于通过网络购物的消费者,从年龄和生命周期看,大多是拥有着良好教育和收入的白领一族或者对计算机网络操作比较熟悉的大学生。网络购物的人群大都集中生活在城市,在生活方式(VALS)的区分上,自我导向型和行动导向型生活方式的消费者是网络购物的主要力量。而每个人独特的个性也影响着其购买行为。个性一般以性格的方式表现出来,善于沟通、乐于交际的人更愿意通过互联网来进行购物,并在网站社区中与网友分享自己的购物经历。

④心理因素。消费者的购买选择受四个主要的心理因素的影响:动机、感知、学习及信念和态度。需要决定动机,对真实商品使用价值的需求直接产生消费者网上购买的动机,购物网站也提供了多样化使用价值的商品。还有基于社交的需求、被尊重的需要等都能够产生消费者网上购买的动机。感知是指两个具有相同动机的消费者,会因为各自的感觉和知觉不同而做出不同购买决策。学习是指由经验而引起的个人行为上的改变。一个人的学习是通过驱动力、刺激、暗示、反应和强化的相互影响而产生的,购物网站应该能够做到使用促成暗示或提供正面强化,使消费者对陈列的商品形成强大的驱动力。同时,消费者通过实践和学习获得信念和态度,而信念和态度都会影响购买决策。

(2)购物环境因素。

①低价。这是电子商务模式最大的优势之一,低价的原因是降低了交易成本以及没有各种现实店铺费用的产生。网上购物的消费者都希望能买到质优价廉的商品。购物网站的卖家都拥有不同的进货渠道,提供的价格和质量也不同,消费者可以通过信息搜索以及与卖家沟通得到最大的性价比,这是购物网站的优势所在。

②风险因素。风险因素是制约电子商务以及购物网站的首要因素。这种风险主要表现在两个方面:首先,网络是虚拟性的,购买的商品有着与实际不符的风险。其次就是网上支付风险,即使现在的很多购物网站都会使用第三方支付平台的安全控件等措施来保证支付的安全性,但是网络支付有可能会存在信用卡信息被窃取、网络中断或系统故障等问题,并且造成资金的流失。

③卖家信誉因素。电子商务模式下,卖家各不相同,消费者很难在短时间内信任某一个卖家。为了规避风险,很多消费者都选择了信誉度高的卖家,卖家信誉度高表明了具有很好的消费者反馈,消费者会对其产生信任,满足了消费者潜意识里愿意去信任、希望购买成功的愿望。实践证明,拥有良好信誉的卖家总是能获得更多的信任,吸引更多的网络消费者。

④产品多样化因素。网络销售的优势之一就是产品的多样化。有很多现实商店中找不到的东西大多可以在网上找到。在这个张扬个性的时代,很多人都希望与众不同,购物网站商品的多样化恰好满足了消费者的心理需要,从而影响消费者的购买决策。

⑤售后服务因素。很多消费者会因为不能享受很好的售后服务而拒绝在网上购物。这里的售后服务包括商品邮寄的及时性和收到商品后的一系列售后服务。由于交易双方无法见面,也存在一定的空间距离,卖家也存在差异,因此售后服务是网络购物一个很难解决的

制约因素。

⑥购买流程的复杂程度。为了交易安全,购物网站设计的支付流程一般都比较复杂,例如,每个步骤都需要输入不同的密码及验证身份等,消费者记住密码和熟悉流程都需要一段时间。很多消费者虽然已经产生购买意向,但是由于网上购物流程过于复杂而放弃购物。因此,购买流程的复杂程度也影响着消费者网络购买的决策。

⑦法律环境。法律环境的改善对于消费者行为的影响在传统渠道购物中的作用已经得到了证实。

思考与训练

一、判断题

1.网络营销的价值,就在于可以使从生产者到消费者的价值交换更便利,更充分,更有效率。(　　)

2.现代电子技术和通信技术的应用与发展是网络营销产生的技术基础。(　　)

3.网络整合营销理论体现了以顾客为出发点及企业与顾客不断交互的特点,它的决策过程是一个双向的链。(　　)

二、单选题

1.网络营销实施的最高层次是(　　)。

A.网上信息发布　　　　　　　　　　B.网络分销联系

C.网上直接销售　　　　　　　　　　D.网络营销集成

2.网络市场与现实市场的根本区别是(　　)。

A.全球性　　　　　B.即时性　　　　　C.虚拟性　　　　　D.开放性

3.在域名注册时,如果想建一个商业网站,在域名分类中最佳的域名是(　　)。

A.NET　　　　　B.ORG　　　　　C.COM　　　　　D.GOV

三、多选题

1.就目前网络营销站点而言,网络营销可分为两类(　　)。

A.基于网站的网络营销　　　　　　　B.无网站的网络营销

C.网络直复营销　　　　　　　　　　D.EDI无网站的网络营销

2.网络信息发布的基本方法可以概括为(　　)。

A.建立网站发布各种信息　　　　　　B.利用网络传播工具发布网络信息

C.利用现有的网络资发布信息　　　　D.利用网络广告发布信息

3.企业网站是有效的网络营销工具和网上销售渠道,它能起到(　　)的作用。

A.使外界了解企业　　　　　　　　　B.树立企业形象

C.在竞争中立于不败之地　　　　　　D.提供一定服务

四、问答题

1.什么是网络营销?

2.比较网络营销与传统营销有哪些相同点与不同点?

3.网络营销广告的沟通机制是什么?

学习情境二
问答营销

情境描述

互联网技术的进步为网络营销的快速发展提供了重要的技术支持,推进网络营销的形式和平台趋于多样化,包括论坛营销、问答营销、微博营销、微信营销、邮件营销、SEO 营销、新闻营销等众多方式,目前这些营销方式受大部分企业所欢迎并广为采用,它们在一定程度上为企业的市场开拓、产品(品牌)宣传推广、客户关系管理(CRM)等方面做出了特定的贡献。本情境我们将从问答营销着手,逐步学习了解网络营销的相关知识。

然而什么是问答营销?问答营销有何优点?问答营销有哪些类型?如何进行问答营销?问答营销有哪些注意点?本情境你将学习:

- 问答营销的定义和方式。
- 问答营销的优点。
- 问答营销的类型。
- 问答营销的特点。
- 常用的问答营销平台。
- 问答营销的操作方法。
- 问答营销的注意点。

任务 2.1　问答类网站营销基础知识

案例导入

案例一：米其林轮胎的问答营销

米其林轮胎是米其林集团的重要产品之一。米其林集团负责生产及推广包括米其林、BFGoodrich（百路驰）、Uniroyal、Kleber、回力等众多品牌在内的各类轮胎。

米其林集团入驻百度知道中的"企业知道"平台，针对网友们关于轮胎问题的各种提问，如轮胎品牌比较（见图 2-1-1）、米其林轮胎质量等问题进行细心回答，时刻体现人性化理念，同时巧妙地将公司产品信息、企业官网等信息融入回答中，在不导致网友排斥的前提下有效地进行了品牌及产品营销。

此外，"米其林工程师在线"官方账号首页中设有米其林乘用车轮胎咨询、零售店查询、防伪查询、花纹咨询、轮胎标识咨询、故障轮胎咨询、改装咨询、轮胎使用/保养/安装、车辆原配查询、品牌咨询、产地、生产日期咨询、卡客车轮胎、米其林地图与旅游指南、驰加及其他问题分类，为老客户及潜在客户对于公司产品的疑问咨询、防伪查询、轮胎购买、旅游指南、轮胎养护相关知识等问题分类并详细地回答。目前该账号的用户满意度已高达 80%，累计回答问题数达 2 万，表面上看米其林仅仅是在解答客户问题，但当客户接受其回答的那一刻，米其林品牌形象已开始潜移默化地影响客户，并使客户对其品牌文化或产品质量产生了认同感，这也意味着该问答方式实际上有效进行了集团品牌、公司形象、产品质量和服务、CRM 等多方面的营销。

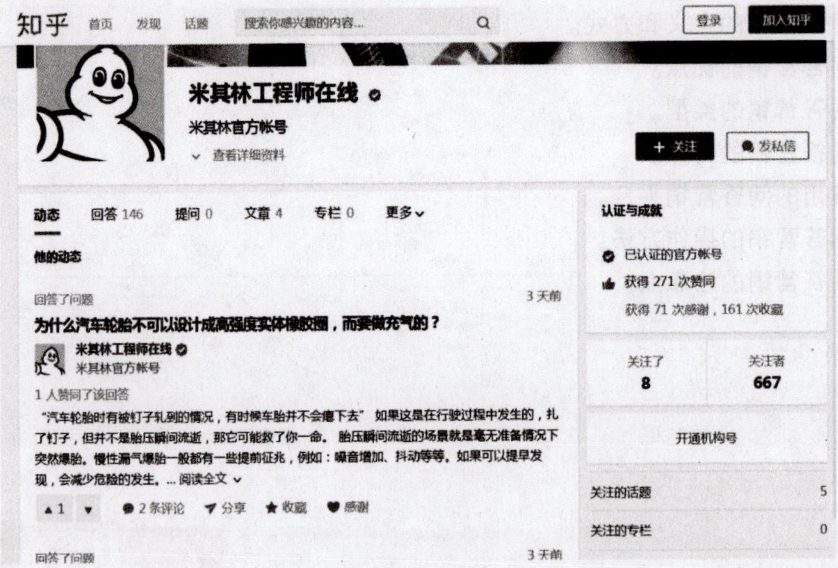

图 2-1-1　米其林"轮胎品牌"比较营销

案例二:"蓝月亮":深谙洗涤之道,洗涤技巧营销

蓝月亮,作为国内最早从事家庭清洁剂生产的专业品牌之一,其系列产品体现了"轻松清洁,解放劳力"的宗旨,塑造了"高效、轻松、保护"这一具有鲜明个性的品牌。

"蓝月亮科学洗衣"在与客户的问答中,运用其掌握的清洁洗涤技巧给予众多网友包括衣服/衣领发黄问题、洗衣问题咨询等方面的帮助(见图2-1-2)。一方面使棘手累人的洗涤活动变得轻松,在提高洗涤效率减轻消费者洗涤负担的同时免费教会了消费者洗涤技巧;另一方面紧抓产品质量,以消费需求为导向研发产品,以保护消费者的健康为宗旨,体现了"高效、轻松、保护"的鲜明个性。

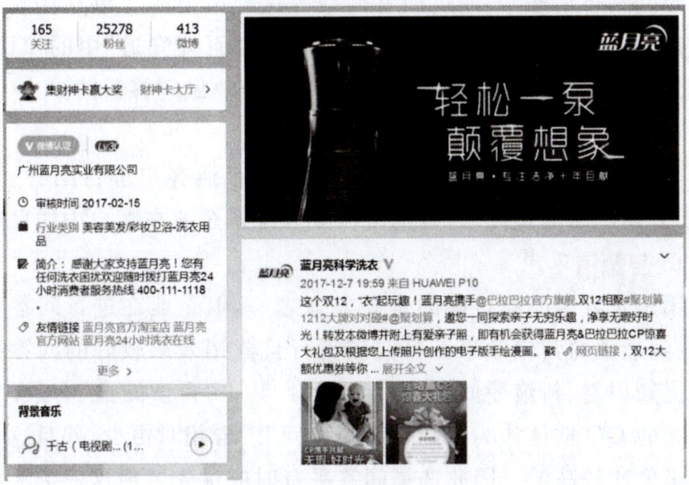

图 2-1-2　蓝月亮洗涤技巧营销

除了洗涤技巧培训外,"蓝月亮科学洗衣"的问题分类中还设有"蓝月亮节"模块,该模块用于回答消费者关于该节日举办日期、举办地点及相关促销活动等的问题,提高消费者对该账号的关注度与参与度。通过该种问答营销方式,蓝月亮已经累计回答消费者洗涤问题数已达7万,用户满意度已达91%,这对于维护蓝月亮的品牌形象及消费者忠诚度无疑是一个巨大的贡献。

知识链接

(一)问答营销的定义和方式

所谓问答营销,即通过问答形式站在用户视角投放广告以进行品牌推广,其方式可以是一问一答、也可是一问多答。该营销方式是互动式网络营销方式之一,属于SEMTIME互动营销,即基于第三方口碑而创建的新型营销方式。

采取问答营销的企业必须遵循各问答站点(如百度知道、知乎等)的发问或回答规则并巧妙地运用软文,将自身产品或服务口碑植入问答中,由此产生第三方口碑效应,使企业既能与潜在消费者产生互动,又巧妙地植入商家广告,是做品牌口碑、互动营销不错的营销方式之一。

(二)问答营销的优点

(1)通过问答形式,采用新颖的、争议性强、具有时代感的话题可快速帮助企业聚集人气。

（2）帮助企业快速找到准客户，并与潜在客户产生很强的互动性，拉近彼此的距离，让客户对企业产生信任。

（3）问答营销平台可以令信息迅速扩张与传递，帮助企业在短时间内实现一定的营销效果。

（4）通过问答形式可以全方位展示企业产品或公司（品牌）信息，有利于树立良好的企业形象，有利于企业做好 CRM。

（三）问答营销的类型

问答营销的主体包括企业和个人，因此问答营销的账号有草根和官方两种类型：

1. 草根账号

个人在问答类网站申请账号，通过回答问题等达到一定的等级并获取相应的头衔提高其在该网站中的声望，进行营销活动。例如，企业聘请"百度知道"中的知识专家、知识之星等高级别用户，巧妙发挥其在该平台的人气和声望为企业做问答营销。

2. 官方账号

企业以自身名义在问答类网站注册官方账号，与企业客户进行问答互动、了解客户需求、解答客户对于公司产品的疑问等，有助于树立并维系企业在客户中的良好形象。

（四）常见的问答营销平台

虽然问答营销是企业做品牌口碑的重要方式之一，但企业在进行问答营销时要慎重筛选问答平台，以达到最佳的营销效果。目前较流行且营销效果较好的问答平台包括百度知道、搜搜问问、雅虎知识堂、新浪爱问、天涯问答等。其中"百度知道"有最广泛的用户群体，"搜搜问问"有庞大的 QQ 群体作为基础，"新浪爱问"广告相对更少，并且这几个问答平台都是权重和用户认可度比较高的。因此选择问答平台时应优先考虑这三个平台。

（五）问答营销的操作方式

1. 开放问答

开放类问答有很多，比如知道、问问、论坛、文章评论等，其中提问一般是不需要审核的，但评论或是回答是需要审核的，体现了问答营销可控制性的特点。

2. 事件问答

针对事件问答，比如说某个平台要测试平台的受欢迎度，然后会将该事件以其他的方式通知用户，让用户来参与、回答或评论。

3. 娱乐评论

娱乐项目是普遍社会群体都接受的一种方式，如果企业想进行娱乐事件营销，可选择的角度很广，比如，翻拍韩剧《来自星星的你》事件讨论。

4. 促销评论

细致的商家在搞促销活动前都会进行调查，其中大多数商家都已采取网络调查，他们会以评论和问答的形式来实现调查，最终达到针对性、完善性的促销效果。

5. 短信问答

短信问答是一种普遍的问答方式，例如，中国移动的"客户满意度问答"。

6. 传真问答

传真问答也被广大企业或者实体应用。

7. 邮件问答

将公司精心设计的问答题作为邮件的主要内容发送给客户。

8. 媒体代发

传媒公司提供问答策划－撰写－发布整套服务，并可以在互联网上操作推广，达到营销目的。

(六)问答营销操作注意

1. 选取关键词

企业采取问答营销前首先必须明确要进行问答营销的是哪些关键词，对公司所有客户、公司产品进行整体评估判定后，再选择正确合理和竞争较不激烈的关键词，使营销更具有穿透力、更有针对性及目的性。

2. 从客户角度去思考

官方账号营销的对象是客户，因此企业执行官方账号营销时一定要避免陷入脱离客户盲目营销的误区，必须站在客户角度思考问题。

3. 提问具有针对性

企业在设计问题时尽可能要具体到产品或服务名称，也可按照"5W1H"对问题进行设计。总之，没有特定的原则，但每个问题必须有各自的针对性。

4. 用户搜索习惯优化

例如问题："培训好还是就业好"和"培训好还是工作好"，哪种设计更为合理？可以利用SEO工具进行相关调查，比较"工作"及"就业"搜索量，并根据搜索结果进行用户搜索习惯问题设计。

5. 及时监控问题

虽然问答平台对问题审核要求不高，但仍然存在审核过程，只是耗时短。若问题重复性较高，那么有可能被删除。因此提问前必须及时对原问题做出适当修改后再重新提问。

实战演练

(1)在"百度知道"(其他问答平台亦可)搜索一个婚纱摄影公司和一个舞蹈培训机构的问答营销并截图。

(2)分析上述两个问答营销案例属于何种问答营销方式，整理成 Word 文档后提交。

(3)在"搜搜问问"查找一个网站建设公司的问答营销案例并截图。

任务 2.2　注册与提问

任务描述

熟悉"百度知道"平台页面，完成以下任务：

（1）注册一个个人账号。

（2）进行主页设置。

（3）添加"关注的分类"。

（4）添加"关注的关键词"。

（5）提问问题"电子商务专业的学生毕业后可从事哪些工作"。

操作指引

(一)在"百度知道"注册个人账号

（1）打开浏览器，进入"百度知道"首页，点击右上角的"注册"，如图 2-2-1 所示。

图 2-2-1　百度知道注册

（2）填写手机/邮箱、密码，输入验证码，并接受《百度用户协议》后点击"注册"，如图 2-2-2 所示。

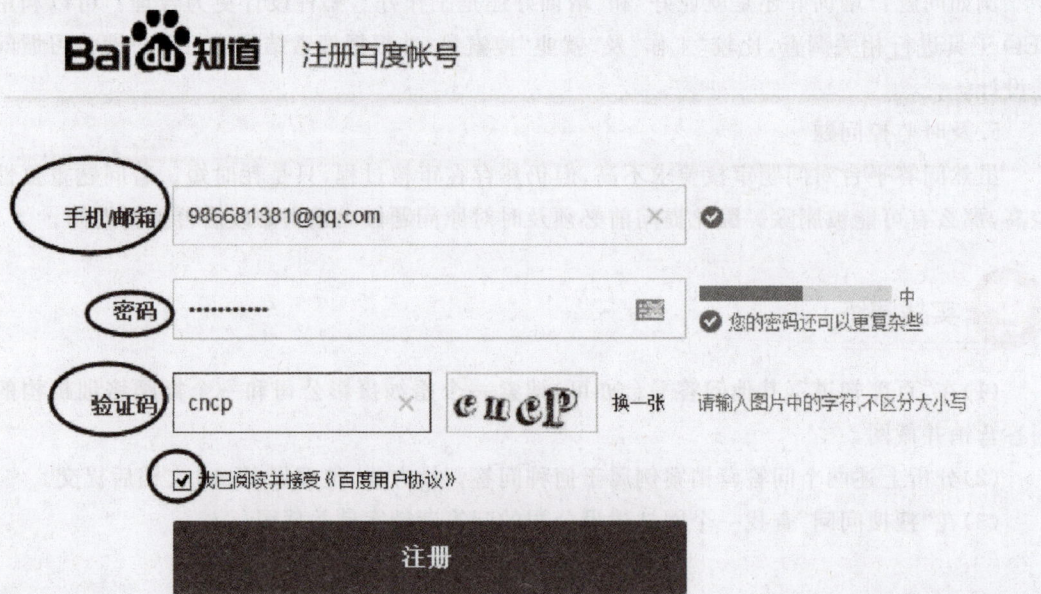

图 2-2-2　注册账号

（3）点击注册后，系统自动跳转至邮箱激活页面，提醒用户激活邮箱，点击"立刻激活邮箱"进入邮箱读取百度系统发送的邮件，如图 2-2-3 所示。

图 2-2-3　邮箱激活页面

　　(4)查看百度发送的邮件并根据邮件提示点击邮件中的链接地址即可完成,激活后即完成注册,如图 2-2-4 所示。

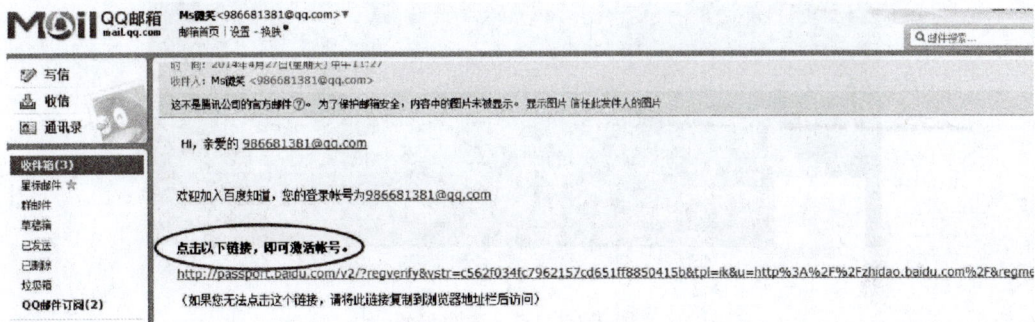

图 2-2-4　激活账号链接

(二)进行主页设置

(1)从百度知道首页右上角进入"我的主页",如图 2-2-5 所示。

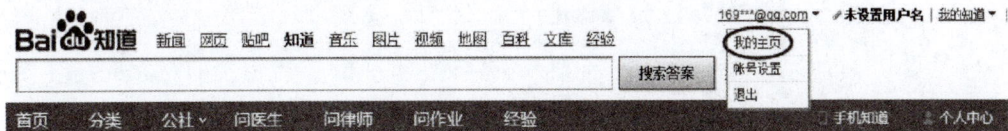

图 2-2-5　进入主页方法

　　(2)系统提醒新注册用户填写用户名,填写完毕后点击"继续",如图 2-2-6 所示。

图 2-2-6　用户名填写

(3)填写用户名后点击"主页设置",进行相关资料的设置,如图 2-2-7 所示。

图 2-2-7　进入主页设置

(4)进入主页设置后填写完基本资料再点击"保存"即可,如图 2-2-8 所示。

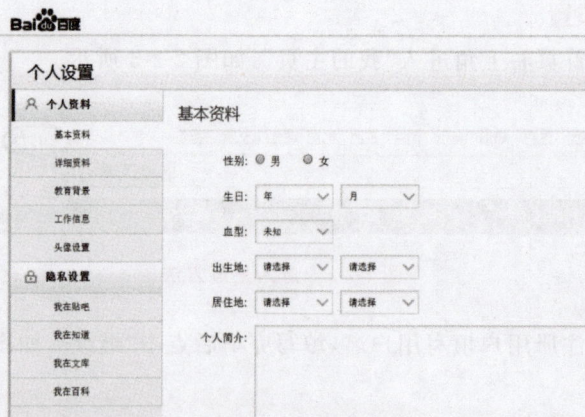

图 2-2-8　基本资料设置

（5）主页设置完毕后再进行账号设置，以保护个人账号安全，点击"主页设置"下方的"账号设置"即可，如图 2-2-9 所示。

图 2-2-9　进入"账号设置"

（6）在账号设置页面中绑定手机，必要时还可下载"安全中心手机版"，开启"登录保护"及"短信提醒"等功能确保账号安全，如图 2-2-10 所示。

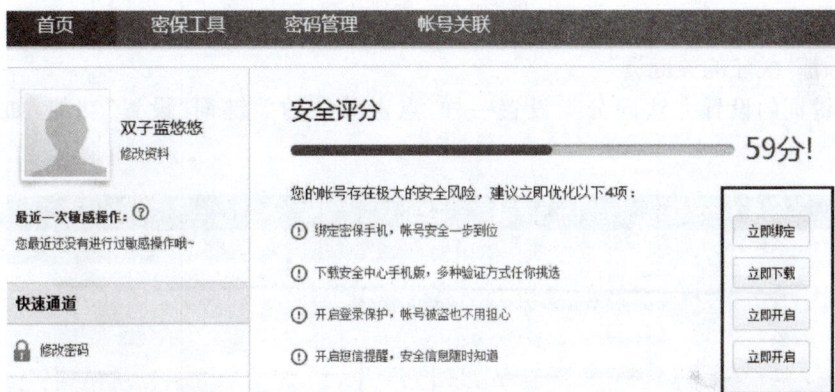

图 2-2-10　账号安全设置

（三）添加"关注的分类"

（1）设置自己关注的分类可以避免其他分类的干扰，并且不错过对自己有用的信息。点击知道首页"我的知道"进入设置分类页面，如图 2-2-11 所示。

图 2-2-11　设置分类

（2）点击"设置"，即可设置自己感兴趣的分类，为了使用户快速找到自己关注的分类，系统已有相应的分类设置,因此用户只需筛选自己喜爱的分类再点击"√"即可,如果筛选错误,也可点击"×",再重新筛选,如图 2-2-12 所示。

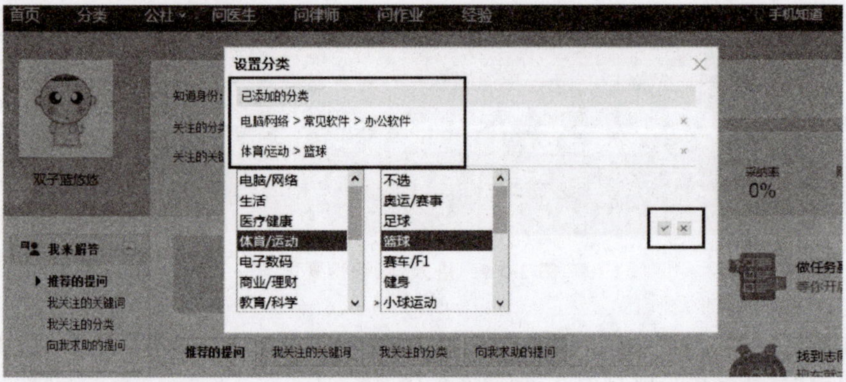

图 2-2-12　添加分类

(四)添加"关注的关键词"

(1)关键词的设置方法同分类设置一样,点击关注的关键词"设置"功能,如图 2-2-13 所示。

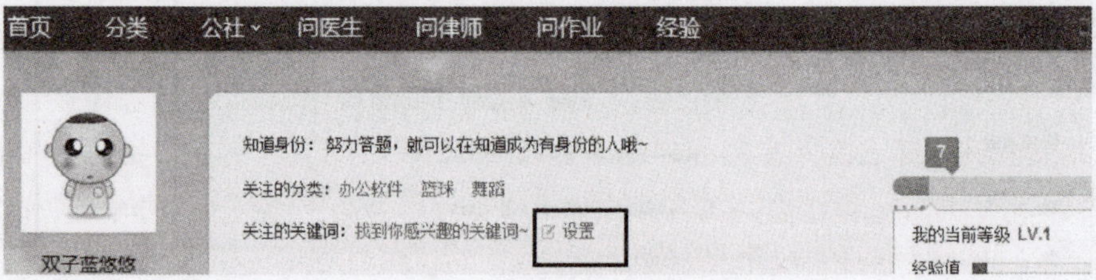

图 2-2-13　关键词设置方法

(2)在设置关键词时,为了满足个性化要求,系统并没有已经设置好的并可提供选择的关键词,而是让用户自行设置关键词,每设置好一组关键词后,点击添加功能键,便可再设置下一组关键词,每个用户共可以设置 20 组关键词,如图 2-2-14 所示。

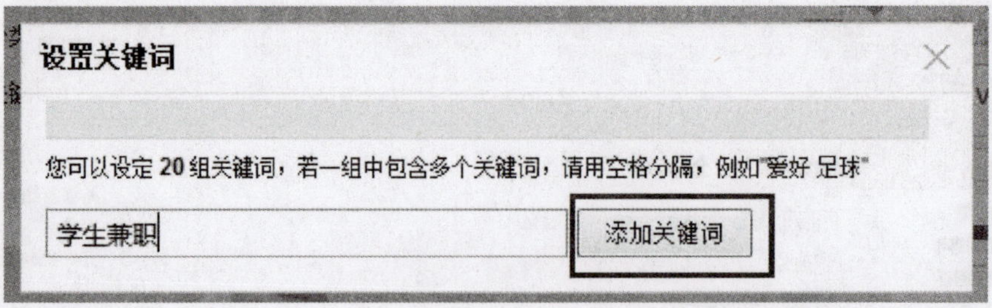

图 2-2-14　添加关键词

(3)设置好"关注的分类"及"关注的关键词"后,系统将自动显示用户的设置,如图 2-2-15 所示。

图 2-2-15　设置成功后的界面

（4）对于已保存的关注的分类/关键词，如果体验效果不佳，用户还可以点击修改功能键进行修改，如图 2-2-16 所示。

图 2-2-16　分类/关键词修改方法

(五)提问问题"电子商务专业的学生毕业后可从事哪些工作"

注册百度账号后，可在百度知道首页进行提问，以获取意见或帮助。提问的流程如下：

（1）登录百度知道首页，在搜索框中输入问题"电子商务专业的学生毕业后可从事哪些工作"，再点击"我要提问"即可，如图 2-2-17 所示。

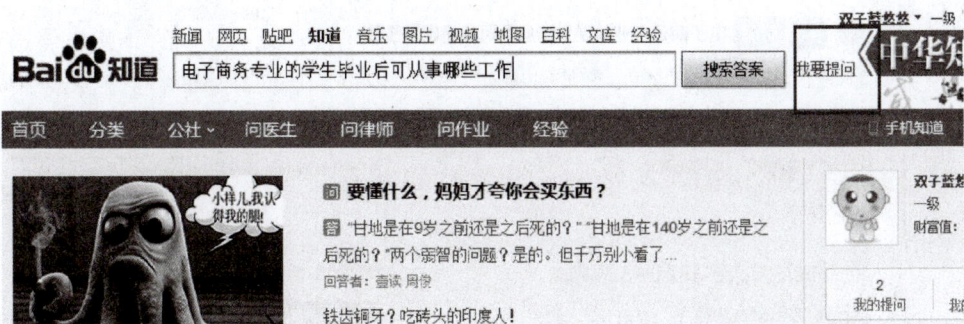

图 2-2-17　提问问题

（2）之后系统跳转至问题补充页面，用户需补充完善问题，再选择相应的问题标签。新版百度知道系统会自动将问题归类，方便用户快速提问并提高分类的准确性。添加"问题标签"是为了使分类更准确，添加方法可通过筛选系统已有的"问题标签"或"搜索标签"。如此一来，回答者有的放矢以提高答案的准确率，使用户问题真正得到解答。此外用户还可根据自身情况设置悬赏值,提高网友们帮助解答的积极性,后点击右下方的"提交问题"即可,如图 2-2-18 所示。

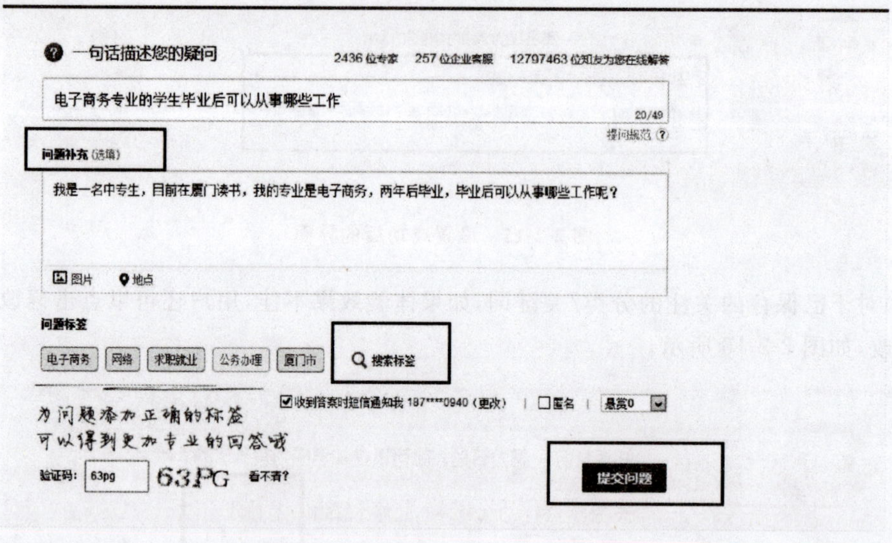

图 2-2-18　补充问题、添加"问题标签"

(3)提问成功后效果如图 2-2-19 所示,若提问在短时间内没有得到回答,系统会自动为用户推荐一些回答"看看以下知识对您是否有帮助",让用户浏览。

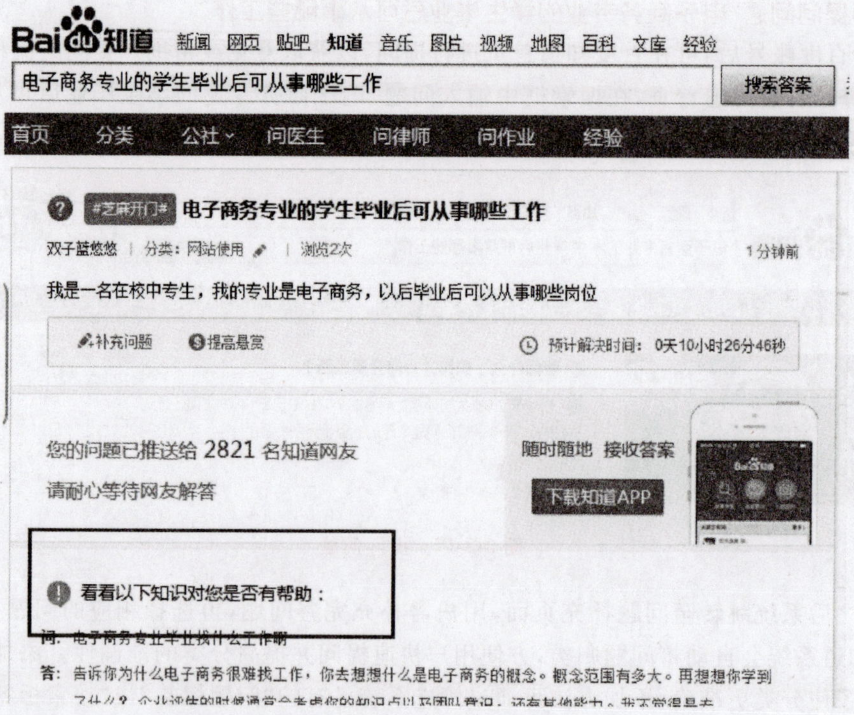

图 2-2-19　提问成功页面

知识链接

(一)百度知道简介

"百度知道"是用户自己有针对性地提出问题,通过积分奖励机制发动其他用户来解决该问题的搜索模式。同时,这些问题的答案又会进一步作为搜索结果,提供给其他有类似疑问的用户,达到分享知识的效果。

(二)百度知道的提问技巧

1.详细说明问题

尽可能详细描述问题,以得到较有针对性的回答。例如,问题"杀毒软件并没有发出警报说我已经中毒,而且我也查不到任何的病毒,也没有开很多程序,但是今天频繁死机,是什么原因呢?"详细的问题内容可以让回答者有的放矢地进行回答,提高答案的正确率,并使提问者的问题在最短时间内得到解决。

2.设置问题分类

为自己的问题选择一个最恰当的分类,有助于在第一时间内得到正确解答。

3.设置悬赏分

设置悬赏分有助于自己的问题得到更多的关注,悬赏分越高,受关注度也越高,前提是提问用户拥有足够的悬赏分。

4.设定匿名

当某些提问属于涉及个人隐私,可以设定匿名提问以保护个人隐私。

5.追问

如果用户对于现有回答不甚满意,希望了解更多详情时,请点击"继续追问"按钮,输入问题,提问技巧可遵循上述方法。

实战演练

(1)根据本情境的学习内容,在"百度知道"注册一个个人账号,完善基本资料及详细资料,设置关注的分类和关键词,并提交截图。

(2)使用个人账号提问问题"熬夜对身体有哪些伤害",并将搜索结果整理成 Word 文档。

(3)使用个人账号对问题"学习英语的技巧"的 2 个回答"点赞",对其中一个回答进行评论,并提交截图。

任务 2.3　草根账号及官方账号营销

任务描述

分析草根账号及官方账号的问答营销,学习掌握以下内容:

（1）设置 1 个"关注的分类"和 2 个"关注的关键词"。

（2）使用草根账号回答 1 个"推荐的提问"。

（3）使用草根账号回答 1 个"我关注的分类"中的提问。

（4）使用草根账号回答 3 个"我关注的关键词"中的提问，并在答案中添加网址。

（5）了解官方账号问答营销的基本形式。

操作指引

以"百度知道"为平台，以小米手机为营销对象。

（一）设置关注分类和关键词

当用户使用自己的草根账号进行小米手机问答营销前，必须对"关注的分类"及"关注的关键词"进行如下设置（修改），设置（修改）"关注的分类"为电子数码，设置（修改）"关注的关键词"小米手机、红米，设置（修改）成功后效果，如图 2-3-1 所示。

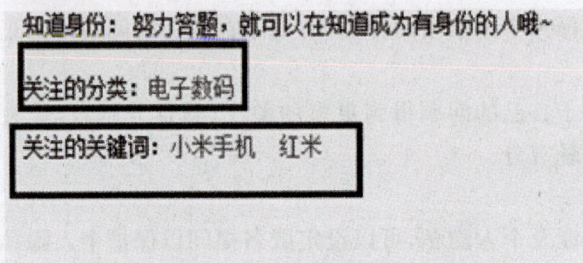

图 2-3-1 设置关注分类和关键词

（二）草根账号回答"推荐的提问"中关于红米手机的提问

如图 2-3-2 所示。

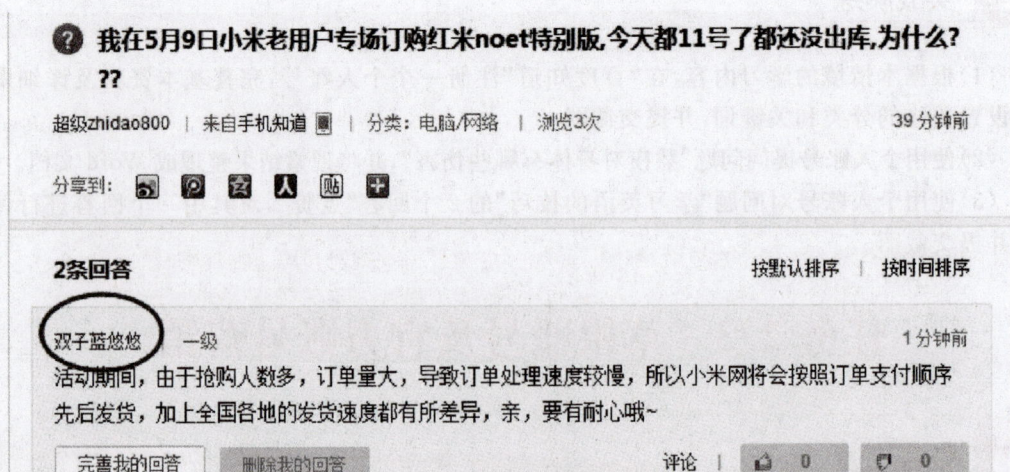

图 2-3-2 回答推荐的提问

(三)草根账号回答"我关注的分类"中的一个问题

如图 2-3-3 所示。

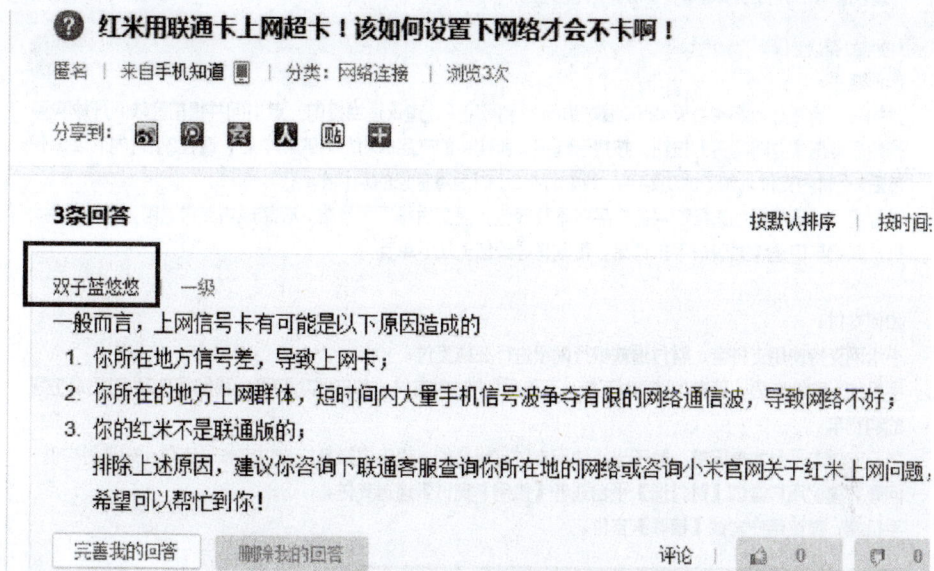

图 2-3-3 回答"我关注的分类"问题

(四)草根账号回答 3 个含有小米/红米手机关键词的问题,答案中添加小米手机官网地址

如图 2-3-4 至图 2-3-6 所示。

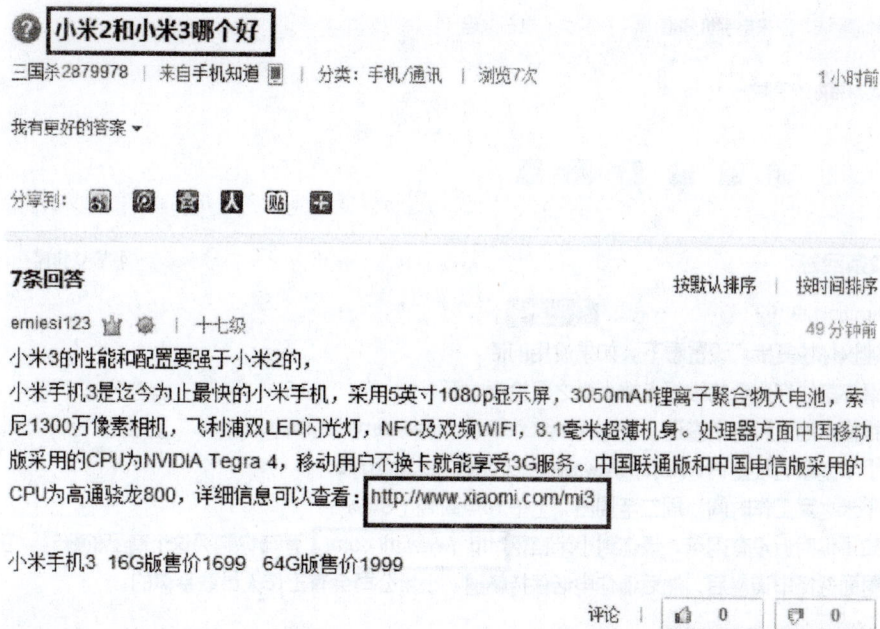

图 2-3-4 回答小米手机版本问题

❓ 第一次抢购红米手机预约之后到了当天还需要怎么做呀

知道网友 ┃ 来自手机知道 📱 ┃ 分类：两性问题 ┃ 浏览3次

erniesi123 👑 ⚜ ┃ 十七级   2小时前

如何购买：

预约后，请在开放购买当天12:00准时访问小米网购买，建议适当提前一点访问并提前登陆。开放购买开始后点击【立即购买】按钮，按提示购买。所购买的产品成功加入购物车后，请在2小时内下单，下单后2小时内支付，如未成功购买，我们将在2小时后清空您的购物车。

温馨提示：请您仔细选择购买的产品版本及颜色，提交后将不可修改；在您成功支付之前，请勿将手机从购物车中删除或取消手机订单，否则将导致您无法下单支付

如何支付：

小米网支持使用支付宝、财付通或银行网银进行在线支付。

手机加入购物车后，请在2小时内下单，下单后2小时内支付。如未成功购买，我们将在2小时后清空您的购物车。

由于支付宝平台本身问题，暂不支持使用支付宝帐号的过程中更换其它支付宝帐号支付，如遇到类似问题，建议用户尝试【财付通】平台或者【信用卡支付】通道支付；

手机端：建议用户尝试【银联】支付。

具体可以参考 http://bbs.xiaomi.cn/thread-9719799-1-1.html

图 2-3-5 回答红米购买问题

❓ 红米手机屏幕倒过来了怎么办

知道网友 ┃ 来自手机知道 📱 ┃ 分类：电子数码 ┃ 浏览6次

我有更好的答案 ▾

分享到： 🔲 🔲 🔲 🔲 🔲 ➕

2条回答   按默认排序 ┃

erniesi123 👑 ⚜ ┃ 十七级 `最快回答`

建议你恢复出厂设置看下，如果没用的话，

请你前往你附近的维修点或小米之家检测一下。

维修点地址和电话查询：http://www.xiaomi.com/c/service/poststation/

小米之家地址查询：http://www.xiaomi.com/c/xiaomizhijia/

小米之家工作时间为周二至周日，上午10点到晚上6点。

如果你附近没有网点，请你到小米官网 http://www.mi.com/，登陆你购买这个商品的账号，在里面选择申请售后，然后请你电话保持畅通。小米公司会有工作人员联系你的。

评论 ┃ 👍 0

图 2-3-6 回答红米使用问题

知识链接

(一)草根账号营销方式及注意事项

草根账号营销包括自问自答及回答他人问题两种形式。

1. 自问自答注意事项

(1)保持问题内容与答案内容的相关性,避免答非所问。

(2)确保答案内容前50字内反复强调问题中的核心关键词。

(3)根据问题及答案相关性适当插入图片。

(4)多账号回答(2选1,3选1),但必须都突出重点。

(5)巧留网址、联系方式等信息,以实现营销目的。"百度知道"回答规则中规定答案不可直接带有网站、联系方式等,因此必须巧留网站信息。

2. 回答他人提问注意事项

(1)切忌一个号码用到底,回答或是采纳不要以账号升级为目的,控制好账号等级。

(2)注意控制账号安全,不要让一个号码短时间内回答大量问题,对于采纳的答案不要立刻就去赞同。

(3)注意保持答案内容与问题的相关性,避免答非所问,切忌在同一个IP下自言自语,既提问又回答,否则将会被直接封号!

(二)提高草根账号营销回答质量的方法与技巧

不管是自问自答还是回答他人问题,营销的成功与否与其回答质量密切相关,答案质量越高、技巧性越强,营销成功的概率就越大。因此营销者必须掌握提高回答质量的方法,同时提高答案的技巧性,具体方法如下:

1. 准确性高

回答者应站在提问者角度思考问题,力求答案的正确性,确保答案对提问者有较强的借鉴意义和实质帮助。如图2-3-4"小米手机版本问题",该草根账号从提问者角度出发,从两种机型配置等方面入手,答案包含丰富的信息,准确性高,最终成功在答案中留下小米官网地址,既不引起提问者反感,又成功实现营销。

2. 相关性高

确保回答可对应地解决提问,而不是提供大篇幅不相关的内容;内容详实,而非单纯的复制粘贴。

3. 内容全面

内容包含解答该疑问所需的所有必要信息和延展信息(更加详细的补充说明),延展信息需紧紧围绕问题,可以是对回答内容的详细阐释,也可以对其适当扩展,可在回答后提供数据、资料、文献引用来源且字数达到一定的要求。

4. 可信度高

对于专业性高的提问,回答时尽量在答案后添加简单的标注,即内容出处、参考文献等扩展阅读,必要时应简要介绍该参考文献和内容来源,既尊重他人劳动成果,又可提高答案的说服力和权威性。

5. 可读性好

语句通顺、有条理,可适当排版如段首顶格、添加序号等,使内容更加直观明确便于阅读。此外在回答中加入美观而富有关联信息的图片进行说明,可使解答更生动,更易被人理解,且印象深刻。

6. 以"经验"服人

营销者在进行营销时还应注意措辞,善于使用"经验"法,使答案更具说服力,同时降低回答者被认为是"托"的概率,拉近与提问者的距离,如图 2-3-7 所示。

图 2-3-7　经验法回答技巧

(三)回答他人问题操作步骤

(1)通过"为我推荐的提问"回答问题。

进入百度知道首页,点击右上方我的知道中"为我推荐的提问"进入个人知道首页,如图 2-3-8 所示。

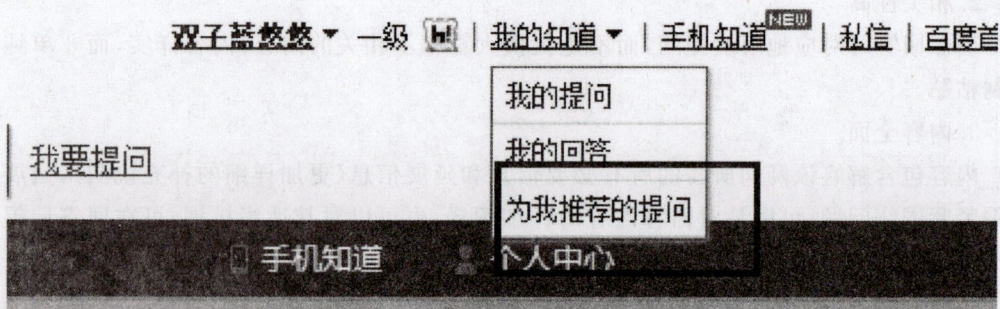

图 2-3-8　"为我推荐的提问"入口

　　由于之前已设置好"关注的分类""关注的关键词",系统根据用户的设置自动匹配问题,在"为我推荐的提问"中有下列问题,若没有进行关注分类等设置,用户可在设置后再进行回答,如图 2-3-9 所示。

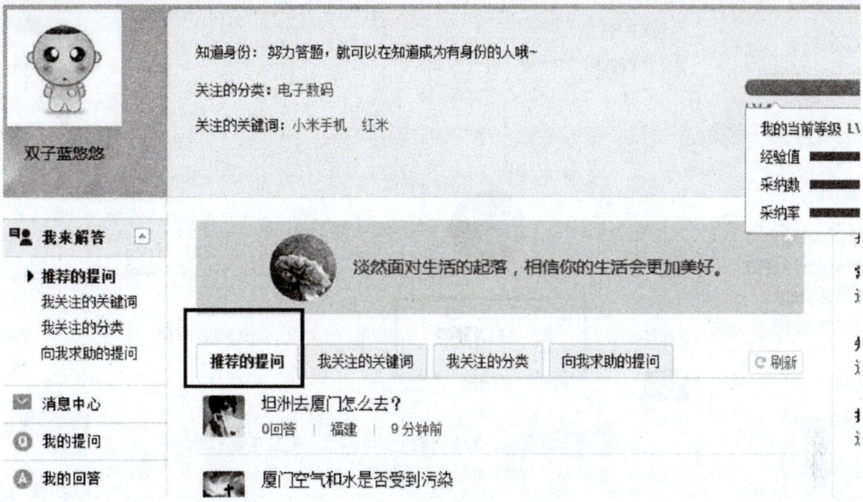

图 2-3-9　回答问题入口

　　浏览问题并从中选择适合自己的问题进行回答,再"提交回答"即可,如图 2-3-10 所示。

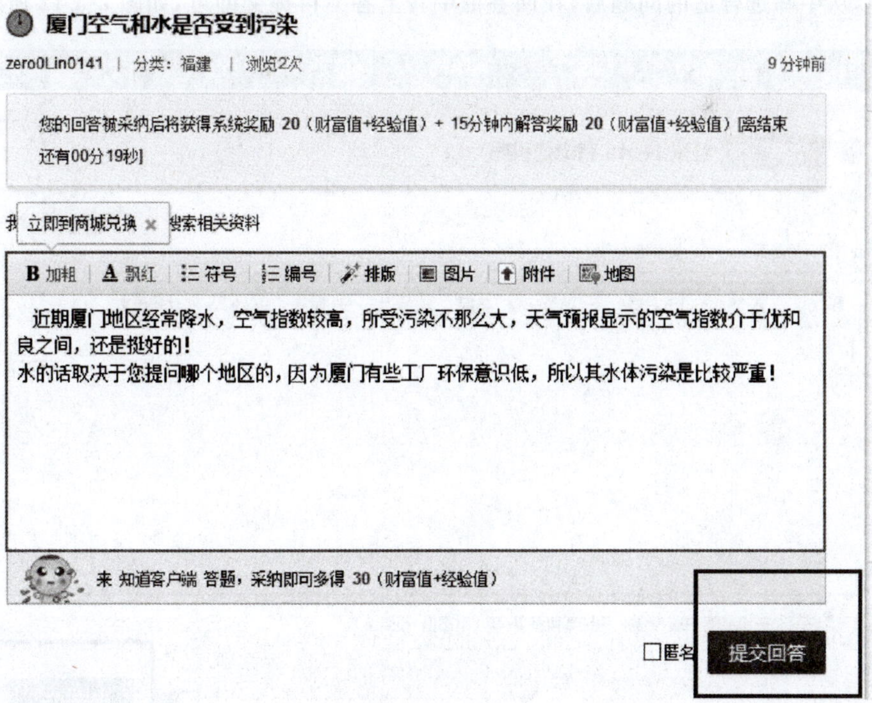

图 2-3-10　回答问题

（2）在个人主页的"我关注的关键词"中筛选问题进行回答，如图2-3-11所示。

图 2-3-11　通过"我关注的关键词"进行回答

同理，从中筛选合适的问题后，在回答框中写上答案再提交即可，如图2-3-12所示。

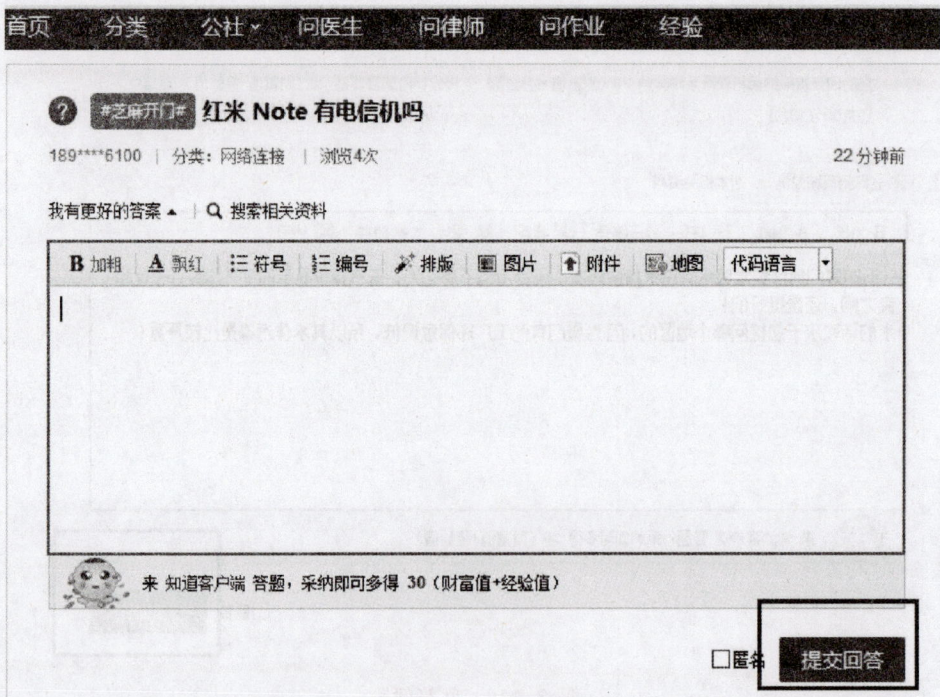

图 2-3-12　回答问题

（3）在"我关注的分类"中筛选问题进行回答，回答方法同上，如图2-3-13所示。

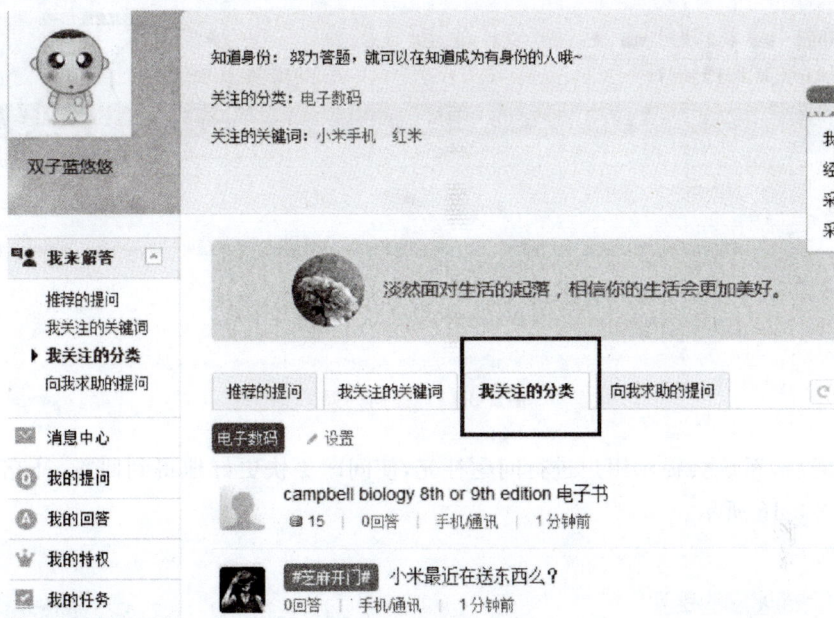

图 2-3-13　通过"我关注的分类"回答问题

（4）通过"向我求助的提问"回答问题，回答方式同上，如图2-3-14所示。

图 2-3-14　通过"向我求助的提问"回答问题

（四）提出问题，并自己回答操作步骤

（1）使用当前账号在百度知道首页搜索框中输入问题，再点击"我要提问"即可，如图

2-3-15所示。

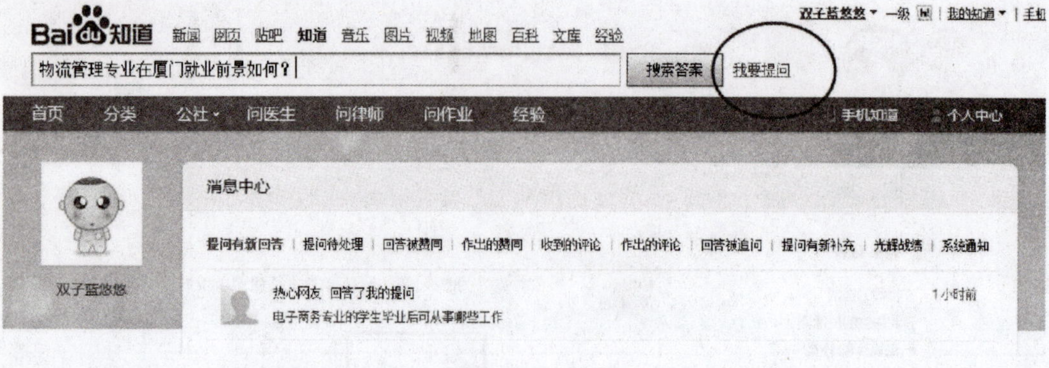

图 2-3-15　提问问题

（2）提问后，系统会提示用户进行问题补充，使问题更快更好地得到回答，补充问题后的效果，如图 2-3-16 所示。

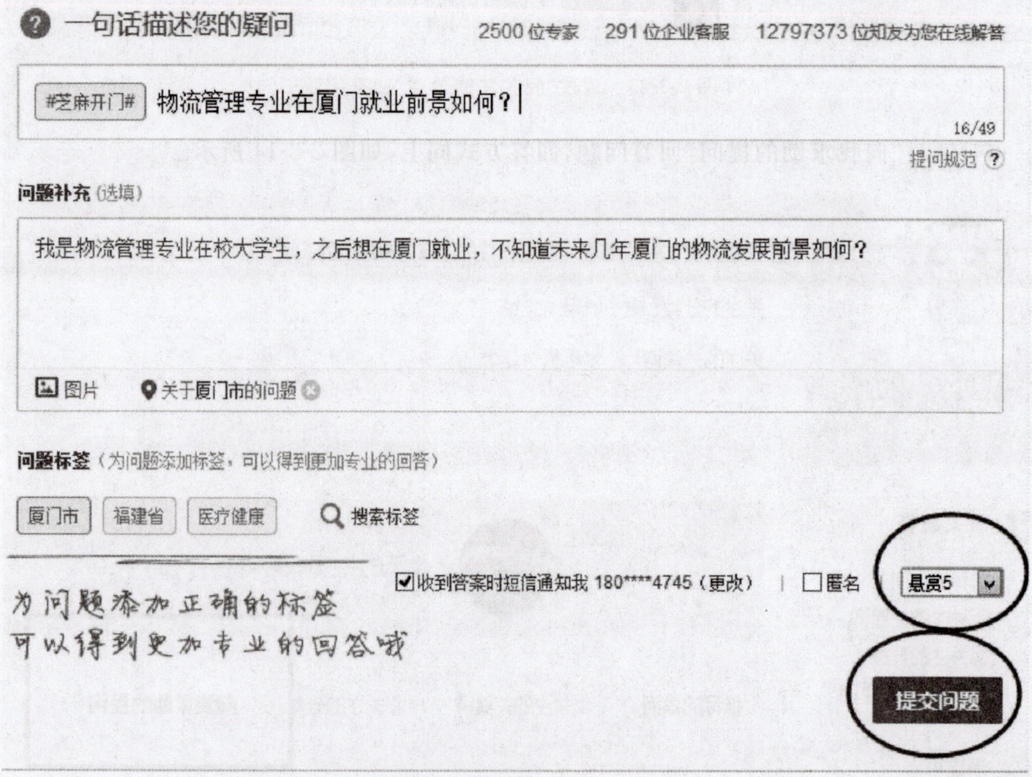

图 2-3-16　补充问题效果图

（3）点击"知道"右上方的退出，退出当前账号，如图 2-3-17 所示。

图 2-3-17　退出账号方法

　　(4)使用自己注册的另一个账号登录百度知道,登录成功后,进入个人主页,点击搜索框下方的分类后,如图 2-3-18 所示。

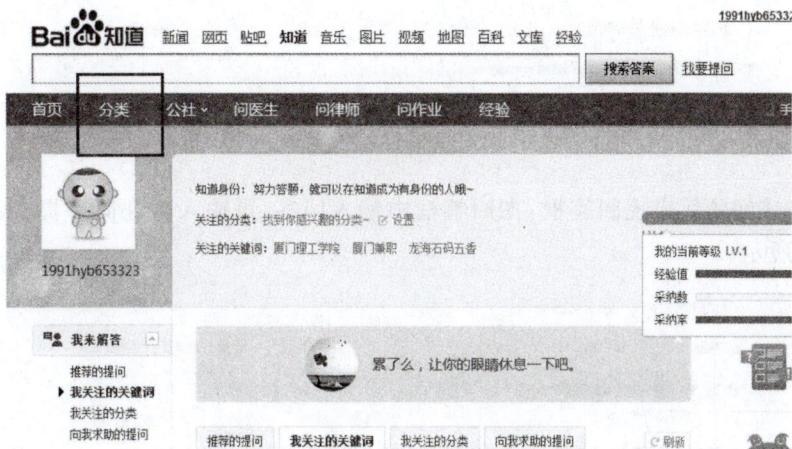

图 2-3-18　分类页面入口

　　(5)进入分类页面后,在页面下方的"新提问"搜索框中输入自己所提问题的关键词,再点击"筛选",如图 2-3-19 所示。

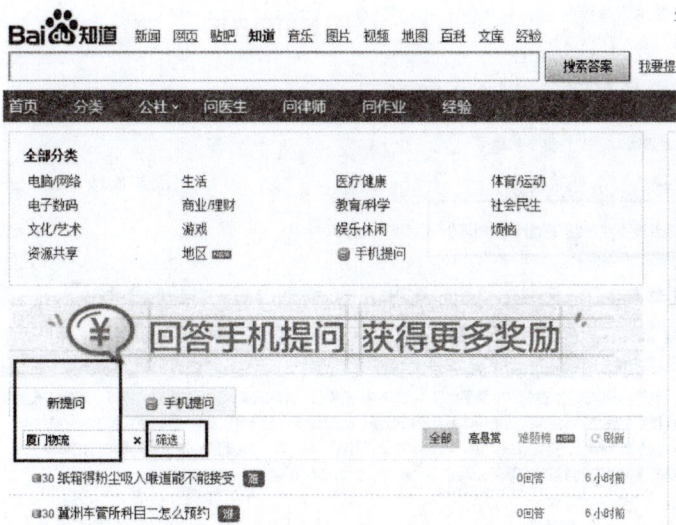

图 2-3-19　输入关键词筛选问题

(6)在筛选结果中查找到自己所提问的问题,如图2-3-20所示。

图 2-3-20　搜索到自己提问的问题

(7)点击该问题后出现回答框,在回答框中输入回答,再输入验证码,"提交答案"即可,如图2-3-21所示。

图 2-3-21　回答问题界面

(8)提交回答后效果图,如图2-3-22所示。

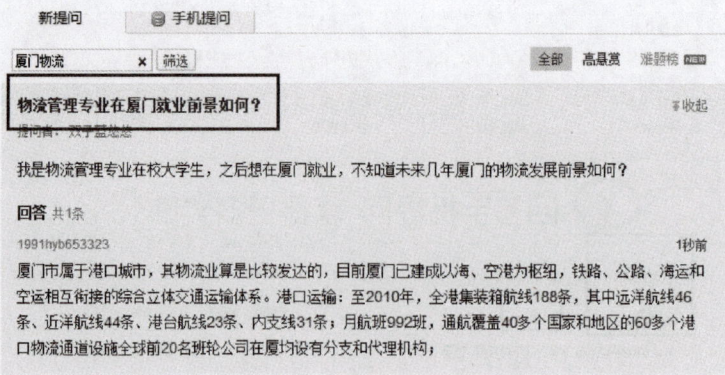

图 2-3-22　回答成功后界面

(五)官方账号营销

1. 企业官方账号营销

例如,"小米企业平台"是小米的官方账号,该账号主页提供购买咨询、小米手机、红米手机、小米盒子、MIUI 米柚、米聊、小米电视等问题分类服务,网友们可以在这里根据问题分类快速获得与自身问题相关性较强的答案。该账号目前累计回答问题数已达 59 万,用户满意度已达 69%。小米在高效地解决用户问题的同时,成功地培养了一批忠诚的粉丝即"米粉",并树立了良好的企业形象。

在一定程度而言,企业官方账号营销方式可以看作是对网络客服体系的补充与完善,丰富的问题分类功能为用户提供了极大的便利,拓宽了客户咨询了解公司产品的渠道。以"小米企业平台"为例,贴心的咨询服务,详细耐心的解答,使得该官方账号经常在"企业知道"的明星网络客服中名列前茅,大大促进了公司良好形象的树立。

2. 官方账号营销的其他形式

以"百度知道"为例,除了在企业知道注册官方账号进行营销外。中小型企业可以采取的问答营销方式还包括百度知道首页"关键词"问答营销、百度"知道推广"问答营销及两种方式相结合的方式,以达到营销目的。

(1)百度知道首页"关键词"问答营销。例如,当用户输入问题"店铺代运营是什么"时,梦盒子官方账号进行了百度知道首页"代运营"关键词优化,因此其官方账号所做的回答便出现在搜索结果较靠前的位置,如图 2-3-23 所示。

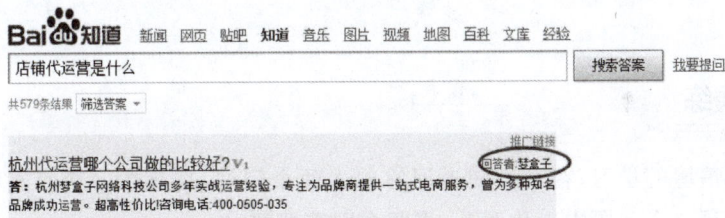

图 2-3-23　百度"知道"首页关键词营销

(2)"知道推广"的问答营销。同样以问题"店铺代运营是什么"为例,福州电子商务学校的官方账号在"知道推广"优化关键词"代运营",因而其对"代运营"所做的回答或与关键词有关的回答便出现在"知道推广"较靠前的位置,如图 2-3-24 所示。

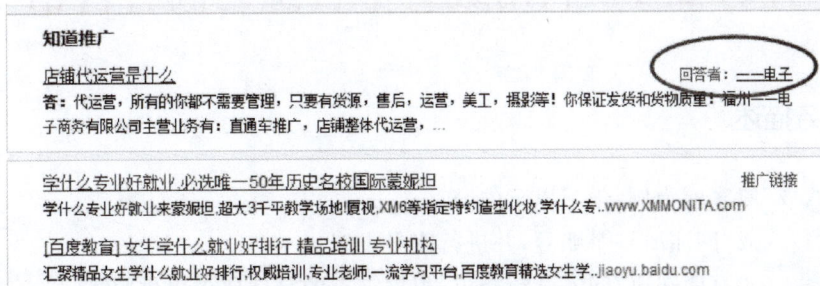

图 2-3-24　企业"知道推广"关键词营销

（3）首页"关键词"与"知道推广"的问答营销。"物流策划研究院"采取上述两种方式相结合的营销方式,优化关键词"物流规划"（见图2-3-25）,以提高回答被网友搜索到并关注的可能性,达到营销目的,当然其成本也相应增加。

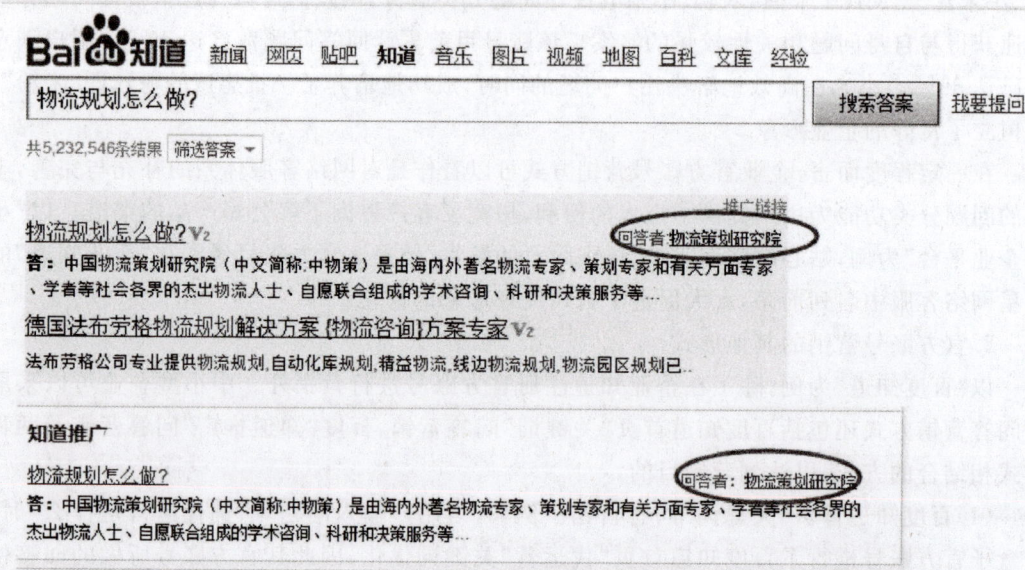

图 2-3-25 两种方式结合的企业营销

实战演练

（1）根据本情境的学习,在百度知道回答他人两个问题,在其中一个答案中留下自己的新浪微博名称,另一个问题中上传图片,将两个回答截图。

（2）在百度知道中提出一个问题,并自己回答,在答案中留下自己 QQ 名称,截图提交。

（3）在企业知道中搜索三家企业官方账号,包括其名称、账号页面提供的问题分类、已回答问题数、用户满意度,整理成 Word 文档并提交。

任务 2.4 利用威客平台练习问答营销

任务描述

以"猪八戒"威客网为例,学习以下内容:

（1）在"猪八戒"网注册一个账号,并进行账号设置。

（2）查找 1 个"百度知道"问答营销需求,根据需求的具体要求提供服务。

（3）查找 1 个"搜搜问问"问答营销需求,根据需求的具体要求提供服务。

(4)查找 1 个"360 问答"问答营销需求,根据需求的具体要求提供服务。

操作指引

(一)在"猪八戒"网注册一个账号,并进行账号设置

1.注册账号

(1)打开浏览器,输入网址"www.zhubajie.com"并打开,进入网站首页后,点击首页左上方的"免费注册"注册账号,如图 2-4-1 所示。

图 2-4-1 注册页面

(2)注册时可用如图 2-4-2 所示的合作网站账号登录。

图 2-4-2 使用合作网站账号注册

2.进行账号设置

(1)注册成功后系统自动跳转至网站首页,左上方便出现系统默认的用户名,点击用户名进入"我的猪八戒",进行账号设置,如图 2-4-3 所示。

图 2-4-3　账号设置页面

(2)设置账号是为了方便用户以后登录和找回密码,设置时要求输入手机号码或邮箱进行验证,填写完毕后提交即可,如图 2-4-4 所示。

图 2-4-4　验证账号

(二)在"猪八戒"网查找"百度知道问答营销推广"需求,根据需求的具体要求提供服务

威客任务地址:http://task.zhubajie.com/4108695/;

推广平台:百度知道;

具体要求:围绕"铁板烧设备厂家"使用不同 IP 提问题、回答问题,3 天后将回答选为最佳答案。

(1)账号设置成功后返回"猪八戒"网站首页,在"找服务商/需求/服务"类目中选中"找需求",然后在搜索框中输入"百度知道问答营销推广",点击搜索,如图 2-4-5 所示。

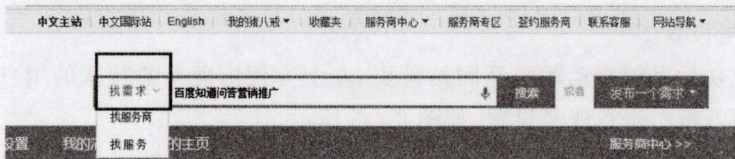

图 2-4-5　搜索百度知道问答需求

搜索结果如图 2-4-6 所示。

图 2-4-6 搜索百度知道问答需求结果

(2)为了提高搜索结果的精确度,用户还可进行类目、交易模式、赏金、需求时间等设置,如图 2-4-7 所示。

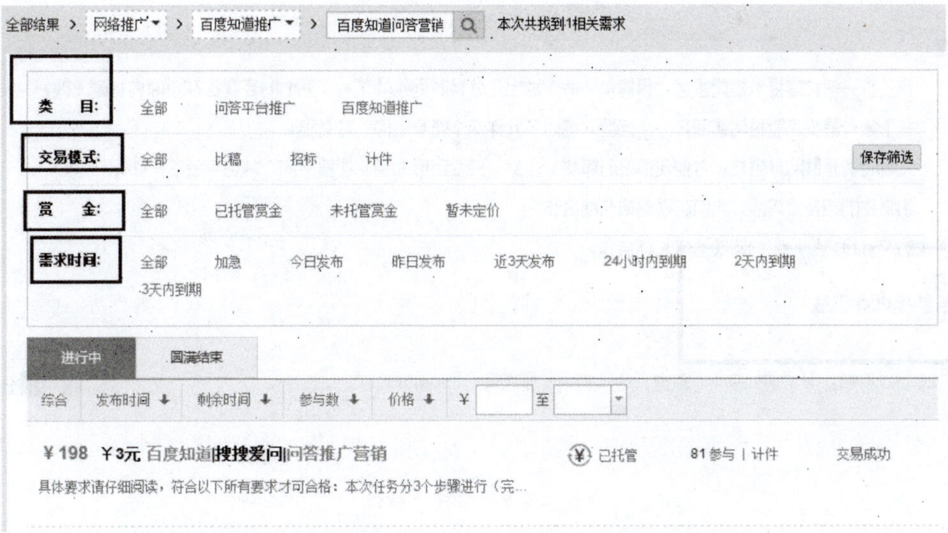

图 2-4-7 精确搜索结果

(3)点击该问题后进入问题主页,下拉页面,查看其具体要求,如图 2-4-8 所示。

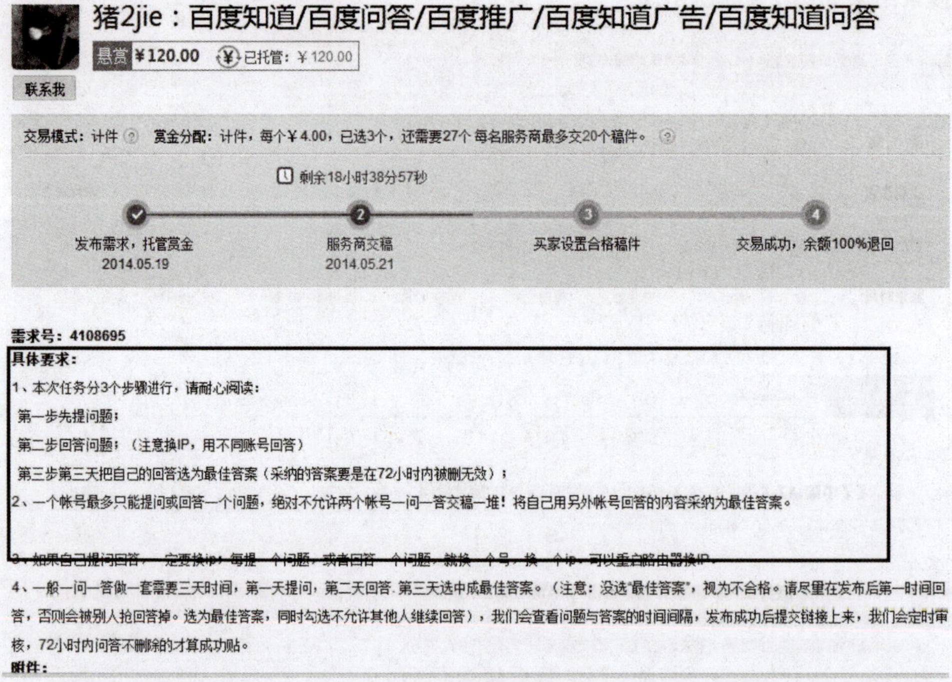

猪2jie：百度知道/百度问答/百度推广/百度知道广告/百度知道问答

悬赏 ¥120.00　已托管：¥120.00

联系我

交易模式：计件　赏金分配：计件，每个¥4.00，已选3个，还需要27个 每名服务商最多交20个稿件。

⏱ 剩余18小时38分57秒

① 发布需求·托管赏金　② 服务商交稿　③ 买家设置合格稿件　④ 交易成功，余额100%退回
2014.05.19　　　　　2014.05.21

需求号：4108695

具体要求：

1、本次任务分3个步骤进行，请耐心阅读：

第一步先提问题；

第二步回答问题：（注意换IP，用不同账号回答）

第三步第三天把自己的回答选为最佳答案（采纳的答案要在72小时内被删无效）；

2、一个帐号最多只能提问或回答一个问题，绝对不允许两个帐号一问一答交稿一堆！将自己用另外帐号回答的内容采纳为最佳答案。

3、如果自己提问自己，一定要换IP，每提一个问题，或者回答一个问题，就换一个号，换一个IP，可以重启路由器换IP。

4、一般一问一答做一套需要三天时间，第一天提问，第二天回答，第三天选中成最佳答案。（注意：没选"最佳答案"，视为不合格。请尽量在发布后第一时间回答，否则会被别人抢回答掉。选为最佳答案，同时勾选不允许其他人继续回答），我们会查看问题与答案的时间间隔，发布成功后提交链接上来，我们会定时审核，72小时内问答不删除的才算成功贴。

附件：

图 2-4-8　查看问题需求

（4）有些发布商还上传了附件，因此我们必须下载附件查看其具体要求，如图 2-4-9 所示。

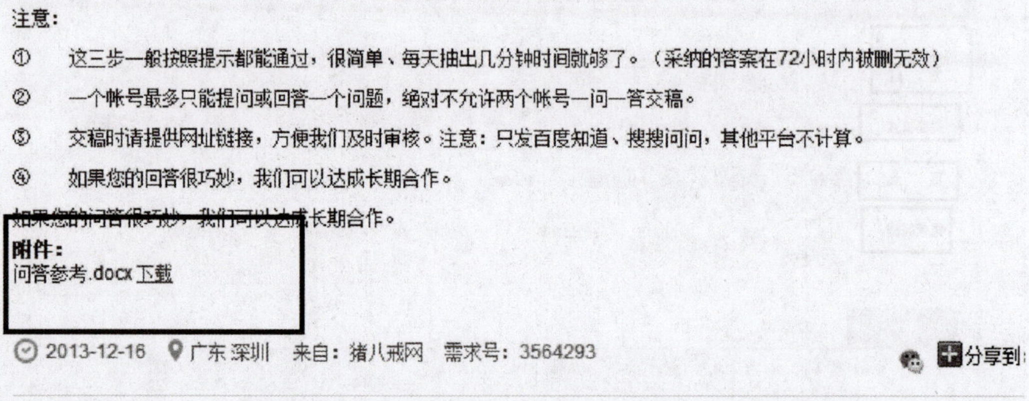

注意：

① 这三步一般按照提示都能通过，很简单、每天抽出几分钟时间就够了。（采纳的答案在72小时内被删无效）

② 一个帐号最多只能提问或回答一个问题，绝对不允许两个帐号一问一答交稿。

③ 交稿时请提供网址链接，方便我们及时审核。注意：只发百度知道、搜搜问问，其他平台不计算。

④ 如果您的回答很巧妙，我们可以达成长期合作。

如果您的问答很巧妙，我们可以达成长期合作。

附件：
问答参考.docx 下载

⊙ 2013-12-16　📍 广东 深圳　来自：猪八戒网　需求号：3564293　🔧 ➕分享到

图 2-4-9　附件下载处

（5）下载附件后查看根据发布商的具体要求，如图 2-4-10 所示。

以下资料作为参考，尽量提供口语化、通俗化的回答。
围绕价格、厂家、最好的、怎么样、哪里有、哪家好、等来提问和回答。
只要提上"创绿巨轮"或者"上海创绿"即可。
更多资料可以参考 tiebanshao.com 上面找。

示例：(可参考同行的问答来做，有追问或带网址优先通过)
1.铁板烧设备哪家质量好？

上海创绿酒店设备有限公司是专业生产铁板烧设备的一家龙头企业，创建于1992年，属国内首创。公司实力雄厚，内部有着一支庞大的技术队伍，在资深设计师的精心设计和研发人员的努力下，为公司打造了一套先进的流水线装置，设计出一套适应国内餐饮业新型"创绿巨轮"牌铁板烧设备。自成立以来，秉承创新的科技和环保的理念不断完善产品，注册商标"创绿巨轮"牌铁板烧设备以优良的品质、完善的售后服务多年来以深受海内外客户的青睐。

创绿巨轮铁板烧设备拥有各种形式及座位的组合、首创环保节能型的电磁盘加热系统，3分钟温度可加热到350摄氏度、特殊钢板处理技术、CE认证的高效能高压静电油烟净化机、高效静音风机，并搭配反面金色阴化玻璃和大理石台面装饰。同时增加了负离子生产科技的加热板，可在烹调中有效降低因加热产生食材氧化，使食物中蛋白质及养分完整保存，以达成真正健康环保的无烟铁板烧。在产品创新的同时，我们也注重严格品质管理，如钢板的特殊处理、炫火处理、火焰切割、水刀切割、创库加工、研磨及表面抛光处理、冲压加工、喷漆喷涂、防腐及防伪标示处理、装载、效能测试、检验及包装等步骤。

2、铁板烧设备厂家？

图 2-4-10　附件内容截图

（6）根据发布商的具体要求，到百度知道提问，如图 2-4-11 所示。

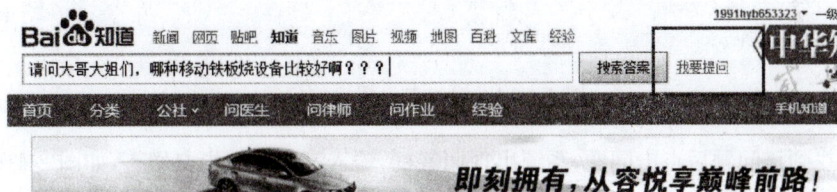

图 2-4-11　提问问题

（7）提问完毕后进行问题补充再提交，如图 2-4-12 所示。

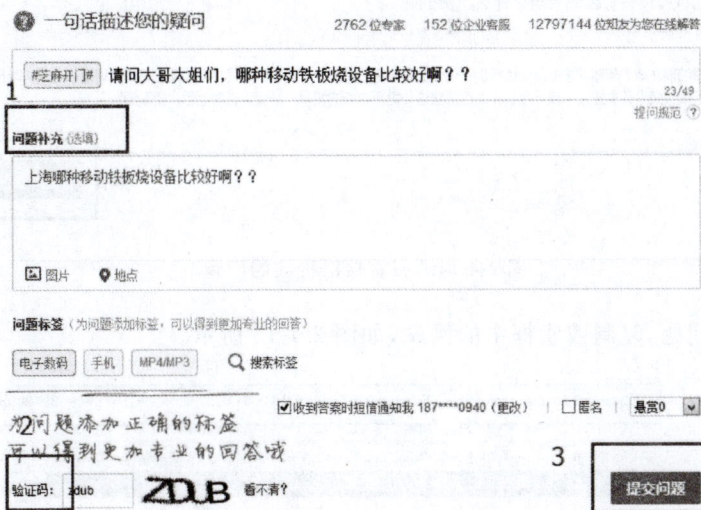

图 2-4-12　补充并提交问题

(8)之后退出当前账号,登录自己注册的另外一个账号,在"百度知道"界面中间的"新提问"输入自己提问的关键词再筛选,如图 2-4-13 所示。

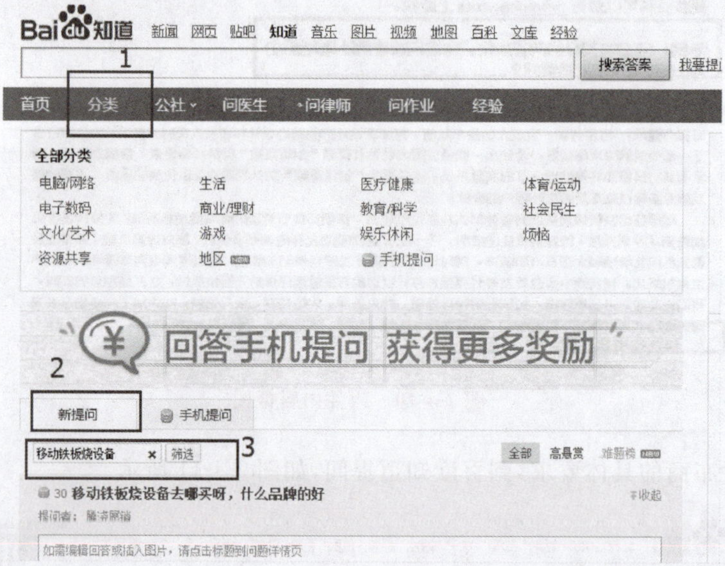

图 2-4-13　搜索自己提问的问题

(9)查找到该问题后点击问题,系统出现回答框,输入答案后再提交回答,如图 2-4-14 所示。

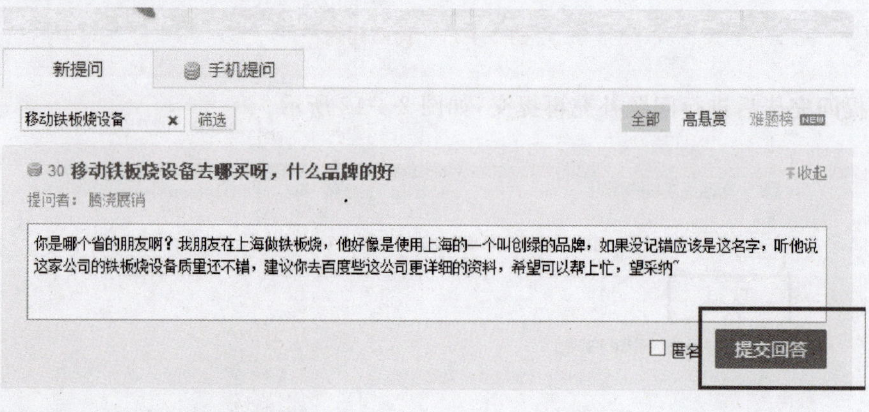

图 2-4-14　回答自己提问的问题

(10)返回原问题,复制搜索框中的网站,如图 2-4-15 所示。

图 2-4-15　复制网址方法

(11)复制好网址后返回需求页面,在页面的中间点击"我要交稿",如图 2-4-16 所示。

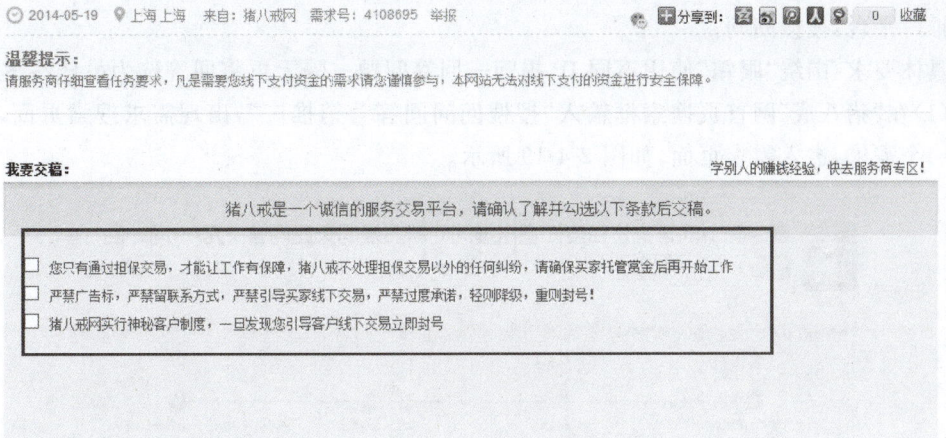

图 2-4-16　交稿协议

(12)在协议前的对话框中打钩后,出现交稿框,在交稿框中输入自己回答的页面网址,如图 2-4-17 所示。

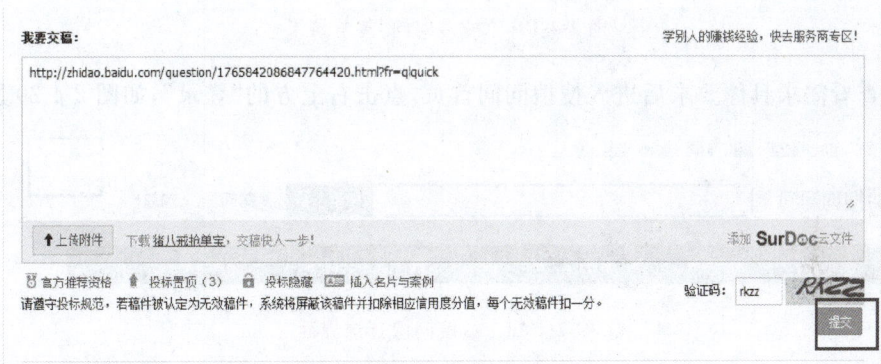

图 2-4-17　提交答案,提供服务

(13)交稿记录中出现用户的交稿记录,当自己的回答符合买家(需求方)的要求,并通过买家的浏览审核后,便会出现"合格",如图 2-4-18 所示。

图 2-4-18　服务合格

(三)在"猪八戒"网查找"搜搜问问问答营销"需求,根据需求的具体要求提供服务

威客任务地址:http://task.zhubajie.com/2628696/;

推广平台:搜搜问问;

具体要求:围绕"眼霜"使用不同 IP 提问—回答问题—隔天再将回答选为最佳答案。

(1)在"猪八戒"网首页搜索框输入"搜搜问问问答营销推广",出现需求搜索页面,点击其中一个需求,进入需求页面,如图 2-4-19 所示。

图 2-4-19 "搜搜问问"需求结果

(2)查看需求具体要求后进入搜搜问问首页,点击右上方的"登录",如图 2-4-20 所示。

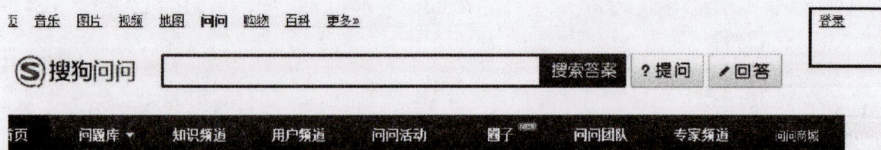

图 2-4-20 搜搜问问登录界面

(3)搜搜问问自动为用户匹配 QQ 账号登录,在页面上方的搜索框中根据买家所给的任务具体要求输入问题再提交即可,如图 2-4-21 所示。

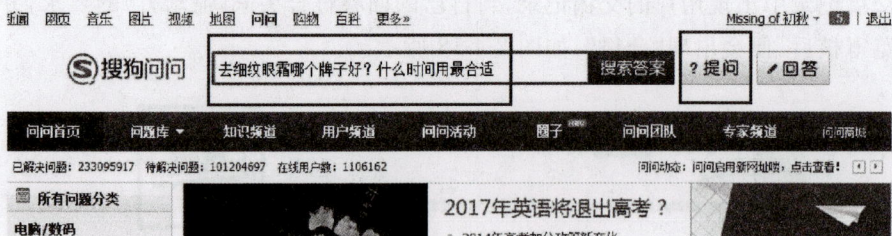

图 2-4-21 搜搜问问提问

(4)提交问题后仍需要补充问题,输入验证码后再提交问题,如图 2-4-22 所示。

图 2-4-22　补充问题

（5）退出当前账号，选择自己注册的其他 QQ 号重新登录搜搜问问，如图 2-4-23 所示。

图 2-4-23　使用其他账号登录

（6）成功登录后，点击"问题库"，出现"待解决"等问题类型，在搜索框中输入提问问题的关键字，再进行筛选即可，如图 2-4-24 所示。

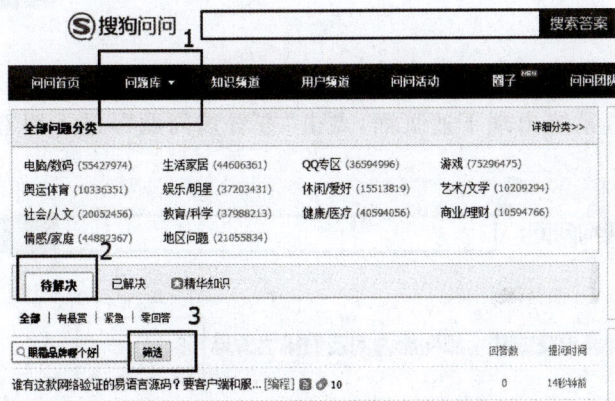

图 2-4-24　使用其他账号登录

(7)搜索到自己提问的问题,如图 2-4-25 所示。

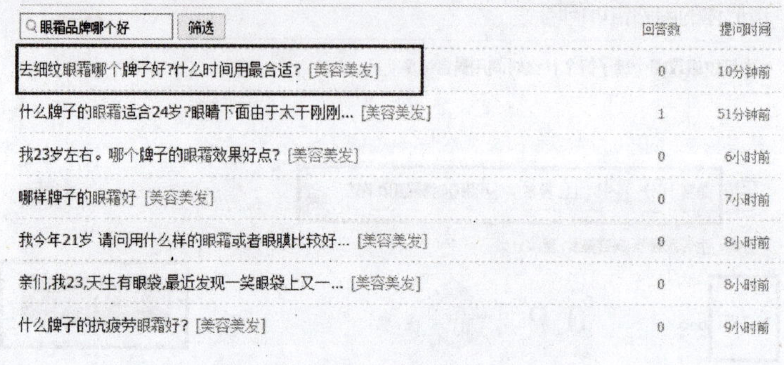

图 2-4-25　搜索到自己提问的问题

(8)点击该问题在回答框中根据需求的具体要求来回答问题,输入验证码,再提交回答即可,如图 2-4-26 所示。

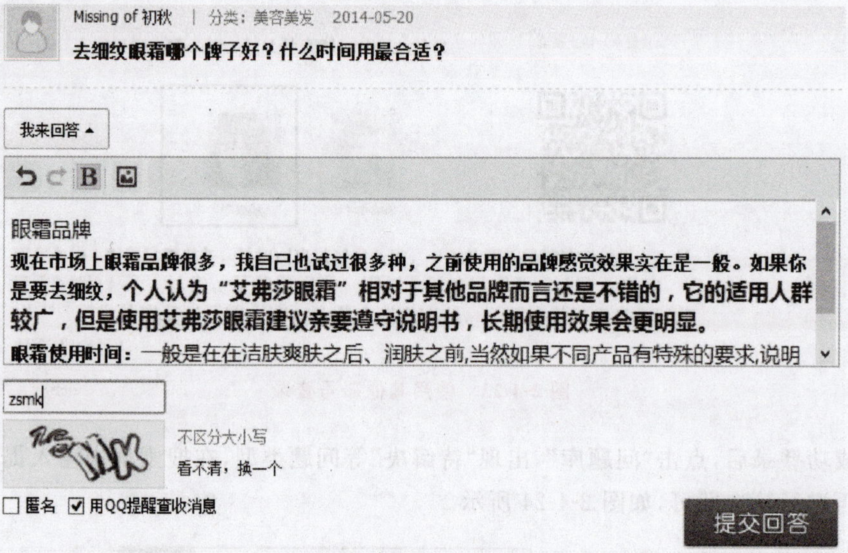

图 2-4-26　回答问题

(9)回答成功后,系统出现下述页面,点击"查看该问题",进入回答界面,如图 2-4-27所示。

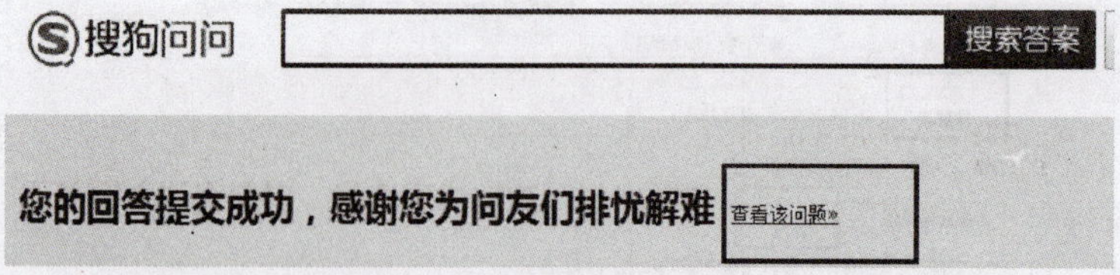

图 2-4-27　查看该问题的方式

（10）返回答案页面后复制网址，再将网址提交到原需求页面中的"我要交稿"，输入验证码，然后提交答案，如图 2-4-28 所示。

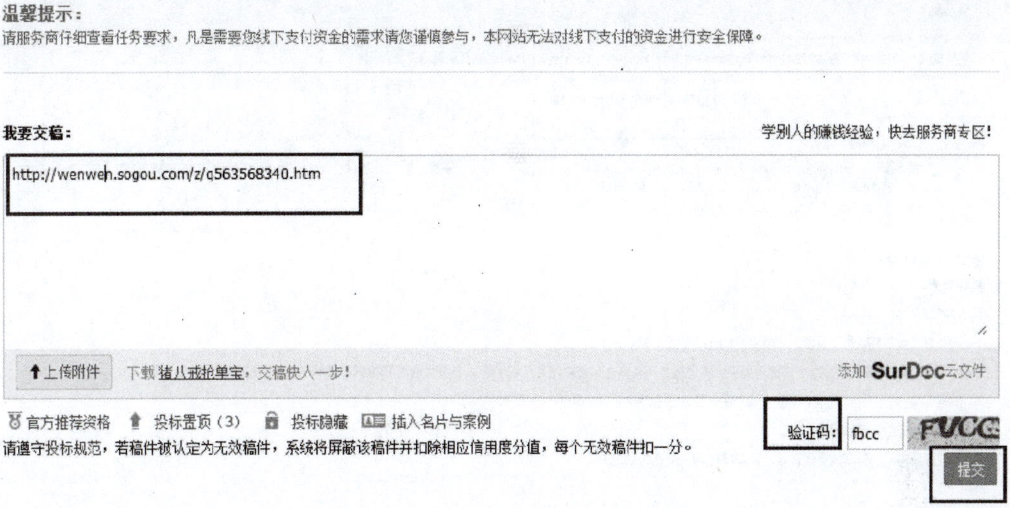

图 2-4-28　交稿方式

（11）在不违背需求具体要求的前提下，买家浏览所交稿子并通过审核，将出现合格提示，如图 2-4-29 所示。

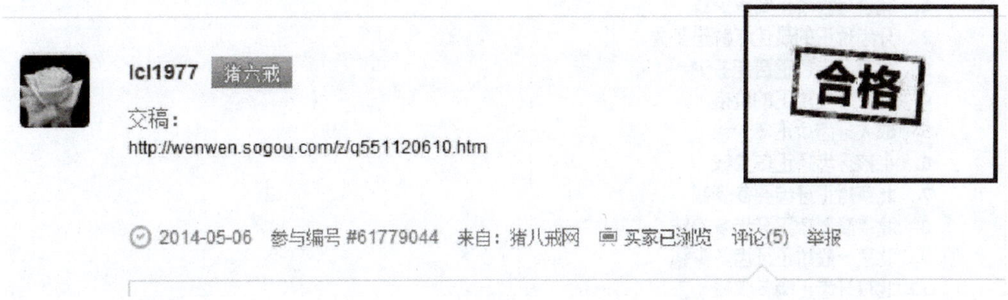

图 2-4-29　通过审核提示

（四）在"猪八戒"网查找"360 问答营销"需求，根据需求的具体要求提供服务

威客任务地址：http://task.zhubajie.com/4113745/；

推广平台：360 问答平台；

具体要求：根据附件提供的问题进行提问—回答问题—隔天再将回答选为最佳答案。

（1）在"猪八戒"网首页搜索框输入"360 问答营销推广"，出现需求搜索页面，点击其中一个需求，进入需求页面，如图 2-4-30 所示。

好瓷轩：搜搜问问 新浪爱问 天涯问答 360问答 1.5元一问一答

悬赏 ¥33.00　¥已托管：¥33.00

联系我

交易模式：计件 ⓘ　赏金分配：计件，每个¥1.50，已选0个，还需要22个 每名服务商最多交6个稿件。 ⓘ

⏱ 剩余6天12小时58分14秒

✓ 发布需求，托管赏金　　② 服务商交稿　　③ 买家设置合格稿件　　④ 交易成功，余额100%退回
2014.05.20　　　　　　　2014.05.27

需求号：4113745
具体要求：
具体要求：
1、问答必须用不同账号（重要），链接或者电话必须带其一个。
2、问答5天内不能被系统删除。不能用同一个账号老是问或者老是答，错开来问和答。回答太快容易被删，请1小时以上再回答。
3、问答不能是同一个IP地址。解决方法：关掉路由器和MODEM就可以自动换新IP了。
4、提问与回答中，请看附件
5、必须选择自己的答案为最优答案，不可以在同一天选（切记）。

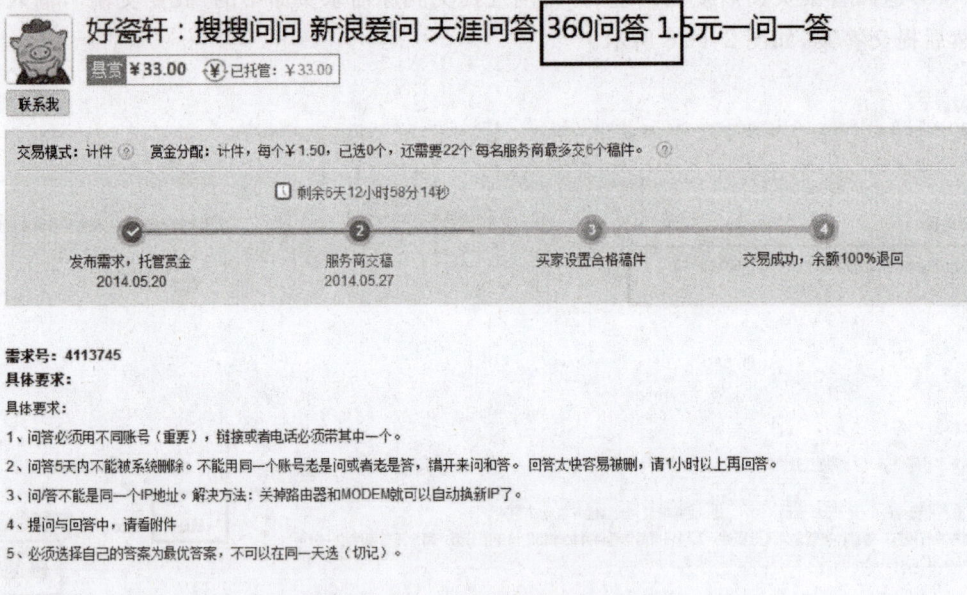

图 2-4-30　"360 问答"需求结果

查看附件的提问及回答要求，如图 2-4-31 所示。

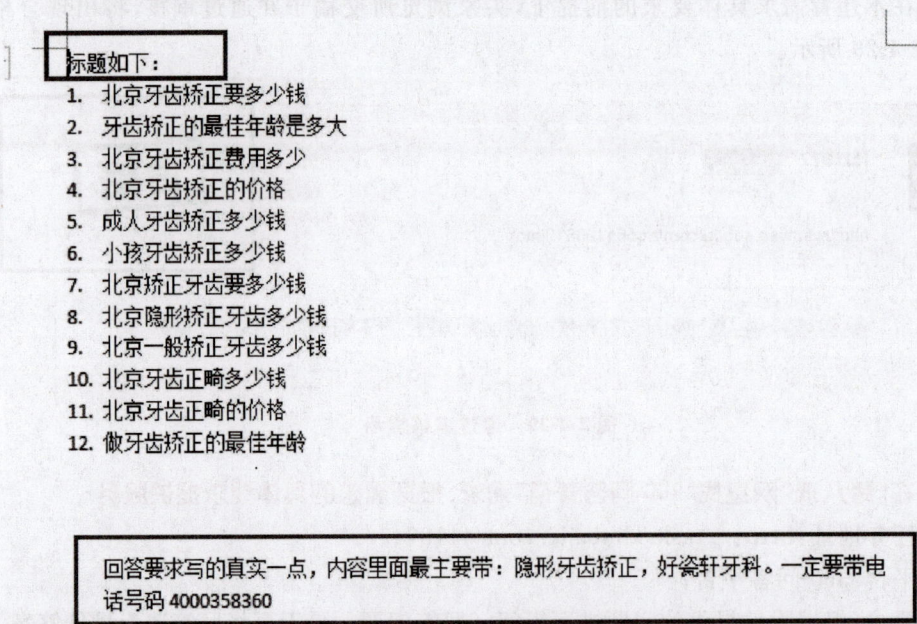

标题如下：
1. 北京牙齿矫正要多少钱
2. 牙齿矫正的最佳年龄是多大
3. 北京牙齿矫正费用多少
4. 北京牙齿矫正的价格
5. 成人牙齿矫正多少钱
6. 小孩牙齿矫正多少钱
7. 北京矫正牙齿要多少钱
8. 北京隐形矫正牙齿多少钱
9. 北京一般矫正牙齿多少钱
10. 北京牙齿正畸多少钱
11. 北京牙齿正畸的价格
12. 做牙齿矫正的最佳年龄

回答要求写的真实一点，内容里面最主要带：隐形牙齿矫正，好瓷轩牙科。一定要带电话号码 4000358360

图 2-4-31　附件具体要求展示

（2）查看具体要求后进入 360 问答首页，点击右上方的"登录"，选择登录方式，登录个人账号，如图 2-4-32 所示。

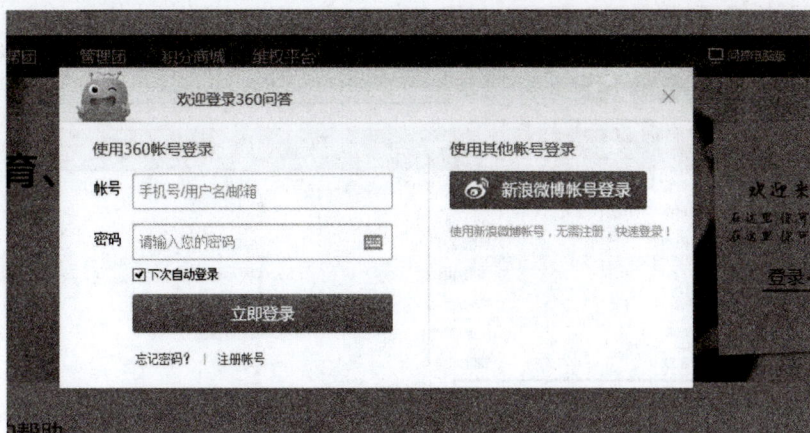

图 2-4-32 登录"360问答"

(3)登录账号后,在页面上方的搜索框中根据买家所给的任务具体要求输入问题再提交即可,如图 2-4-33 所示。

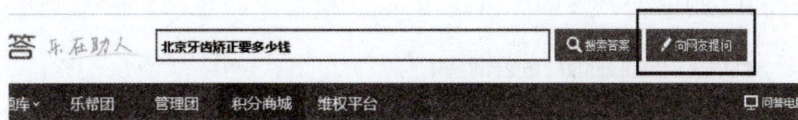

图 2-4-33 "360"提问

(4)提交问题后仍需要补充问题后输入验证码再"提交问题",如图 2-4-34 所示。

图 2-4-34 补充问题

(5)退出当前账号,选择自己注册的其他账号登录360问答后,点击问题库,在按关键词查找框中输入关键词"北京牙齿矫正",如图 2-4-35 所示。

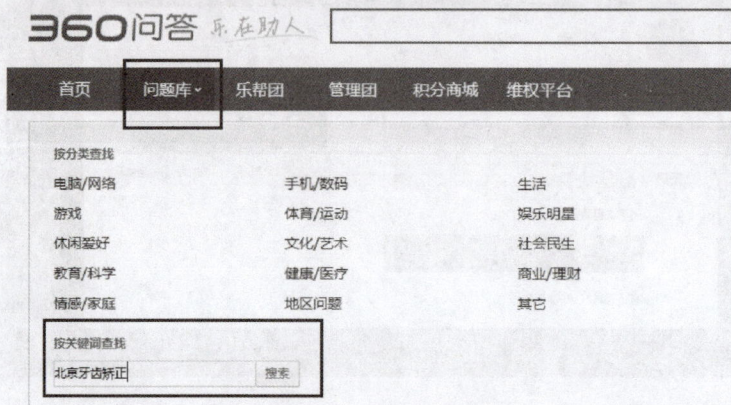

图 2-4-35　搜索问题

(6)搜索到自己提问的问题后,点击该问题根据需求任务的具体要求进行回答,再输入验证码,提交回答,如图 2-4-36 所示。

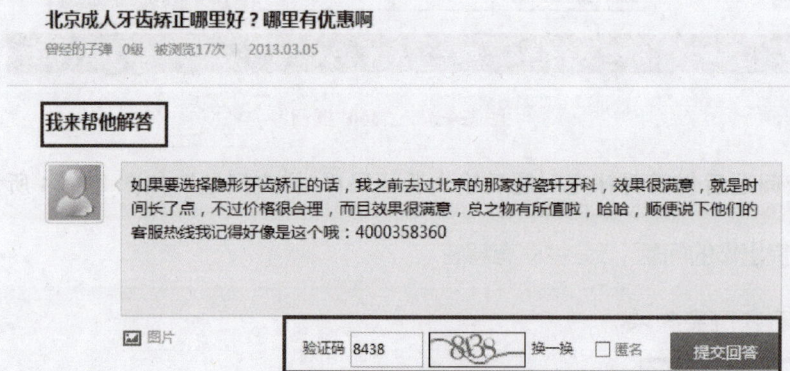

图 2-4-36　回答问题

(7)回答后点击"返回问题",以复制回答页面地址,如图 2-4-37 所示。

图 2-4-37　复制回答地址方法

(8)将所复制的地址提交到需求页面中的"我要交稿",输入验证码再提交即可,如图2-4-38所示。

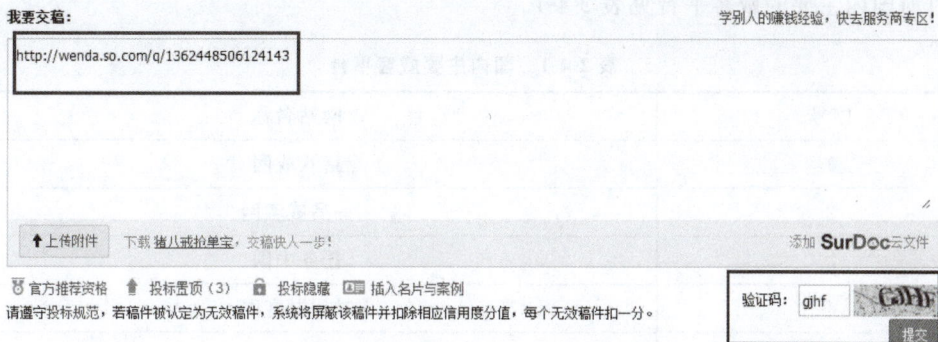

图 2-4-38 交稿页面

(9)交稿成功后,需求页面出现用户的交稿记录,如图 2-4-39 所示。

倌青丝

交稿:
http://wenda.so.com/q/1362448506124143

刚刚 参与编号 #62406416 买家未浏览

图 2-4-39 交稿记录

(10)待买家浏览并审核通过后,交稿记录后面出现"合格"字样,如图 2-4-40 所示。

lcl1977 猪六戒

交稿:
http://wenwen.sogou.com/z/q551120610.htm

2014-05-06 参与编号 #61779044 来自:猪八戒网 买家已浏览 评论(5) 举报

图 2-4-40 通过审核效果图

知识链接

威客的英文是 Witkey(wit 即智慧、key 即钥匙、关键)。在网络时代,凭借自己的创造能力(智慧和创意)在互联网上帮助别人而获得报酬的人就是威客。通俗地说,威客即在网络上出卖自己无形资产(知识商品)的人,或是在网络上做知识(商品)买卖的人。

目前国内主要的威客平台见表2-4-1。

表2-4-1　国内主要威客平台

序号	网站名称
1	猪八戒网
2	一品威客网
3	任务中国
4	时间财富网
5	万能威客网
6	K68威客网
7	创易网
8	百脑汇威客网
9	中国赏金写手网

实战演练

(1)根据本章学习知识,使用QQ账号在猪八戒网站注册一个账号并进行账号设置(绑定邮箱和手机号码),找到网站中的"免费开店"入口,提交上述结果截图。

(2)在网站中搜索一个"SEO优化服务商"、一个"论坛营销需求"及需求商、需求地址、需求号和具体要求,并提交结果截图。

(3)搜索一个"问答营销需求",根据其具体要求提供服务,并上交截图。

思考与训练

一、判断题

1.百度百科、搜搜问问、新浪爱问是目前较流行的问答类营销网站。(　　　)

2.网络营销方式包括微信营销、搜索引擎营销、邮件营销、论坛营销等。(　　　)

3.问答案营销具有互动性、针对性、广泛性、媒介性及不可控制性等特征。(　　　)

二、单选题

1.问答营销网站包括(　　　)

A.知乎　　　　　　B.360问答　　　　　　C.天涯爱问　　　　　　D.以上都是

2.问答营销属于何种营销方式(　　　)

A.知识营销　　　　B.草根营销　　　　　　C.互动营销　　　　　　D.官方营销

3.草根账号利用问答营销做推广时可以做什么?(　　　)

A. 使用一个号码用到底，并短时间内回答大量问题

B. 详细地描述问题

C. 对于采纳的答案立刻赞同

D. 在提交的答案中直接留下电话、QQ 等留下方式

三、多选题

1. 下列哪些属于猪八戒网的交易模式（　　）

A. 计件模式　　　　　　　　　　　　　B. 一对一先报价模式

C. 比赛先交稿模式　　　　　　　　　　D. 招标模式

2. 下列属于问答营销特点的是（　　）

A. 互动性强　　　　B. 针对性好　　　　C. 广泛性　　　　D. 媒介性

3. 执行问答营销时有哪些注意点（　　）

A. 选取关键词　　　　　　　　　　　　B. 用户搜索习惯优化

C. 及时监控问题　　　　　　　　　　　D. 务必设置悬赏分

四、问答题

1. 根据所学知识，概括总结问答营销注意事项。

2. 提高问答营销的回答质量有什么技巧？

3. 简述操作问答营销时有哪些注意事项。

学习情境三
分类信息网站营销

情境描述

　　分类信息网站营销是指利用分类信息平台进行的产品、品牌、服务等营销活动。通过分类信息实现网络整合营销，并且对分类信息标题做关键词优化，问题的标题按照用户产品关键词进行优化，利用 SEO 工具或者是对搜索引擎做一下相关调查，看看关键字搜索量大小，按照用户的搜索习惯设计问题。分类信息网站可以直接带来潜在用户，有分类信息网站发布的各种促销信息也会吸引大量潜在用户浏览，从而达到向潜在用户传递营销信息的目的。

　　学习本情境后，你将能够掌握以下知识：

- 分类信息网站营销的定义。
- 分类信息网站营销的目的与技巧。
- 分类信息网站营销的三大原则。
- 分类信息网站营销文章的发布、编辑与评论。
- 文章营销的技巧。
- 分类信息网站营销推广某一品牌。

任务 3.1　分类信息网站基础知识

案例导入

案例一："58 同城"分类信息网站营销

58 同城网于 2005 年成立,在与赶集网合并后现在已经发展成为中国最大的服务性分类信息网站之一。它属于一种近些年发展流行的"近联网"的模式。近联网这种商业模式使整个城市就像一个大社区,城市中的每个人都可以利用网上提供的免费服务,完成就近交易。近联网模式不仅服务个人,还能为所有具有地域性服务特点的中小企业提供信息发布与广告平台,在这方面,近联网具有巨大的优势。它强调的是一种地域性的交易,减少了电子交易的风险性问题。

58 同城在天津、上海、广州、深圳、武汉、哈尔滨、青岛、石家庄、大连、苏州、沈阳、成都、重庆、长沙、南京、郑州等 20 多个城市成立了分公司,目前已经在 376 个城市开通分站。使当地用户可以在本地区的 58 同城网站上搜索自己需要的商品和服务,以减少在网上异地购物的风险。同时,58 同城网的品牌定位是"身边的生活帮手",因此它一直在不断完善自己的"近联网"经营模式,以更好地实现自己的品牌定位。

在 58 同城网上发布信息是免费的,因此吸引了大量用户登录注册,这也为网站带来了大量的流量,同时也使网站获得了大量的免费推广。图 3-1-1 所示为 58 同城网的界面。

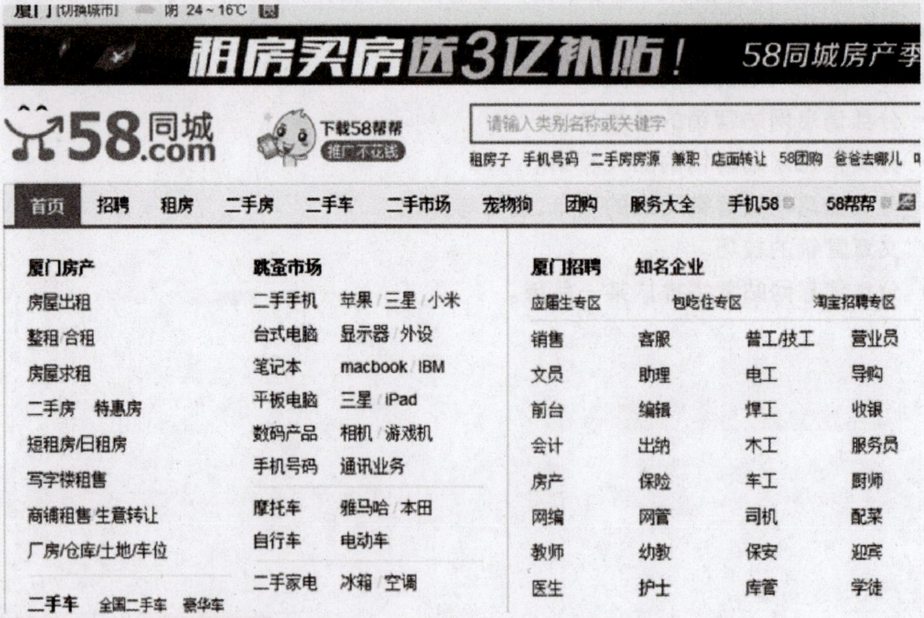

图 3-1-1　"58 同城"界面

"58 同城"分类信息网站营销案例分析：

一、新时代,人们对生活的要求提高

58 同城作为全国最大的分类信息平台,以领先的网络媒体影响力和强大的信息服务产品,为各大商家创建了一个全面、便捷、专业的信息发布平台和互动生活社区,满足了新时代人的生活需求。

二、成熟品类的引进

分类信息网站在国外已大获成功,Craigslist 创造着年收入数千万美元的巨额财富,成为全美前七的大网站。2005 年开始,中国分类信息创业出现井喷,分类信息简单、实用、维护成本低廉等优点吸引着无数的投资者,很多优秀的创业者不断加入分类信息创业的热潮之中。凭借美国成熟的信息分类技术,58 同城成功地解决了技术问题。

分类信息已成为最具生命力的一项互联网应用,它开创了全新的信息传播途径,聚合了海量个人信息和大量商家信息,为网民日常生活中的焦点、难点问题提供了最便捷的解决途径。

三、利用名人效应进行宣传

自 2011 年 4 月 24 日起,北京的公交车和地铁上出现了大量 58 同城的广告,人气暴涨的杨幂成为其代言人,如图 3-1-2 所示。58 同城化身"一个神奇的网站",广告词:"这是一个神奇的网站,58 同城,不用中介租房子,不用花钱招人才。58 同城,一折吃喝玩乐,闲置物品能换钱,一个神奇的网站!"

图 3-1-2　名人代言

知识链接

(一)分类信息网站的定义

分类信息又称分类广告,是指依托于互联网,将不同广告客户的各种需求按地区、按内容分门别类,并对信息聚集起来进行发布的一种信息形式。分类信息网站是指有类同的生活类、大众化、商务化,可以在线注册并分享信息的站点,是以收集各个产品、服务为主的平台,如赶集网、百度网等,如图 3-1-3、图 3-1-4 所示。分类信息网站营销是指企业利用互联网,通过分类信息广告的发布进行宣传获得利益的一种营销方式。

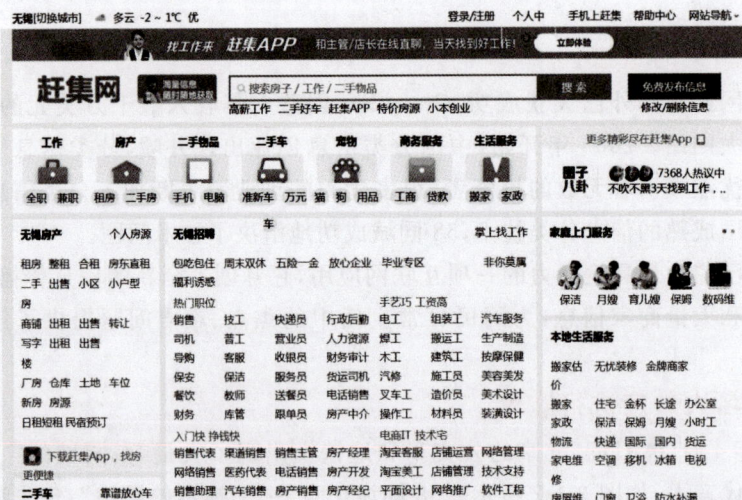

图 3-1-3 赶集网的界面

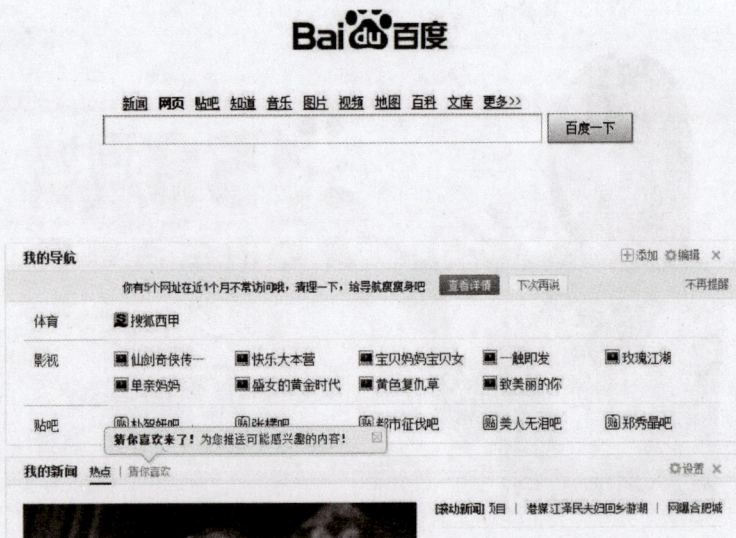

图 3-1-4 百度界面

(二)分类信息网站营销的目的与技巧

分类信息网站营销的目的首先是为了获取搜索引擎在不同关键字上的排名,其次是吸引分类信息网上的客户群。分类信息网站营销的技巧如下所示:

(1)关键字特别重要,首先需要整理出一系列品牌关键字。

（2）分类信息网按地方性推广，可在不同地区板块分别发布宣传信息。

（3）发布的内容要讲究原则，文章内容原创性越高，在搜索引擎上获取的排名自然越高。

（4）如果个人品牌在行业内不具备影响力可以在设计标题时借鉴其他大品牌的经验。

实战演练

（1）分别在 58 同城网和赶集网注册一个账号。

（2）利用 58 同城分类信息网站发布一篇关于电子商务的案例并且进行案例分析，截图证明。

任务 3.2　分类信息网站营销规则与操作要领

任务描述

1. 在分类信息网站发布一篇关于赶集网营销职位的信息
2. 发布分类信息网站营销的操作要领

操作指引

（一）在分类信息网站发布一篇关于赶集网营销职位的信息

具体操作如图 3-2-1、图 3-2-2 所示。

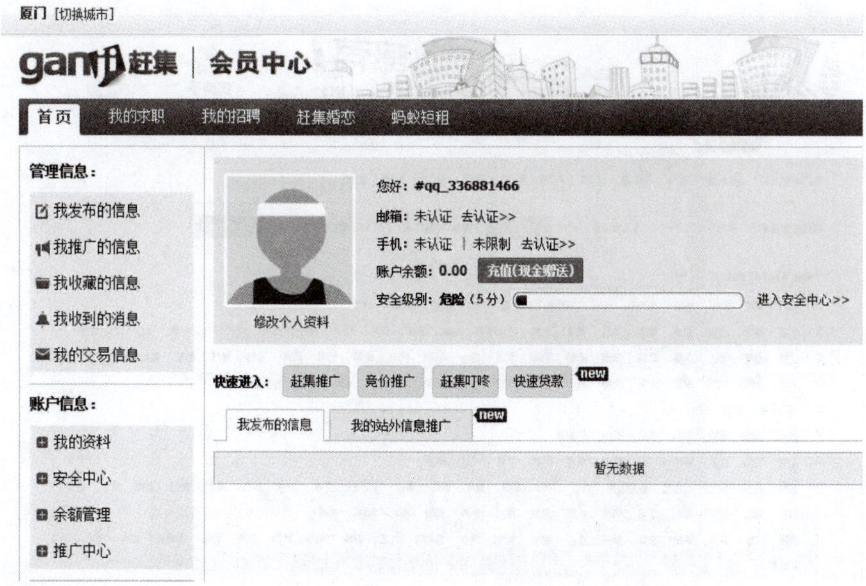

图 3-2-1　赶集网首页

赶集网厦门营销中心急招销售代表

下一条 ▶

今天更新　　1318人浏览　　73人投递简历

职位名称：销售代表/客户经理（全职）　　　薪资待遇：2000-3000元　（税后薪资估算）

招聘人数：15人　　　　　　　　　　　　　最低学历：高中

工作经验：不限　　　　　　　　　　　　　年　　龄：20-30岁

工作地点：湖里吕岭路香秀里62号九州商社大厦10楼03-05室（一公里范围内有20个公交站。）周边租房信息>>

联系方式：0592****8327［查看］张小姐（联系时请说在赶集网上看到的）

社保福利：养老保险　医疗保险　工伤保险　失业保险　生育保险

其他福利：带薪年假　年底双薪

申请职位　　放心企业，求职保障　　天驴放心企业职位，如遇欺诈赶集包赔！申请赔付>>

微信扫一扫　工作更好找

图 3-2-2　发布分类信息网站营销职位

（二）分类信息网站的操作要领

（1）注册账号，每个渠道至少注册一个账号，图 3-2-3 至图 3-2-5 所示为赶集网注册界面及注册步骤。

（2）每天把准备好的内容发布到相应的分类信息平台上。

注意事项：发布信息时所留的全部信息都是客户的，包括固定时间、手机、QQ、邮箱、网站地址。有些分类信息网站是不能留带网址的信息，那就去掉网址前的"http"，其他保留即可。

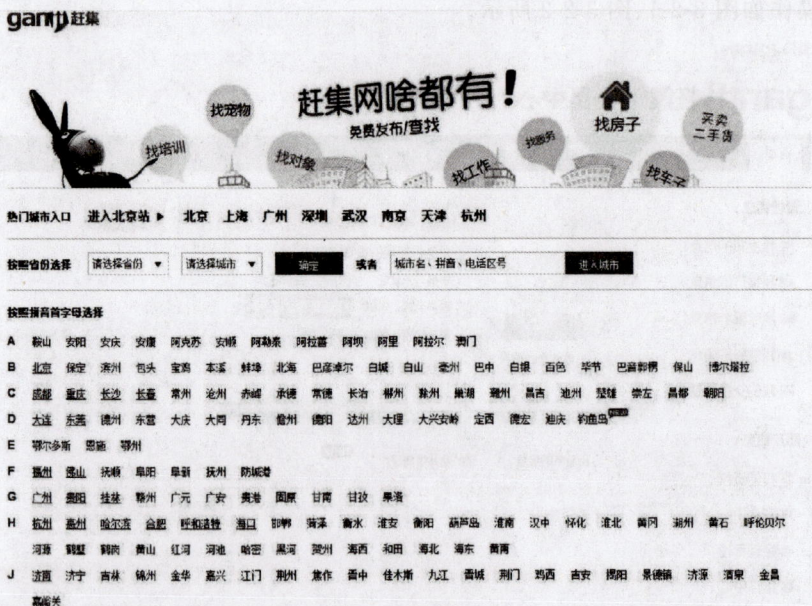

图 3-2-3　赶集网界面

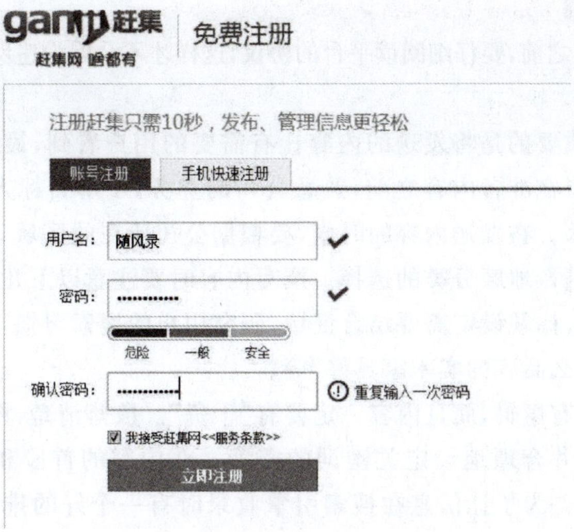

图 3-2-4　赶集网注册的界面

图 3-2-5　赶集网的注册首页

(三)分类信息网站的营销规则

1.明确网站推广的目的

这一步对分类信息推广至关重要。对于企业来说网站推广的目的可以是为了推广公司的产品进行招商,也可以是推广公司网站等。目的不同,所准备的内容、选择的平台、类目以及针对的客户人群是不同的,因而使用的方式方法也都不一样。

2.平台的选择

选择不同的平台推广,产生的效果不一样。做分类信息的推广,为了让更多的人看到这则带广告性质的内容,一方面需要找 PR 高,排名靠前,收录效果好的网站;另一方面还要做到有针对性地选择一些行业相关的平台发布。

3.遵守平台规则

在发布分类信息之前,要仔细阅读平台的协议,这样才不会因为违反规则而导致信息被删除。

4.内容的布置

做网络推广最重要的是将发送的内容让有需要的用户看到,最终达到宣传的效果直至成交的目的。这需要在准备内容之前,熟悉公司的业务,了解目标人群、市场情况及消费者最关心的问题是什么。在发送内容的时候,要根据公司所在的区域,以及公司打算在哪些地区扩展业务等情况进行地区分类的选择。撰写内容时要注意以下几点:

(1)标题的设定,标题设定需要结合区域,研究用户的搜索习惯,确定主关键词和长尾关键词。比如"北京什么品牌的实木家具好"等。

(2)内容一定要有逻辑,而且内容一定要有"干货"。段落清楚,图片清晰,同时要注意关键词在内容的嵌入,并合理地设定关键词的密度。在内容的首段和结尾一定要加关键词。高质量内容,一方面是为了让信息在搜索引擎收录时有一个好的排名,让更多的人看到;另一方面,是为了提高用户体验。客户不喜欢纯广告性质的信息。

(3)为了让内容图文并茂达到更好的推广效果,需要嵌入图片或者视频。在插入图片或者视频的时候,可以适当地放上水印、网址、联系方式等。

5.类目要选择清楚,并留下联系方式

企业要根据产品所在的行业,产品的功能属性,以及适用范围,进行类目选择。为了让感兴趣的人看到信息后可以联系你。在发信息的时候务必准确的留下联系方式。

知识链接

与58同城有关的新闻,如图3-2-6所示。

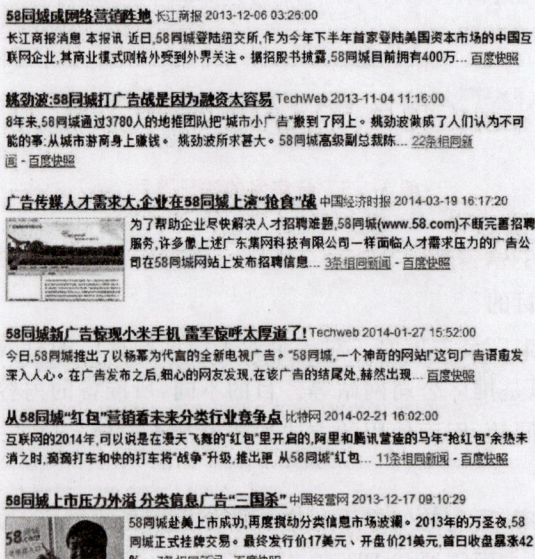

58同城成网络营销胜地 长江商报 2013-12-06 03:26:00
长江商报消息 本报讯 近日,58同城登陆纽交所,作为今年下半年首家登陆美国资本市场的中国互联网企业,其商业模式则格外受到外界关注。据招股书披露,58同城目前拥有400万... 百度快照

姚劲波:58同城打广告战是因为融资太容易 TechWeb 2013-11-04 11:16:00
8年来,58同城通过3780人的地推团队把城市小广告"撤到了网上。姚劲波做成了人们认为不可能的事:从城市游商身上赚钱。 姚劲波不求甚大。58同城高级副总裁陈... 22条相同新闻 - 百度快照

广告传媒人才需求大 企业在58同城上演"抢食"战 中国经济时报 2014-03-19 16:17:20
为了帮助企业尽快解决人才招聘难题,58同城(www.58.com)不断完善招聘服务,许多像上述广东集网科技有限公司一样面临人才需求压力的广告公司在58同城网站上发布招聘信息... 3条相同新闻 - 百度快照

58同城新广告被现小米手机 雷军惊呼太厚道了! Techweb 2014-01-27 15:52:00
今日,58同城推出了以杨幂为主角的全新电视广告。"58同城,一个神奇的网站!"这句广告语曾深入人心。在广告发布之后,细心的网友发现,在该广告的结尾处,赫然出现... 百度快照

从58同城"红包"营销看未来分类行业竞争点 比特网 2014-02-21 16:02:00
互联网的2014年,可以说是在漫天飞舞的"红包"里开启的,阿里和腾讯营造的马年"抢红包"余热未消之时,嘀嘀打车和快的打车将"战争"升级,推出更 从58同城"红包... 11条相同新闻 - 百度快照

58同城上市压力外溢 分类信息广告"三国杀" 中国经营网 2013-12-17 09:10:29
58同城赴美上市成功,再度搅动分类信息市场波澜。2013年的万圣夜,58同城正式挂牌交易。最终发行价17美元、开盘价21美元,首日收盘暴涨42...

图 3-2-6 相关的新闻

(一)58同城的网络营销展示

58同城网的网络营销案例非常成功,以鲜花营销为例,如图3-2-7至图3-2-9所示。

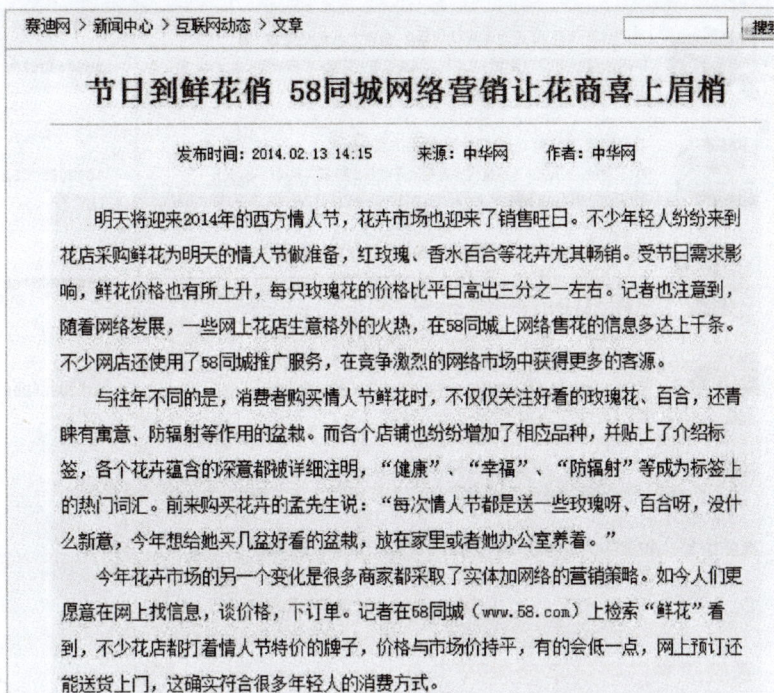

赛迪网 > 新闻中心 > 互联网动态 > 文章

节日到鲜花俏 58同城网络营销让花商喜上眉梢

发布时间:2014.02.13 14:15 来源:中华网 作者:中华网

明天将迎来2014年的西方情人节,花卉市场也迎来了销售旺日。不少年轻人纷纷来到花店采购鲜花为明天的情人节做准备,红玫瑰、香水百合等花卉尤其畅销。受节日需求影响,鲜花价格也有所上升,每只玫瑰花的价格比平日高出三分之一左右。记者也注意到,随着网络发展,一些网上花店生意格外的火热,在58同城上网络售花的信息多达上千条。不少网店还使用了58同城推广服务,在竞争激烈的网络市场中获得更多的客源。

与往年不同的是,消费者购买情人节鲜花时,不仅仅关注好看的玫瑰花、百合,还青睐有寓意、防辐射等作用的盆栽。而各个店铺也纷纷增加了相应品种,并贴上了介绍标签,各个花卉蕴含的深意都被详细注明,"健康"、"幸福"、"防辐射"等成为标签上的热门词汇。前来购买花卉的孟先生说:"每次情人节都是送一些玫瑰呀、百合呀,没什么新意,今年想给她买几盆好看的盆栽,放在家里或者她办公室养着。"

今年花卉市场的另一个变化是很多商家都采取了实体加网络的营销策略。如今人们更愿意在网上找信息,谈价格,下订单。记者在58同城(www.58.com)上检索"鲜花"看到,不少花店都打着情人节特价的牌子,价格与市场价持平,有的会低一点,网上预订还能送货上门,这确实符合很多年轻人的消费方式。

图3-2-7 网络营销案例

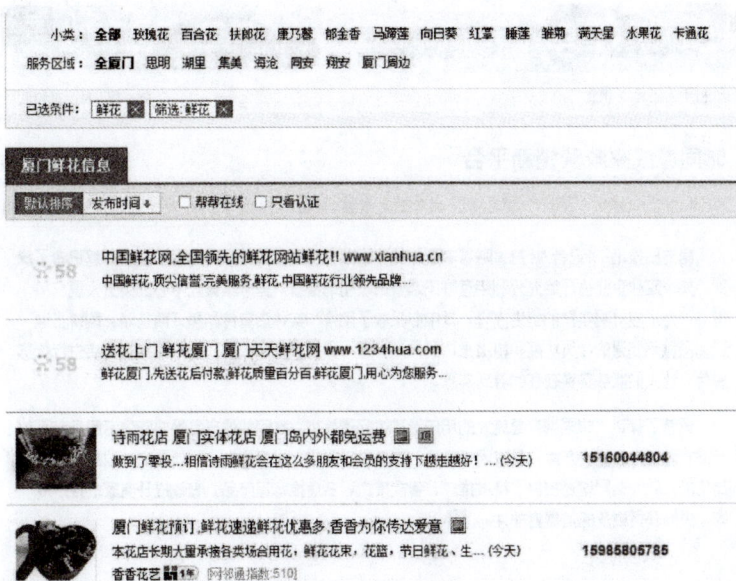

图3-2-8 鲜花营销案例

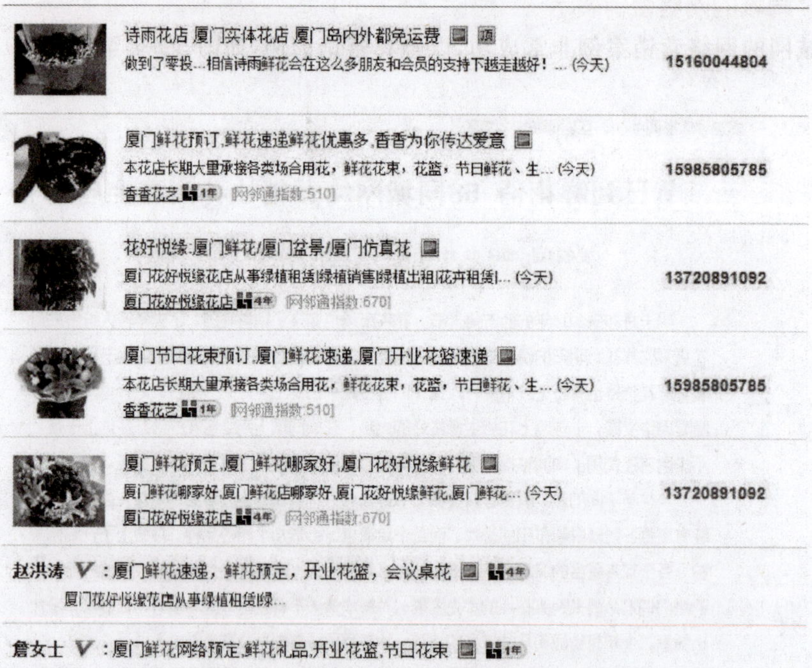
诗雨花店 厦门实体花店 厦门岛内外都免运费
做到了零投...相信诗雨鲜花会在这么多朋友和会员的支持下越走越好！... (今天)
15160044804
厦门鲜花预订,鲜花速递鲜花优惠多,香香为你传达爱意
本花店长期大量承接各类场合用花，鲜花花束，花篮，节日鲜花、生... (今天)
15985805785
香香花艺 1年 [网邻通指数:510]
花好悦缘:厦门鲜花/厦门盆景/厦门仿真花
厦门花好悦缘花店从事绿植租赁|绿植销售|绿植出租|花卉租赁|... (今天)
13720891092
厦门花好悦缘花店 4年 [网邻通指数:670]
厦门节日花束预订,厦门鲜花速递,厦门开业花篮速递
本花店长期大量承接各类场合用花，鲜花花束，花篮，节日鲜花、生... (今天)
15985805785
香香花艺 1年 [网邻通指数:510]
厦门鲜花预定,厦门鲜花哪家好,厦门花好悦缘鲜花
厦门鲜花哪家好,厦门鲜花店哪家好,厦门花好悦缘鲜花,厦门鲜花... (今天)
13720891092
厦门花好悦缘花店 4年 [网邻通指数:670]
赵洪涛 V：厦门鲜花速递，鲜花预定，开业花篮，会议桌花 4年
厦门花好悦缘花店从事绿植租赁|绿...
詹女士 V：厦门鲜花网络预定,鲜花礼品,开业花篮,节日花束 1年

图 3-2-9 鲜花的营销

(二)58 同城成家政营销平台展示

由于 58 同城有着庞大的用户量和访问量的优势，很多家政企业也开始利用互联网展开营销，如图 3-2-10、图 3-2-11 所示。

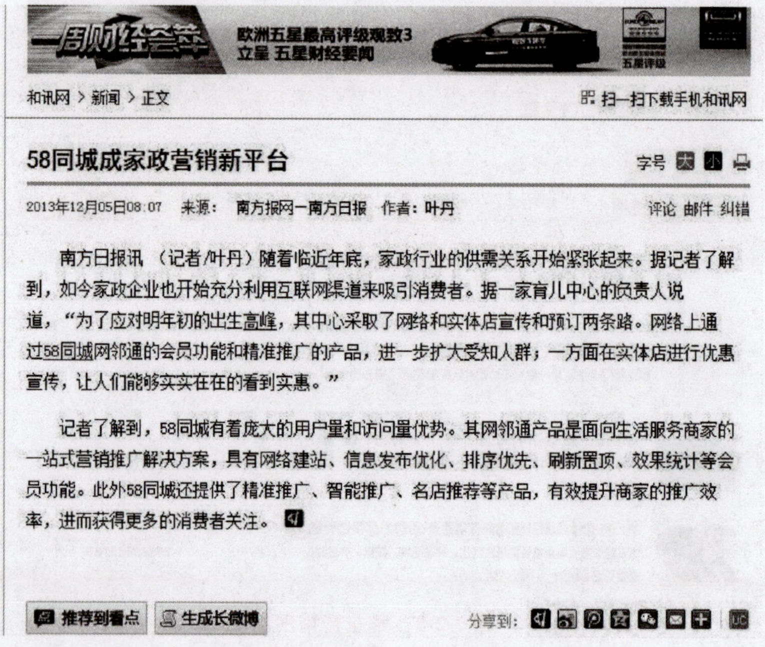
欧洲五星最高评级观致3
立呈 五星财经要闻
和讯网 > 新闻 > 正文
扫一扫下载手机和讯网
字号 大 小
评论 邮件 纠错
推荐到看点
生成长微博
分享到：

58同城成家政营销新平台

2013年12月05日08:07 来源： 南方报网－南方日报 作者：叶丹

南方日报讯 （记者/叶丹）随着临近年底，家政行业的供需关系开始紧张起来。据记者了解到，如今家政企业也开始充分利用互联网渠道来吸引消费者。据一家育儿中心的负责人说道，“为了应对明年初的出生高峰，其中心采取了网络和实体店宣传和预订两条路。网络上通过58同城网邻通的会员功能和精准推广的产品，进一步扩大受知人群；一方面在实体店进行优惠宣传，让人们能够实实在在的看到实惠。”

记者了解到，58同城有着庞大的用户量和访问量优势。其网邻通产品是面向生活服务商家的一站式营销推广解决方案，具有网络建站、信息发布优化、排序优先、刷新置顶、效果统计等会员功能。此外58同城还提供了精准推广、智能推广、名店推荐等产品，有效提升商家的推广效率，进而获得更多的消费者关注。

图 3-2-10 家政营销新闻

找到 **家政** 相关信息共 147707 条:

| 全　站: | 求职信息 4136 | 全职招聘 1757 | 房产信息 189 | 招商加盟 171 | 装修建材 105 |
| 家政服务: | 搬家 2.1万 | 家电维修 1.9万 | 保姆/月嫂 1.9万 | 管道疏通 1.3万 | 二手回收 1.3万 |

区域: **全厦门** 思明 湖里 集美 海沧 同安 翔安 厦门周边

已选条件: 筛选:家政 ✕

厦门家政服务信息

默认排序 | 发布时间↓ | □ 帮帮在线 | □ 只看认证

58 　厦门家政首选暨嘉兴家政 12年服务经验 www.xmljxjz.com　　　　百度推广
　　厦门暨嘉兴家政,丰富的家政服务经验和管理经验,丰富的保姆资源,赢得行内外一致好评...

58 　大连保姆去哪了?都上无忧保姆网了! www.51baomu.cn
　　上无忧保姆网,马上有精品大连保姆!全国连锁家政,免费上门面试!4006093600...

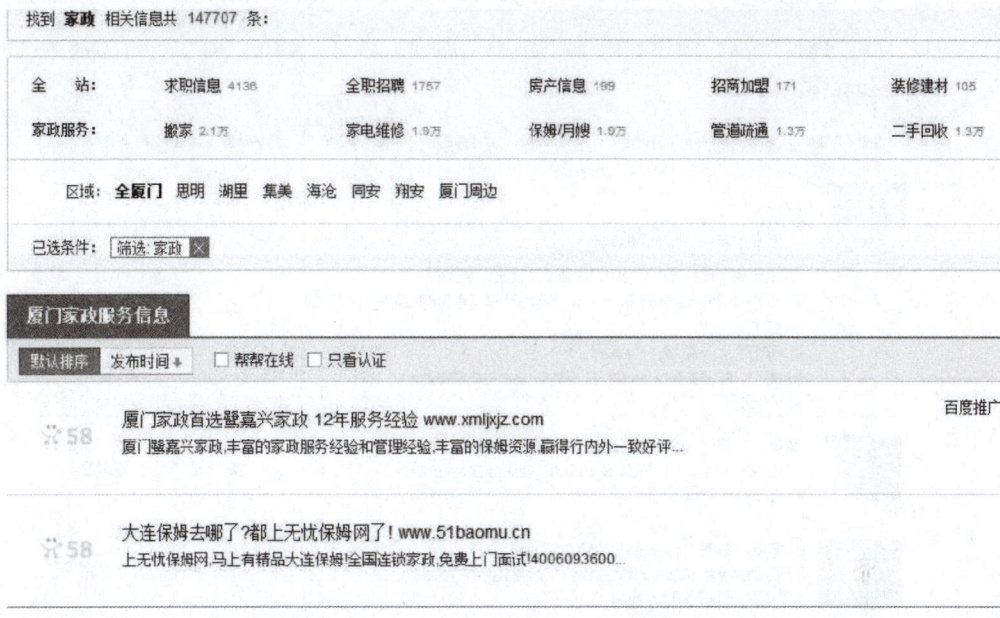

图 3-2-11　58 同城成家政营销新平台

(三)58 同城网络平台为房产经纪营销提速展示

58 同城推出的网邻通是房产经济人提高网络营销效率的全新房产营销服务平台,如图 3-2-12、图 3-2-13 所示。

图 3-2-12　58 同城为房地产提速

区域	**全北京** 朝阳 海淀 东城 西城 崇文 宣武 丰台 通州 石景山 房山 昌平 大兴 顺义 密云 怀柔 延庆 平谷 门头沟 燕郊
已选条件	筛选：房地产 ✕

您是不是想找： 丽钱行房地产 兴商房地产 房地产经纪 二手房地产 房地产全职招 房地产销售 房地产公司 全 搜索历史

| **全部** | 个人 |

发布日期 ▾ ☐ 只看有图 ☐ 只看在线

58 **厦门房地产 厦门房地产信息网 首选917厦门房产网** 百度推
厦门房地产,917厦门房产网是专注于区域性的房地产网站汇集海量厦门房地产信息及资讯...
www.917.com

58 **泉州房产 上易嘉房产 首家网..**
泉州房产,三维实景拍摄,720度环绕线上看屋,泉州房产,无需看房跑凯走...
www.ejfc.cn

[整租] - 帝园房地产推荐 找好房子看这里 [7图]   2室1厅1卫   **2600**元/月
...帝园房地产王宪、...5、周围环境：门周围...我是帝园房地产的经纪人。
大兴 - 黄村 - 兴政西里 - 今天

[二手房] - 帝园房地产 精品学区房源 [6图]   3室(120㎡)   **240**万
...帝园房地产王宪...具体可详谈帝园房地产：提供高品质房产流通服务,...
大兴 - 黄村 - 枫音寺北里 - 今天

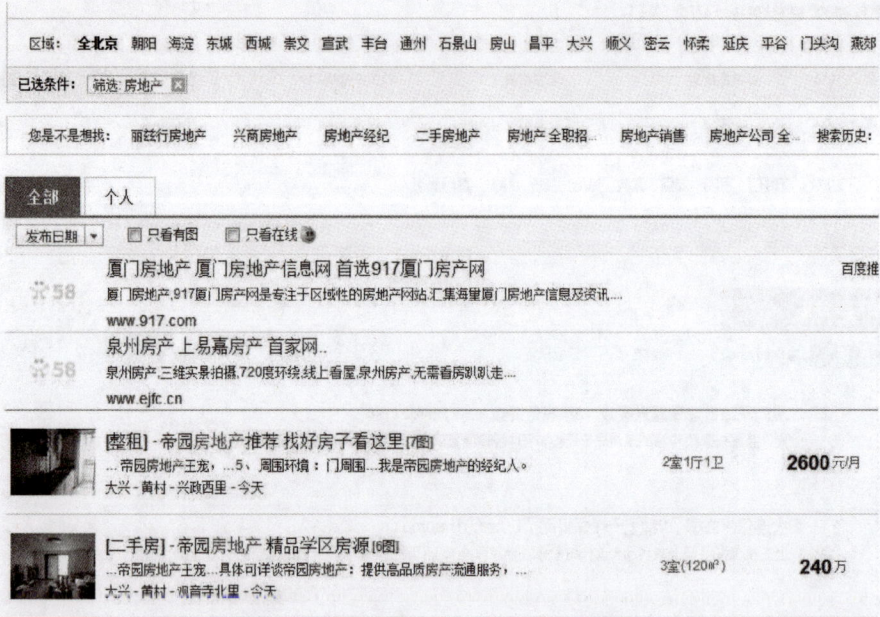

图 3-2-13 平台为房产经纪营销提速

🛒 实战演练

(1)在分类信息网站上发布一篇营销信息。

(2)根据上述的内容在 58 同城中进行注册并且购买物品。

📖 思考与训练

一、判断题

1.分类信息网站推广是一成不变的。(　　　)

2.分类信息网站发信息的时候可以采用"定时定量"的原则。(　　　)

3.对于分类信息网站推广来说,分类信息平台的选取是相当重要的。(　　　)

二、单选题

1.分类信息网站中事件营销的第一阶段是(　　　)

A. 事件造势   B. 新闻造势

C. 标题造势   D. 引发事件争议新闻点

2.分类信息网站的第一步推广步骤是(　　　)

A. 百度贴吧推广   B. QQ 群推广法

C. 博客网站推广   D. 收藏夹推广法

3.分类信息网站推广最主要的优化方法是(　　　)

A. 城市规模 B. 信息的内容

C. 前期工作 D. 地区的商家信息

三、多选题

1. 同城分类信息网站推广平台的优势（　　）

A. 同城网络用户,地域精准 B. 权重高

C. 用户粘度高 D. 获取信息渠道集中

2. 分类信息内容撰写要求（　　）

A. 不要抱着发链接的目的去发布信息 B. 关键词的布局要合理

C. 连接位置要显眼,但不可插在中间 D. 有的位置不能留电话号码

3. 分类信息网站推广的秘诀（　　）

A. 需找分类信息网站,注册账号 B. 选择品牌口碑词或者地区性的词来推广

C. 文章内容丰富,突出重点 D. 寻找好的外链平台

四、问答题

1. 什么是分类信息网站?

2. 分类信息网站推广的意义?

3. 发布文章注意的事项?

学习情境四
文库类网站营销

情境描述

　　文库平台整合了包括课件、习题、论文报告、专业资料、各类公文模板以及法律法规、政策文件等多个领域的资料，为用户提供了一个方便信息查找的渠道，更为企业网络营销提供了一个有效的营销平台。

　　学习本情境后，你将掌握以下知识：

- 文库营销的定义。
- 文档的广告添加方式。
- 文库广告的表现形式。
- 文库文档上传。
- 应用文库营销时应该遵守的原则。
- 开展文库网络营销应该注意问题。
- 在威客网完成文库营销任务。

任务 4.1　文库类网站营销基础知识

案例导入

案例一：自我造势——"邮储银行杯"第六届全国大学生网络商务创新应用大赛

　　文库类网站经常通过用户搜索、浏览文档案形式达到营销推广的效果，以百度文库为例，如图 4-1-1、图 4-1-2 所示。

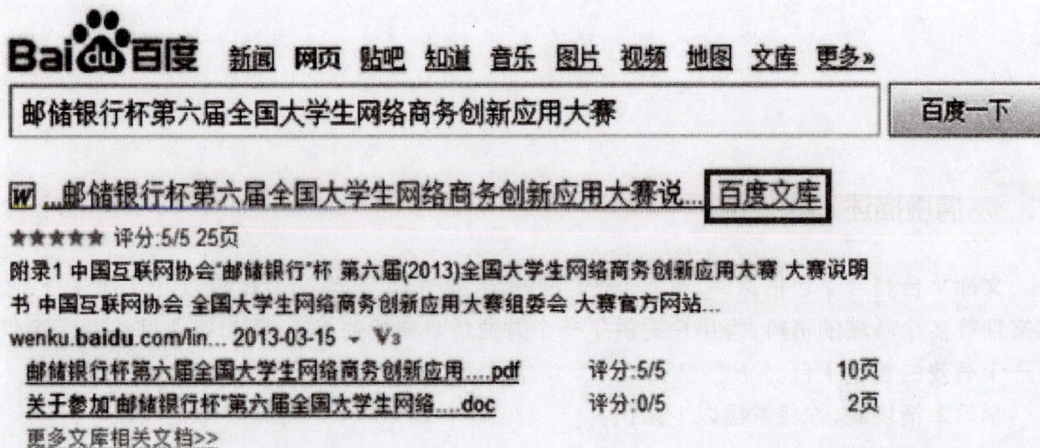

图 4-1-1　百度搜索

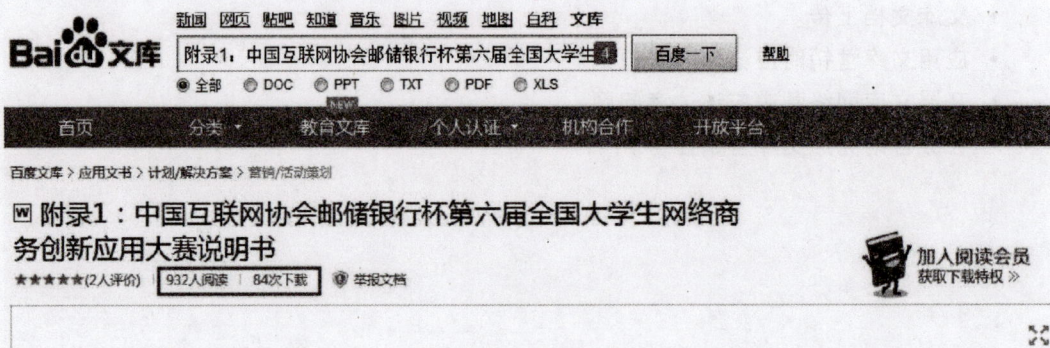

图 4-1-2　百度文库"创新应用大赛"

案例二：嘀嘀打车

　　百度文库是百度发布的供网友在线分享文档的平台，企业通过在文库上发布、传播文档，可能起到展示自我的宣传营销效果。如图 4-1-3 所示。

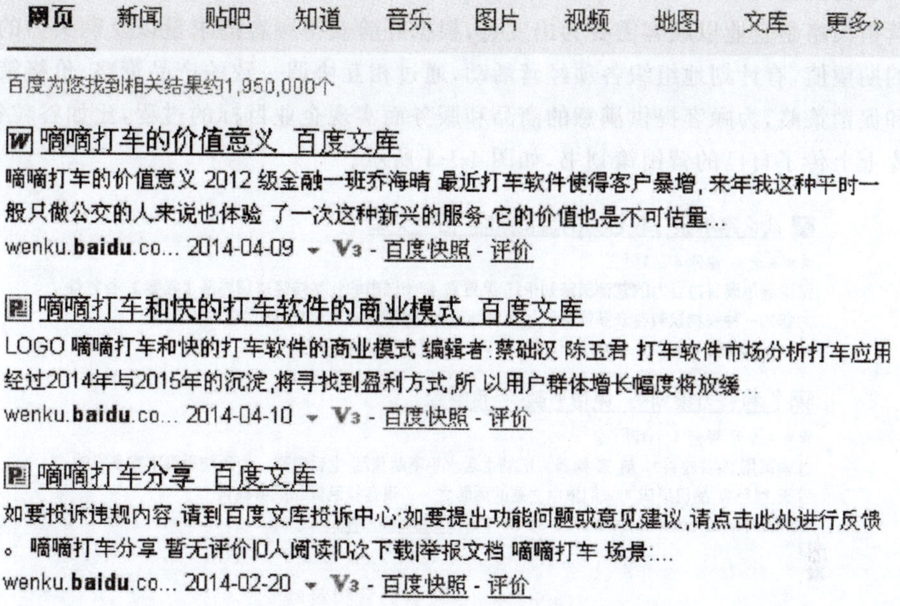

网页　新闻　贴吧　知道　音乐　图片　视频　地图　文库　更多»

百度为您找到相关结果约1,950,000个

嘀嘀打车的价值意义 百度文库
嘀嘀打车的价值意义 2012级金融一班乔海晴 最近打车软件使得客户暴增,来年我这种平时一般只做公交的人来说也体验 了一次这种新兴的服务,它的价值也是不可估量...
wenku.**baidu**.co... 2014-04-09 ▾ **V3** - 百度快照 - 评价

嘀嘀打车和快的打车软件的商业模式 百度文库
LOGO 嘀嘀打车和快的打车软件的商业模式 编辑者:蔡础汉 陈玉君 打车软件市场分析打车应用经过2014年与2015年的沉淀,将寻找到盈利方式,所 以用户群体增长幅度将放缓...
wenku.**baidu**.co... 2014-04-10 ▾ **V3** - 百度快照 - 评价

嘀嘀打车分享 百度文库
如要投诉违规内容,请到百度文库投诉中心;如要提出功能问题或意见建议,请点击此处进行反馈。嘀嘀打车分享 暂无评价|0人阅读|0次下载|举报文档 嘀嘀打车 场景:...
wenku.**baidu**.co... 2014-02-20 ▾ **V3** - 百度快照 - 评价

图 4-1-3　百度文库"嘀嘀打车"

知识链接

(一)文库类网站的定义

文库一般指网上的文档开放分享平台。通过文库,用户可以发布分享和在线阅读及下载包括课件、习题、论文报告、专业资料、各类公文模板以及法律法规、政策文件等多个领域的资料。

文库营销是指以发布文档至文库的方式,使用户搜索、浏览达到产品营销推广的一种形式。

(二)优势

1.低成本

请人文库营销的好处就是为用户省下网上优化的资金投入。例如百度文库,不需要特意请人去优化网页,因为百度文库本身就有高权重,有专门的人员进行页面优化。

2.传播性强

一份好的文档会被非常多的文库网站转载,经过转载之后的每一篇带有营销信息的文档,这个强大的传播链也是百度文库营销的一个亮点。

3.稳定性

百度文库中的文档,一般情况下是不会被删除的,排名也相对稳定。

(三)常见的文库营销应用

企业常常做各种策划案来介绍推广自己的产品,达到传播自己品牌的目的。比如企业的新产品策划案、系列产品介绍等,如下所示:

1.上传企业营销策划书

营销策略是企业以顾客需要为出发点,根据经验获得顾客需求量以及购买力的信息、商业界的期望值,有计划地组织各项经营活动,通过相互协调一致的产品策略、价格策略、渠道策略和促销策略,为顾客提供满意的商品和服务而实现企业目标的过程,比如谷粒谷力在百度文库上上传了自己的营销策划书,如图 4-1-4 所示。

试论惠尔康谷粒谷力的营销策略 百度文库
★★★★★ 评分:4/5 1页
试论惠尔康谷粒谷力的营销策略刘永红 梁夏雪 柳州城市职业学院经济贸易系【摘要】谷粒谷力作为一种谷物饮料在众多饮料新品中脱颖而出,并不是纯属运气,除了它...
wenku.**baidu**.com/lin... 2012-05-11 ▼ V₃ - 百度快照 - 评价

谷粒谷力策划书 免费下载 百度文库
★★★★★ 评分:4/5 12页
营销策划书-谷粒谷力 前 言 随着人们的生活水平不断提高,生活内容、生活物质等丰富多彩的今天,绿色食品已经成为人们重中之重的话题之一。现在绿色食品或者说有...
wenku.**baidu**.com/lin... 2011-09-30 ▼ V₃ - 百度快照 - 评价

图 4-1-4　谷粒谷力营销策略

2.企业上传产品介绍书

通过对产品的细致介绍让消费者对公司产品有较深的了解,使消费者相信自己的选择是正确的。同样,以谷粒谷力为例,如图 4-1-5 所示。

谷粒谷力 系列饮料彰显杂粮方便食品新魅力 免费下载 百度文库
★★★★★ 评分:4.5/5 2页
如要投诉违规内容,请到百度文库投诉中心;如要提出功能问题或意见建议,请点击此处进行反馈。 加入会员!获取文档下载券 _谷粒谷力_系列饮料彰显杂粮方便食品新魅力...
wenku.**baidu**.com/lin... 2012-05-14 ▼ V₃ - 百度快照 - 评价

图 4-1-5　谷粒谷力系列产品

实战演练

(1)登录以下三个文库网站,按品牌分工查找相关营销推广文档各一篇:
百度文库:http://wenku. baidu. com/
豆丁网:http://www. docin. com/
爱问共享资料:http://ishare. iask. sina. com. cn/
(2)提交营销推广 Word 文档 1 篇(按同学们的品牌分工,查找、编辑营销推广文档)。

任务 4.2 文档的广告添加方式

任务描述

通过对文档广告添加方式的学习，对品牌营销文档进行广告添加。

操作指引

一、任务划分

文档的广告添加方法。

（一）广告植入方法

1.页眉页脚

（1）打开所选的营销文档，单击菜单栏"插入"—"页眉和页脚"，如图 4-2-1 所示。

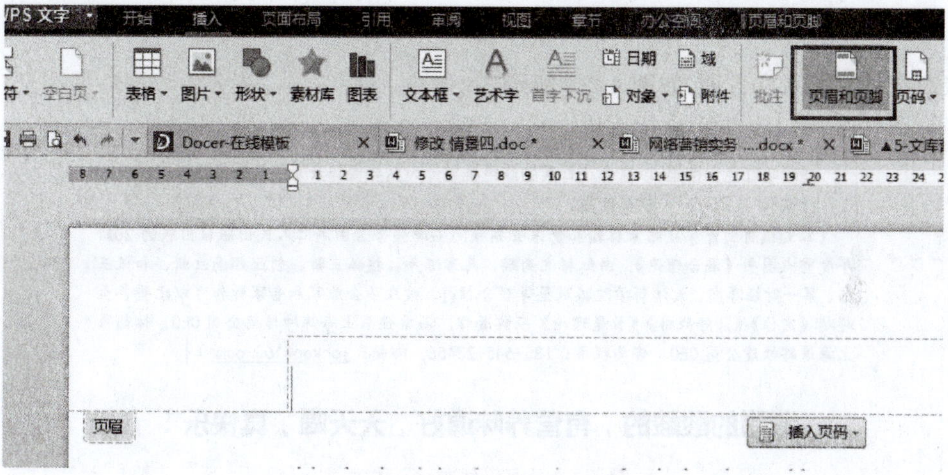

图 4-2-1 菜单栏"插入——页眉和页脚"

（2）将鼠标移到页眉处，输入关键字，如图 4-2-2 所示。

喝了娃哈哈，吃饭就是香

图 4-2-2 页眉输入关键字

（3）将鼠标移到页脚处，输入关键字，如图 4-2-3 所示。

页脚   插入页码·

喝了娃哈哈，吃饭就是香

图 4-2-3   页脚输入关键字

（4）双击鼠标完成添加。

2.开头和结尾

可在文库的开头适当插入广告，也可在结尾加入推广品牌词。

（1）打开所选的营销文档，在文档开头加入广告词，如图 4-2-4 所示。

甜甜的酸酸的，有营养味道好，天天喝，真快乐！

娃哈哈是如何打造现金牛新产品的？

■ 林翰 石章强

中国的企业要从容地应对全球经济危机不是一件易事，企业要想获得生存，甚至持续发展，就好比在围棋中去"治理孤棋"—即在严峻形势下，避免自己被"吃掉"而采取防守兼

图 4-2-4   文档开头输入广告词

（2）在结尾插入广告词，如图 4-2-5 所示。

7	娃哈哈苟杞绿茶饮料 全新茶饮品。	3 亿
8	娃哈哈红色女性果汁饮料	以富含花青素的红色类果汁为主要原料开发的混合果汁饮料新品。	3 亿

（本文摘自由资深战略家林翰和资深营销顾问石章强合著由浙江人民出版社出版的 2011 年度重点图书《混合理论》，由红杉沈南鹏、凡客陈年、搜狐王昕、创业邦南立新、和讯王炜、第一财经秦朔、长江商学院滕斌圣等联合推荐，被众多企业家和专家称为可以比美甚至超越《定位》《蓝海战略》《长尾理论》经典著作。石章强系上海锦坤传播公司 CEO，林翰系上海通路快建公司 CEO。咨询联系：135-645-23456，邮箱：jonkon@163.com ）

甜甜的酸酸的，有营养味道好，天天喝，真快乐！

图 4-2-5   文档结束输入广告词

3.版权说明

文档结尾编辑版权说明，如图 4-2-6 所示。

（本文摘自由资深战略家林翰和资深营销顾问石章强合著由浙江人民出版社出版的 2011 年度重点图书《混合理论》，由红杉沈南鹏、凡客陈年、搜狐王昕、创业邦南立新、和讯王炜、第一财经秦朔、长江商学院滕斌圣等联合推荐，被众多企业家和专家称为可以比美甚至超越《定位》《蓝海战略》《长尾理论》经典著作。石章强系上海锦坤传播公司 CEO，林翰系上海通路快建公司 CEO。咨询联系：135-645-23456，邮箱：jonkon@163.com ）

图 4-2-6   在文档结尾加入版权说明

4.图片水印

图文并茂使文档更具有阅读性,并且可以在图片上添加水印,达到营销目的。

(1)打开所选的营销文档,点击"插入"—"水印",如图4-2-7所示。

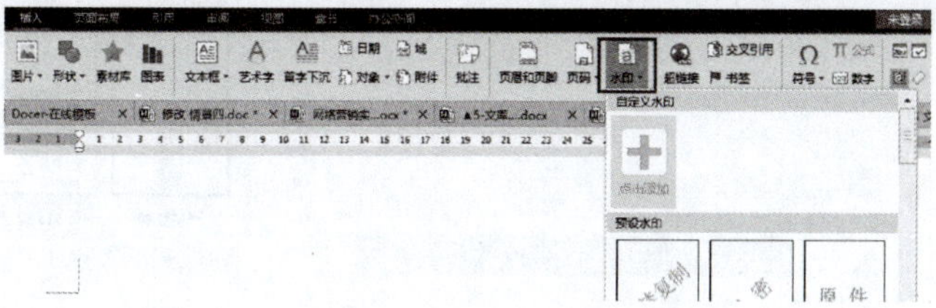

图 4-2-7　插入水印

(2)选择需要的模板,如图4-2-8所示。

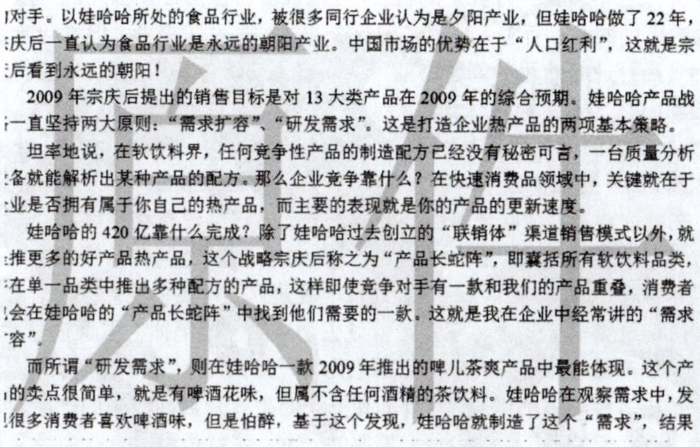

对手。以娃哈哈所处的食品行业,被很多同行企业认为是夕阳产业,但娃哈哈做了22年,
庆后一直认为食品行业是永远的朝阳产业。中国市场的优势在于"人口红利",这就是宗
后看到永远的朝阳!

2009年宗庆后提出的销售目标是对13大类产品在2009年的综合预期。娃哈哈产品战
一直坚持两大原则:"需求扩容"、"研发需求"。这是打造企业热产品的两项基本策略。

坦率地说,在软饮料界,任何竞争性产品的制造配方已经没有秘密可言,一台质量分析
备就能解析出某种产品的配方。那么企业竞争靠什么?在快速消费品领域中,关键就在于
业是否拥有属于你自己的热产品,而主要的表现就是你的产品的更新速度。

娃哈哈的420亿靠什么完成?除了娃哈哈过去创立的"联销体"渠道销售模式以外,就
推更多的好产品热产品,这个战略宗庆后称之为"产品长蛇阵",即囊括所有软饮料品类,
在单一品类中推出多种配方的产品,这样即使竞争对手有一款和我们的产品重叠,消费者
会在娃哈哈的"产品长蛇阵"中找到他们需要的一款,这就是我在企业中经常讲的"需求
容"。

而所谓"研发需求",则在娃哈哈一款2009年推出的呷儿茶爽产品中最能体现。这个产
的卖点很简单,就是有啤酒花味,但属不含任何酒精的茶饮料。娃哈哈在观察需求中,发
很多消费者喜欢啤酒味,但是怕醉,基于这个发现,娃哈哈就制造了这个"需求",结果

图 4-2-8　选择水印效果

(3)自定义水印。

①点击"添加",选择所要添加的图片,如图4-2-9所示。

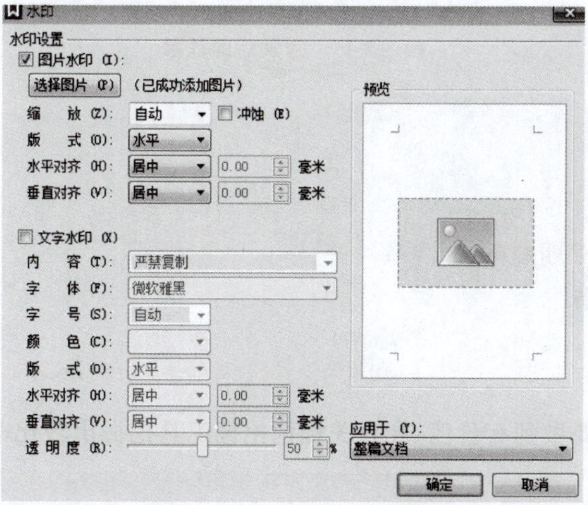

图 4-2-9　添加自定义水印

②点击"确定",再点击"插入"—"水印",如图 4-2-10 所示。

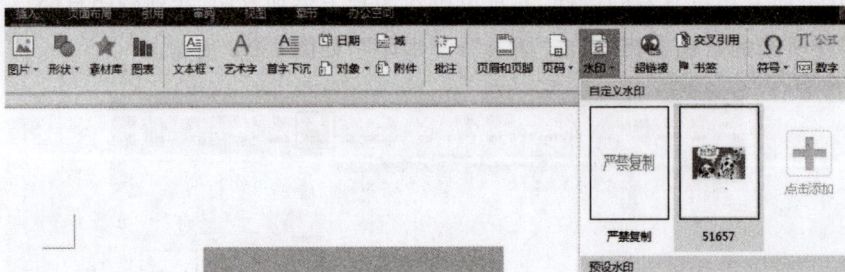

图 4-2-10　成功添加自定义水印

③选择所要添加的图,如图 4-2-11 所示。

图 4-2-11　添加后的效果

知识链接

(一)添加广告的前期准备

1.文库账号的准备

注册文库账号。

2.关键词的挖掘

文库操作时必须要做到有价值,配合关键词挖掘工具挖掘出转化率比较高的关键词。

3.资料的收集

收集相关、可靠的图文资料。

(二)文库广告的表现形式

文库内广告的表现形式一般为:网址链接、联系方式、品牌词。可以利用这些形式来进行推广传播。

1.利用文档的页眉页脚做静态广告

百度文库是分享静态文档为主的平台,想要在 Word 等文档中插入广告,可以利用页眉页脚来实现,页眉可以插入广告图片、插入公司名称、联系电话、QQ 号等广告信息。利用文档页眉能让文档的每一页都带来曝光率。百度审核时是不会读取页眉页脚的内容的,企业可以合理利用。

2.文档正文中插入广告

在上传的文档中直接插入相关的广告内容,并且广告信息设置字体颜色要突出明显。

3.利用文档简介植入广告

很多企业在上传文档的时候,并不是特别注重文档的简介填写,其实这是文档被百度搜索的时候出现在结果中的重要内容,跟网站的摘要是一样的。利用百度文库进行推广时,在文档简介中加入一些宣传文字,会对企业的营销推广有很大帮助。

(三)文库营销编写八个原则

(1)文档命名不要有任何商业性或带有广告词的语句出现,如:华人企业网教您如何进行网络营销策划。

(2)文档段落标题也不要有任何商业性或带有广告词的语句出现。

(3)文章内容条理清晰。

(4)文章内容不宜太少。

(5)可以在文章中加入锚文本,但数量控制在 3 个以下,以免分散权重。

(6)可以给文档加上页眉,在页眉中可以加入链接和关键词。

(7)在文章结尾处加上链接。

(8)必须要做到立即分享、评价、收藏和下载,这影响文档价值的高低。

实战演练

(1)查找与品牌宣传相关的价值新闻文章 1 篇。

(2)将该文章拷贝到 Word 文档,并添加宣传信息(如将品牌经销代理或者终端订货的联系方式暗含在文章或者页眉页脚等里面)。

任务 4.3　为品牌代言——文库类网站营销推广某一品牌

任务描述

应用文库营销知识,完成以下内容:

（1）进入豆丁网注册账号。

（2）搜索所代言的品牌，收藏 PDF、DOC、PPT 文档各一篇。

（3）将在任务 4.2 中添加的广告文档上传到豆丁网。

操作指引

根据任务描述可分三大流程：

（一）进入豆丁网，注册账号

（1）进入豆丁文库平台 http://www.docin.com/，如图 4-3-1 所示。

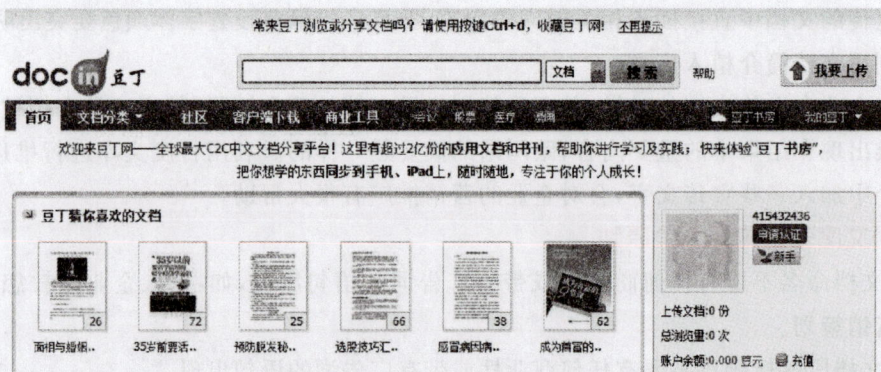

图 4-3-1　豆丁网首页

（2）豆丁网支持 QQ 号直接注册，点击"申请认证"，如图 4-3-2 所示。

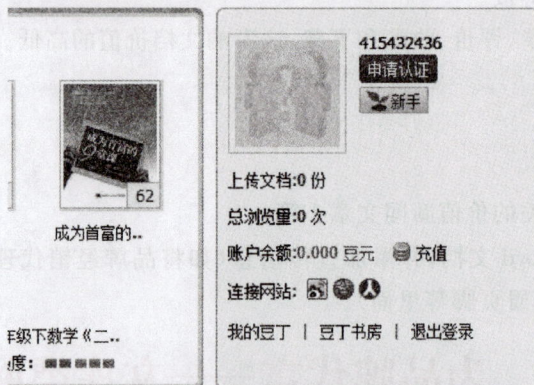

图 4-3-2　"申请认证"

（3）进入个人主页，如图 4-3-3 所示。

图 4-3-3　个人主页

（二）搜索所代言的品牌，收藏 PDF、DOC、PPT 文档各一篇

（1）登录豆丁网，在搜索栏中输入所要查找的品牌，如图 4-3-4 所示。

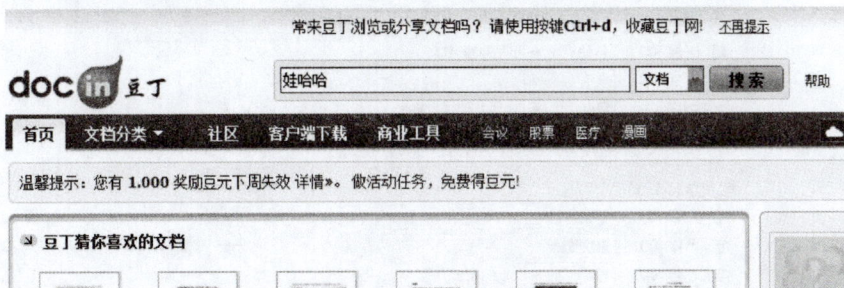

图 4-3-4　搜索品牌

（2）点击搜索，选择需要的文档格式，如图 4-3-5 所示。

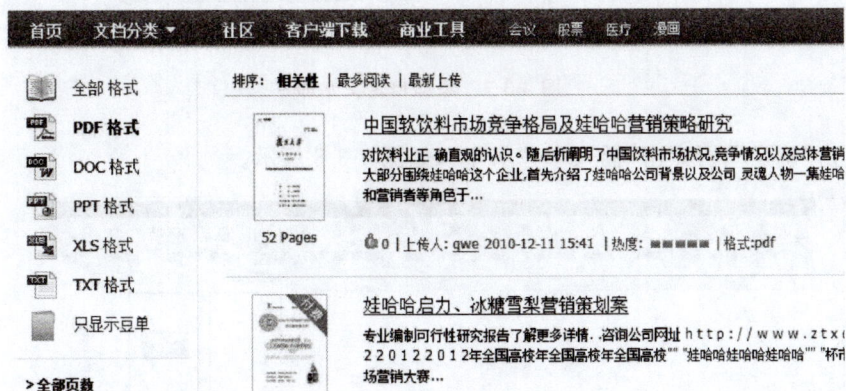

图 4-3-5　搜索结果

(3)打开所需文档后收藏该文档,如图 4-3-6 所示。

液压升降台厂家,液压升降台价格,专业液压
[广告]

图 4-3-6　收藏文档

(三)将在任务 4.2 中添加的广告文档,上传到豆丁网

(1)打开所要添加广告的文档,点击"添加",选择所要添加的图片,如图 4-3-7 所示。

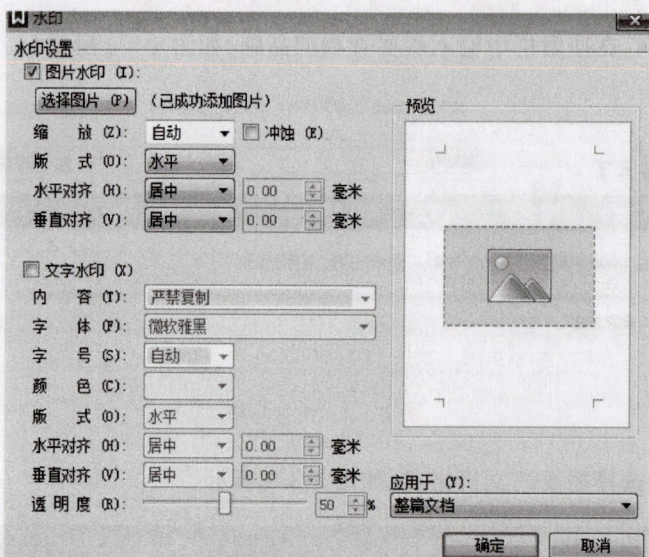

图 4-3-7　添加自定义水印

(2)点击"确定",再点击"插入"—"水印",如图 4-3-8 所示。

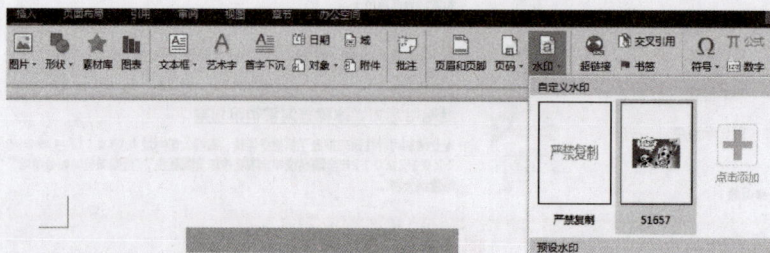

图 4-3-8　成功添加自定义水印

(3)选择所要添加的图,如图 4-3-9 所示。

图 4-3-9　添加后效果

(4)登录豆丁账号,点击"我要上传",如图 4-3-10 所示。

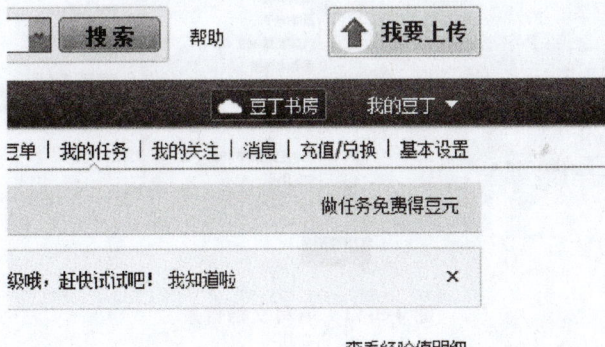

图 4-3-10　上传文档

(5)点击"上传文档",如图 4-3-11 所示。

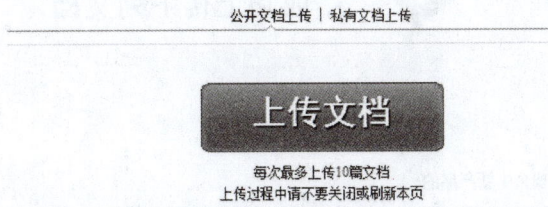

图 4-3-11　上传文档

（6）选择要上传的文档，如图 4-3-12 所示。

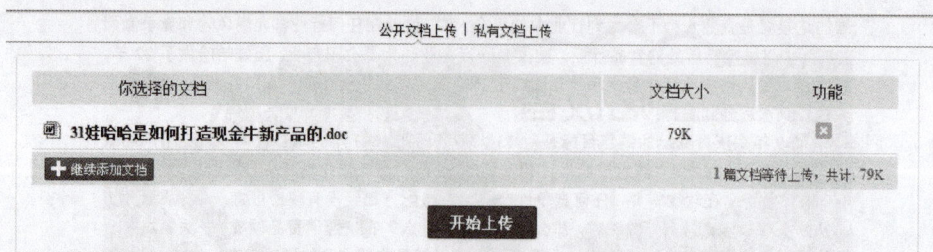

公开文档上传 | 私有文档上传

你选择的文档	文档大小	功能
31娃哈哈是如何打造现金牛新产品的.doc	79K	✕
➕ 继续添加文档	1篇文档等待上传，共计 79K	

开始上传

图 4-3-12　选择上传的文档

（7）点击开始上传，填写文档信息，如图 4-3-13 所示。

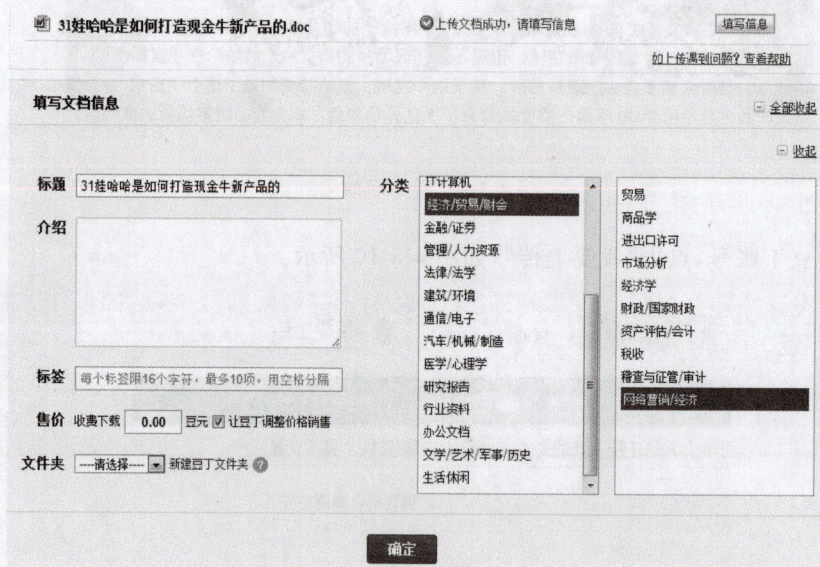

31娃哈哈是如何打造现金牛新产品的.doc　　　✅上传文档成功，请填写信息　　　填写信息

如上传遇到问题？查看帮助

填写文档信息　　　　　　　　　　　　　　　　　　🗕 全部收起

🗕 收起

标题　31娃哈哈是如何打造现金牛新产品的

介绍

标签　每个标签限16个字符，最多10项，用空格分隔

售价　收费下载　0.00　豆元 ☑让豆丁调整价格销售

文件夹　---请选择---🔽 新建豆丁文件夹 ❓

分类　IT计算机
经济/贸易/财会
金融/证券
管理/人力资源
法律/法学
建筑/环境
通信/电子
汽车/机械/制造
医学/心理学
研究报告
行业资料
办公文档
文学/艺术/军事/历史
生活休闲

贸易
商品学
进出口许可
市场分析
经济学
财政/国家财政
资产评估/会计
税收
稽查与征管/审计
网络营销/经济

确定

图 4-3-13　填写文档信息

（8）点击确定，文档上传成功，如图 4-3-14 所示。

✔ **成功上传下列文档**

哈哈是如何打造现金牛新产品的

篇公开的文档（私有文档不计入经验及系统奖励），审核通过后，会获得 1豆元系统奖励(奖励豆元及其有效期说明❓)

图 4-3-13　文档上传成功

知识链接

(一)注意事项

(1)文档标题:用陈诉语句或者反问句。标题既要客观,又要可读性强。

(2)文档篇幅:5~10页最好,太短的文档百度会核定为文档质量不高或者可读性差,从而不给通过。

(3)文档字号:如果文档里面放了一些动态或者静态的图片广告,就需要把文档的字体变小一点,比如9号字。同时不要给文档设置财富值,这样读者能免费下载文档,展示目的也就达到了。

(4)文档格式:PDF格式、DOC格式、PPT格式、TXT格式均可。

(5)文档分类:推广类的文档,为了提高通过率,需要按相关分类放好。

(二)上传文档

(1)文档标题默认为上传附件的名称,可以进行修改。文档标题不能为空,最长可以输入20个汉字。

(2)对文档进行简要的介绍能够方便其他用户快速了解文档中所包含的主要内容。文档介绍不能为空,最长可以输入100个汉字。

(3)每一份文档都有所属的正确分类,要为文档选择合适的分类,这能够让文档得到更多的浏览和下载。

(4)上传时,将文档售价设定为免费,方便文档的快速分享,文档被下载时同样会获得系统的财富值奖励。

实战演练

(1)注册登录豆丁网、百度文库。

(2)搜索其中一篇品牌相关的文档并查看该文档所代言的品牌,收藏PDF、DOC、PPT文档各一篇,如搜索:品牌 品类(大自然 木地板)。

(3)将实训任务4.2中编写的营销文档上传到豆丁网。

任务4.4　威客任务

实战演练

以威客网站为平台,参与威客任务。

1. 文库推广

威客任务地址：http://task.zhubajie.com/4258361/

具体要求：

（1）根据要求进行文档编写，如图 4-4-1、图 4-4-2 所示。

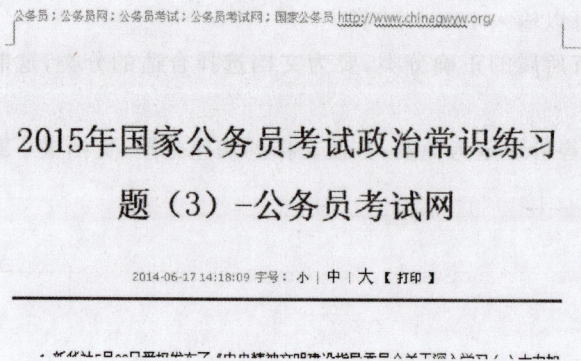

需求号：4258361

具体要求：

1、在豆丁文库文章上宣传我们的网站--http://www.chinagwww.org。

2、推广中请随机使用以下几个关键词：公务员；公务员网；公务员考试；公务员考试网；国家公务员；国家公务员网；国家公务员考试；国家公务员考试网。尽量平均使用每个关键词，谢谢。

3、在页眉页脚中添加关键词，如果出现其他网站关键词视为不合格。

4、在收到的投稿数量超出需求时，被百度收录的会被优先录用。

5、上传文档使用的文章必须使用我们网站上的文章，否则视为不合格。

6、亲们，加油吧

图 4-4-1　需求市场要求

公务员；公务员网；公务员考试；公务员考试网；国家公务员 http://www.chinagwww.org/

2015年国家公务员考试政治常识练习题（3）-公务员考试网

2014-06-17 14:18:09 字号：小 | 中 | 大【打印】

图 4-4-2　编辑文档

（2）将编辑好的文档上传到豆丁网中，如图 4-4-3 所示。

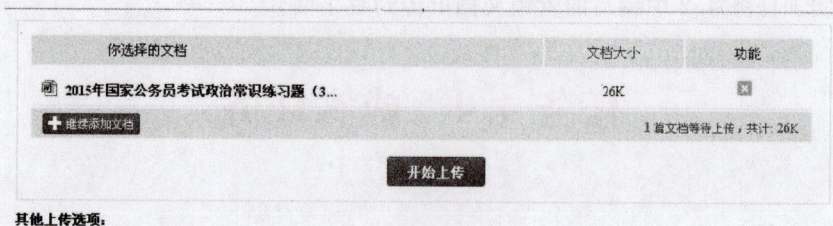

图 4-4-3　上传文档

（3）进行交稿，如图 4-4-4 所示。

（4）完成后提交截图，如图 4-4-5 所示。

实训记录：

威客账号：

完成任务截图（合格）：

交稿：

豆丁地址：http://www.docin.com/p−843208925.html，如图 4-4-6 所示。

我要交稿：　　　　　　　　　　　　　　　　　　　　　　　　　学别人的赚钱经验，快去服务商专区！

http://www.docin.com/p-843208925.html

↑上传附件　　下载 猪八戒抢单宝，交稿快人一步！　　　　　　　　　　　添加 SurDoc 云文件

官方推荐资格　投标置顶（3）　投标隐藏　插入名片与案例　　　　　　　验证码：41　　27+14=?　　提交

请遵守投标规范，若稿件被认定为无效稿件，系统将屏蔽该稿件并扣除相应信用度分值，每个无效稿件扣一分。

图 4-4-4　交稿

提交成功　　　　　　　　　　　　　　　　　　×

亲爱的小伙伴，现在入驻成为服务商可以获得更多的展示机会和优惠政策，再犹豫就落后其他小伙伴啦！

立即入驻

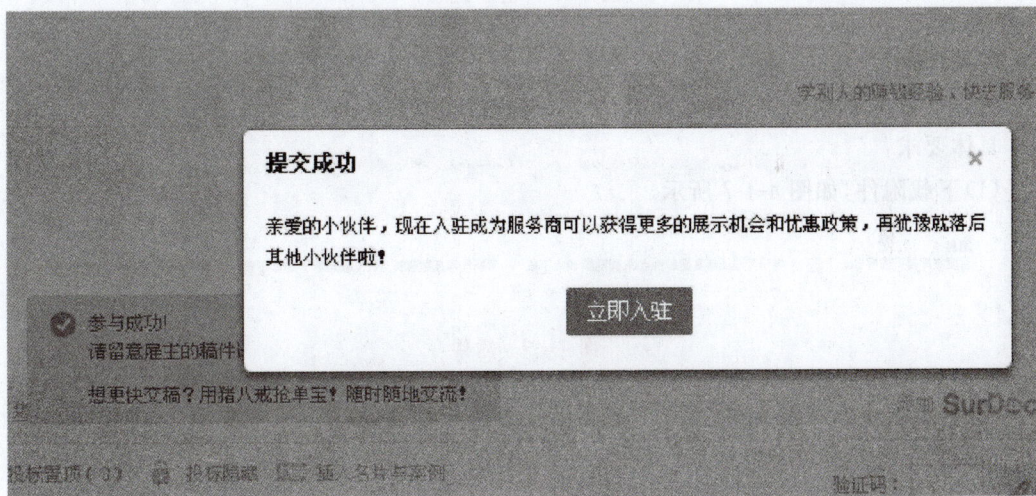

图 4-4-5　提交成功

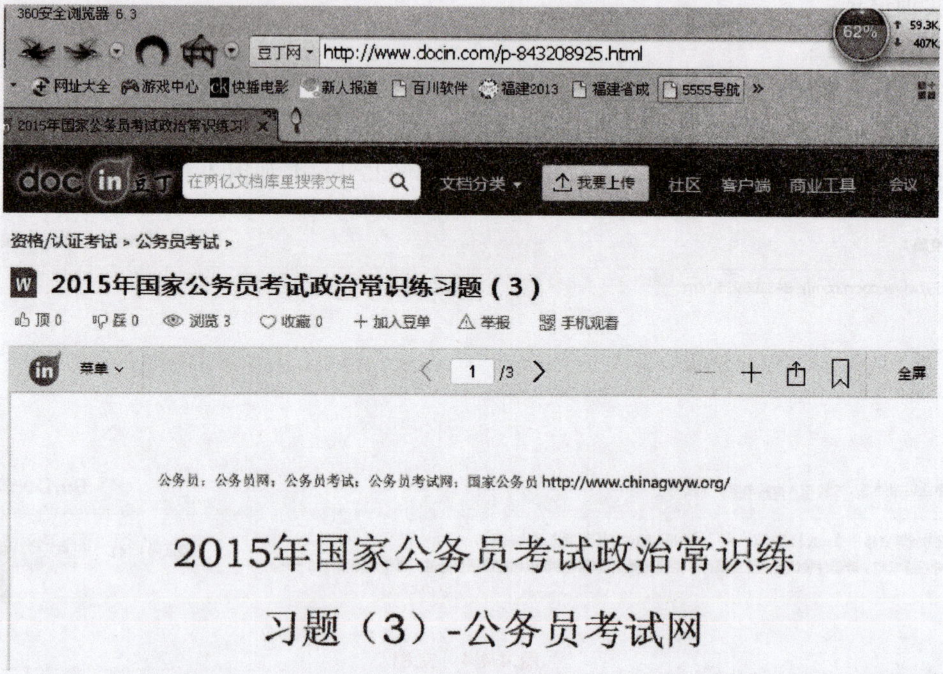

图 4-4-6　豆丁地址

2.文库代发

威客任务地址：http://task.zhubajie.com/2403052/

具体要求：

(1)下载附件，如图 4-4-7 所示。

附件
百度文库推广内容.doc 下载　　　考研英语历年真题解析点评.提高版.doc 下载　　　考研历年真题解析点评（基础版）.doc 下载　　　考研词汇真相.pdf下载

图 4-4-7　　附件

(2)根据要求在百度文库、豆丁、道客巴巴等进行代发，如图 4-4-8 所示。

具体要求：
推广范围：百度文库，豆丁、道客巴巴等，百度文库优先。
需留下网址审核。
来源、具体推广的内容见附件。
注意！！！因计划变更，推广来源由博客文章更改为附件的三篇文章，正文可不再嵌入产品，原文照发即可。发的时候，题目可以根据情况作修改，避免重复标题。
其他要求不变。

图 4-4-8　　要求

(3)交稿，如图 4-4-9 所示。

(4)完成后提交截图，如图 4-4-10 所示。

我要交稿：

http://www.docin.com/p-600674785.html

图 4-4-9　交稿

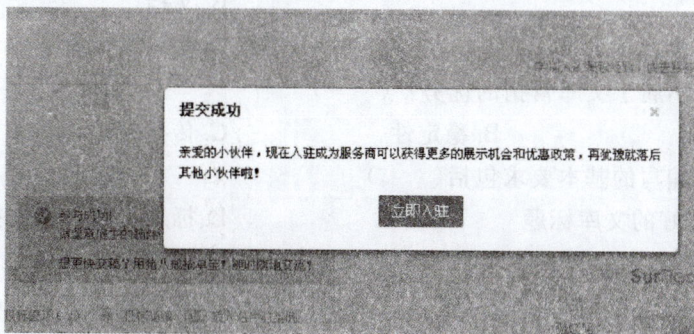

图 4-4-10　提交成功

完成记录：

威客账号：

完成任务截图（合格）：

豆丁地址：http://www.docin.com/p—600674785.html，如图 4-4-11 所示。

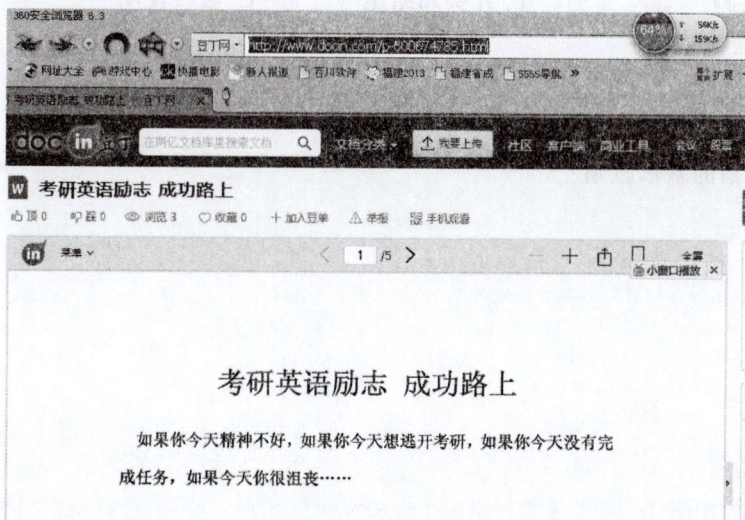

图 4-4-11　豆丁地址

思考与训练

一、判断题

1. 文库内广告的表现形式一般情况为：网址链接、联系方式、品牌词。（　　）

2. 在撰写文库内容时要注意内容编写是否合理及其是否达到文库编写的基本要求。（　　）

二、单选题

1. 文库是指（　　）

A. 图刊 　　　　　　　　　　　　　　　　B. 文档

C. 在线分享文档的开放平台 　　　　　　　D. 重组文库分子群

2. 下列哪个不属于文库营销的优势？（　　）

A. 价格低廉 　　　　B. 稳定性 　　　　C. 传播性强 　　　　D. 及时性

3. 文库营销编写的基本要求包括（　　）

A. 选定一个好的文库标题 　　　　　　　　B. 标题可以任意选择

C. 内容足够多 　　　　　　　　　　　　　D. 没有购买入口

三、多选题

1. 下列哪些属于在线分享文档的开放平台？（　　）

A. 百度文库 　　　　　　　　　　　　　　B. 豆丁网

C. 百度 　　　　　　　　　　　　　　　　D. 爱问共享资料

2. 文档广告添加前的准备工作包括（　　）

A. 百度账号的准备 　　B. 关键词的挖掘 　　C. 资料的收集 　　D. 广告植入

3. 静态广告植入方式有（　　）

A. 页眉页脚 　　　　B. 开头和结尾 　　　　C. 版权说明 　　　　D. 图片水印

四、分析题

1. 什么叫文库？

2. 文库营销的优势有哪些？

3. 文库营销的基本原则？

学习情境五
视频分享营销

情境描述

社交媒体的兴盛使视频成为优质的营销内容，视频植入广告也为人们留下良好的品牌印象。它不仅能在短期内获得较大的关注度，还具有无与伦比的长期传播广度。如今 4G 的到来更让视频成为互联网的内容主流，视频营销广告不仅可以宣传企业整体形象，更可展示细节。企业可与网站互联辅助，将一些图片、文字改为动态的画面，用视频对产品进行立体展示，用视频对优势充分展示。

新媒体更推崇动态视觉的表达，而吸引客户眼球就是留住客户最好的方式之一。那么如何才能做好视频分享营销吸引用户呢？学习本情境，你将掌握以下知识：

- 懂得剪辑、制作视频。
- 学会发布视频。
- 学会策划视频。
- 利用视频达到更好的营销目的。

任务 5.1 视频营销基础知识

案例导入

案例一:金牌卫浴——"平凡中的不平凡"

当代中国网络视频媒体的受众规模之庞大,媒体影响力之巨大,已产生了巨大的营销价值。据中国网络视听节目服务协会发布的《2017中国网络视听发展研究报告》显示,截至2017年6月,我国网络视频用户规模达5.56亿。网络视频已经发展成为人们获取电影、电视、视频等数字内容的重要渠道,同时也成为企业品牌推广、产品推广的重要渠道和重要内容推广形式,如金牌卫浴就通过网络视频实现了很好的宣传效果。如图5-1-1、图5-1-2所示。

图 5-1-1 金牌卫浴视频截图(1)

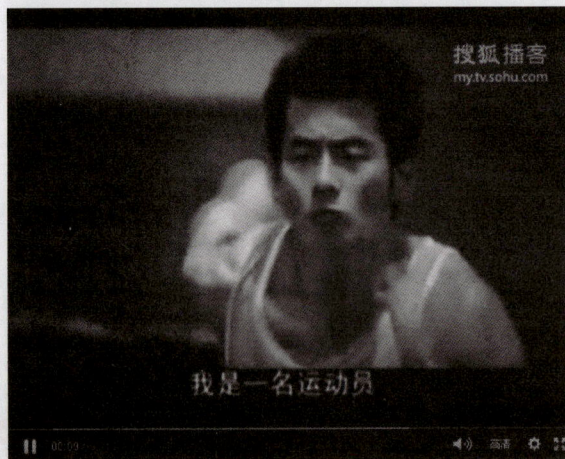

图 5-1-2 金牌卫浴视频截图(2)

作为知名的卫浴品牌,金牌卫浴在 2010 年借助知名营销机构赢道顾问的创意力量,精心打造了多起创意视频营销案例,在企业形象片、专题片的基础上推出了《金牌:平凡中的不平凡》(见图 5-1-3、图 5-1-4)、《杨玉环引起的一场古今大战》等创意网络视频,各大视频网站累计播放量超过百万,回复量达到上千万,不仅精准巧妙地传播了金牌卫浴"品鉴金质人生"的主题,同时强化了按摩浴缸等产品推广效果,通过视频这种创新传播形式提升了品牌影响力和美誉度。

图 5-1-3 金牌卫浴视频截图(3)

图 5-1-4 金牌卫浴视频截图(4)

  《金牌:平凡中的不平凡》短片,借助广州亚运会召开的视频画面,赢得了相当不错的反响。其题材以运动员的拼搏、军人的坚定、大学生的上进、农民工的勤奋为主题,每个人都在自己行业中,书写着属于自己人生的金牌,如图 5-1-5、图 5-1-6 所示。金牌卫浴在亚运会召开之际通过短片的形式向上述人群致以敬意,既与亚运密切结合,同时又巧妙地传递了"金牌"精神,与金牌卫浴的品牌名称相得益彰。

图 5-1-5　金牌卫浴视频截图(5)

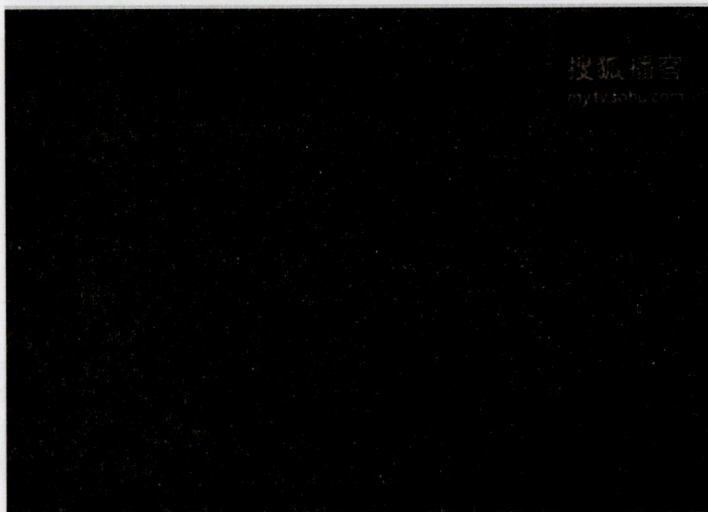

图 5-1-6　金牌卫浴视频截图(6)

知识链接

视频营销是随着互联网的发展应运而生的。当前中国的营销市场，电视的龙头地位依然没有被动摇。然而，电视作为视频媒体却有两大难以消除的局限性：一是受众只能单向接受电视信息，很难深度参与；二是电视都有着一定的严肃性和品位，受众很难按照自己的偏好来创造内容，因此电视的广告价值大，但是互动营销价值小。

而网络视频却可以突破这些局限，从而带来互动营销的新平台。随着互联网的发展和视频网站的兴起，视频营销也越来越被很多品牌企业所重视，成为网络营销中的利器。

随着网络成为很多人生活中不可或缺的一部分，视频营销又上升到一个新的高度。各种方法层出不穷。网上视频营销指的是企业将各种视频短片以各种形式放到互联网上，达到一定宣传目的的营销手段。网络视频广告的形式类似于电视视频短片，但平台搬到了互联网上。"视频"与"互联网"的结合，让这种创新营销形式具备了两者的优点：它既具有电视短片的种种特征，例如感染力强、形式内容多样等，又具有互联网营销的优势，例如互动性、主动传播性、传播速度快、成本低廉等。可以说，网络视频营销，是将电视广告与互联网营销两者"优点"集于一身。

（一）定义

网络视频营销指的是企业将各种视频以短片、广告等形式放到互联网上，达到一定宣传目的的营销手段。

视频包含电视广告、网络视频、宣传片、微电影等各种方式。

营销目标可以是企业、个人、团队、组织机构、产品或服务等。

视频营销发展三个趋势：品牌视频化、视频网络化、广告内容化。

（二）优势

（1）免费，借力视频网站，流量巨大。

（2）权重高，让搜索引擎快速收录。

（3）让客户更直观地了解产品。

（4）快速获取流量，获得精准流量，转化成交率高。

与其他免费营销相比，这是最好的免费营销之一，视频上传之后，只要不被删除，就可以源源不断地获得流量。

（三）常见的视频分享营销策略

1.病毒营销

视频营销的厉害之处在于传播受众，他们首先会产生兴趣，关注视频，再由关注者变为传播分享者，而被传播对象势必是有着和他们一样特征兴趣的人，这一系列的过程就是目标消费者精准筛选传播。

网民看到一些经典的、有趣的、轻松的视频总是愿意主动去传播，通过受众主动自发地传播企业品牌信息，视频就会带着企业的信息像病毒一样在互联网上扩散。病毒营销的关键在于企业需要有好的、有价值的视频内容，然后寻找到特定人群帮助传播。

2.事件营销

事件营销一直是线下活动的热点,国内很多品牌都依靠事件营销取得了成功。其实,策划有影响力的事件,编制一个有意思的故事,将这个事件拍摄成视频,也是一种非常好的方式。而且,有事件内容的视频更容易被网民传播,将事件营销思路放到视频营销上将会开辟出新的营销价值。

3.整合传播

视频营销首先需要在企业的网站上开辟专区,吸引目标客户的关注;其次,企业也应该跟主流的门户、视频网站合作,提升视频的影响力,而且,对于互联网的用户来说,线下活动和线下参与也是重要的一部分,因此通过互联网上的视频营销,整合线下的活动、线下的媒体等进行品牌传播,将会更加有效。

在社会化媒体时代,网友不仅希望能够自创视频内容,同时也喜欢上传并与他人分享。有效整合其他社交媒体平台,提高视频营销的互动性,可以进一步增强营销的效果。比如视频发布后,要留意网友的评论并互动等。

🛒 实战演练

1.登录任意两个视频网站,并截图。

2.观看两个经典视频广告,并截图。

3.试着为其中一段视频做简单分析。

任务 5.2　剪辑视频与添加营销广告

🚚 任务描述

选择一个视频编辑软件,完成以下内容:

(1)下载安装你所选择的软件。

(2)认识软件中的常用工具。

(3)熟练掌握各工具的操作。

🔍 操作指引

(一)剪辑视频

以"会声会影"视频剪辑软件为例,我们将详细介绍视频剪辑的方法。

(1)打开会声会影编辑器,在视频轨中插入一段视频素材,如图 5-2-1 所示。

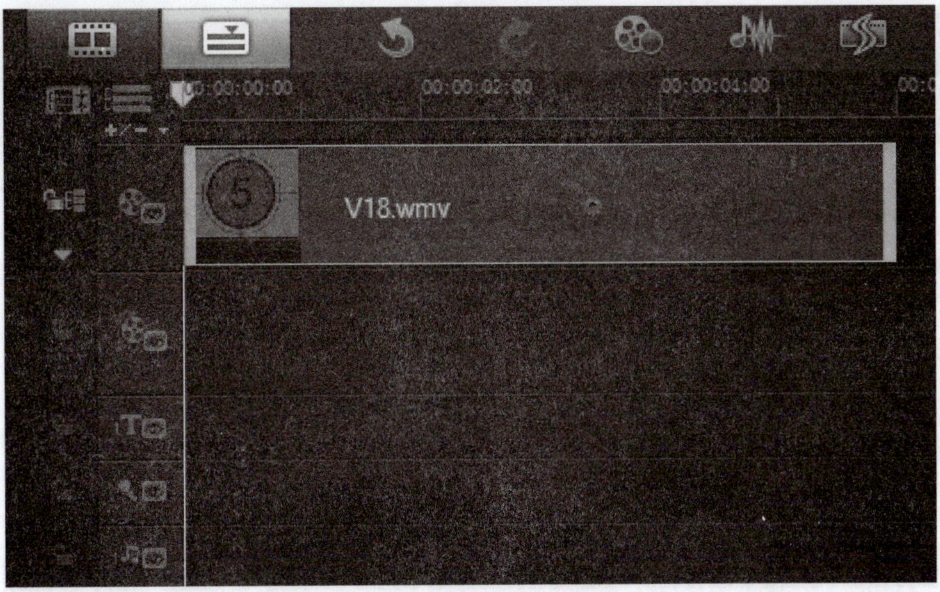

图 5-2-1　插入视频素材

（2）将鼠标移动到修剪栏的起始修整标记按钮上，单击鼠标左键并向右拖动，至合适的位置释放鼠标左键，即可标记开始点，如图 5-2-2 所示。

图 5-2-2　标记开始点

（3）用同样的方法，将鼠标移动至修整标记按钮的结束按钮上，单击鼠标左键并向左拖动，至合适的位置释放鼠标左键，即可标记结束点，如图 5-2-3 所示。

图 5-2-3　标记结束点

（4）单击导览面板中的"播放"按钮，即可预览剪辑后的视频效果，如图 5-2-4 所示。

图 5-2-4　播放剪辑后效果

这样,视频的剪辑就完成了。如果想将视频恢复到原始状态,只需把修整标记拖回原来的开始和结束处,即可将修正后的视频恢复到原始状态。

(二)添加营销广告

在视频里插入广告能够对产品的销售起到很好的营销作用。以 Avs video editor 6.1 为例,详细介绍添加营销广告的方法。

1. 工具/原料

(1)Avs video editor 6.1。

(2)视频一个。

(3)自己的营销广告一个。

2. 方法/步骤

(1)打开 Avs video editor 6.1,点击导入媒体文件,导入主视频和营销广告(图片或者视频广告),如图 5-2-5 所示。

图 5-2-5 导入主视频和广告

(2)将主视频拖动到下图线框中位置,如图 5-2-6 所示。

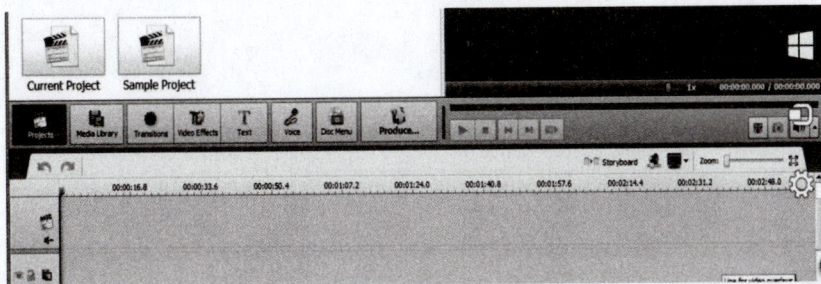

图 5-2-6 拖动主视频操作

（3）选择要插入的位置，点击拆分视频，如图 5-2-7 所示。

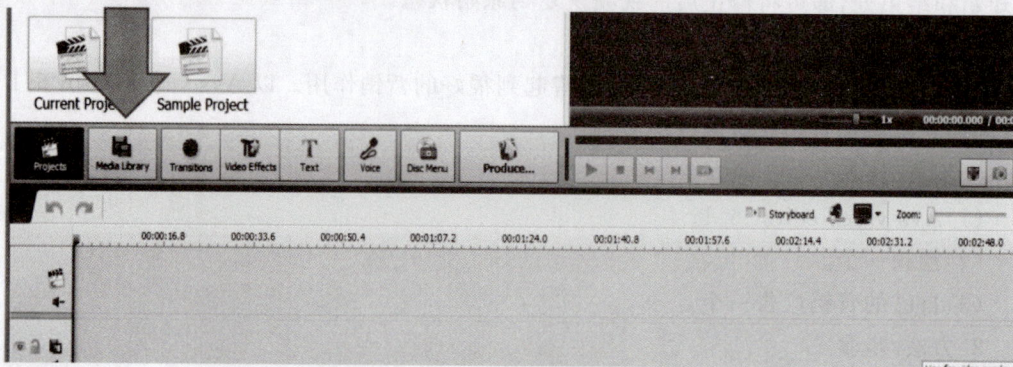

图 5-2-7　拆分视频

（4）在广告上点击右键，选择添加到主视频，如图 5-2-8 所示。

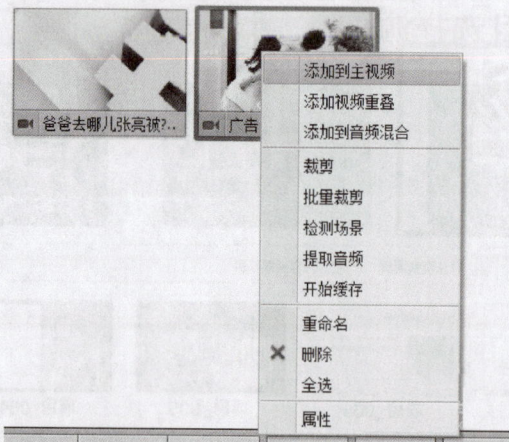

图 5-2-8　将广告添加到主视频

（5）试播放满意后，点击生成按钮，如图 5-2-9 所示。

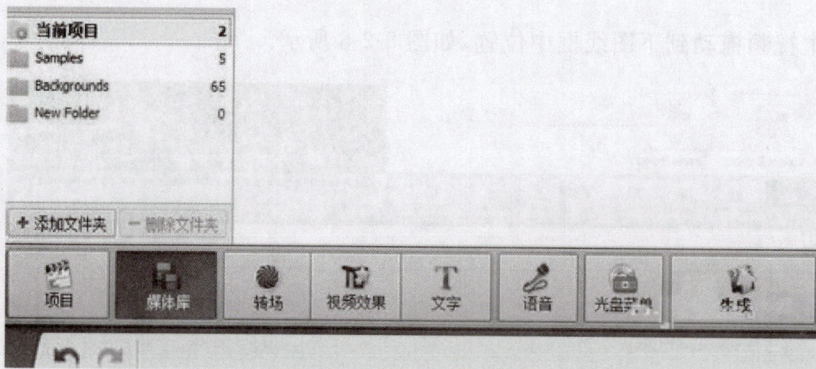

图 5-2-9　生成视频

(6)选择生成高清视频,如图 5-2-10 所示。

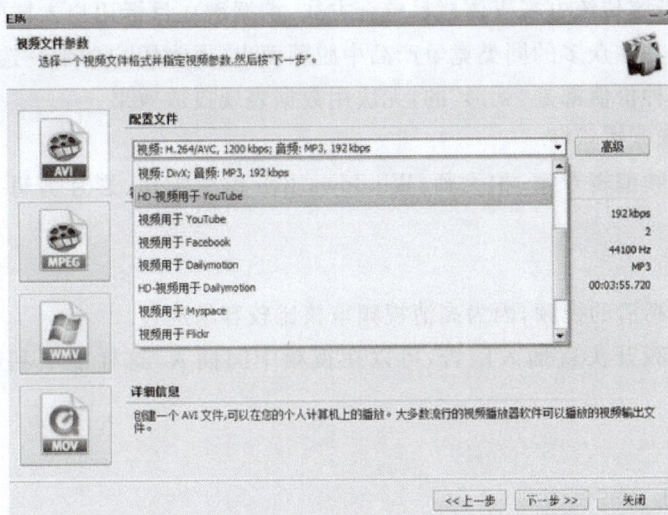

图 5-2-10　选择高清模式

(7)点击创建,等视频生成完毕后,我们就可以把视频拿去各大视频网站上传推广,如图 5-2-11 所示。

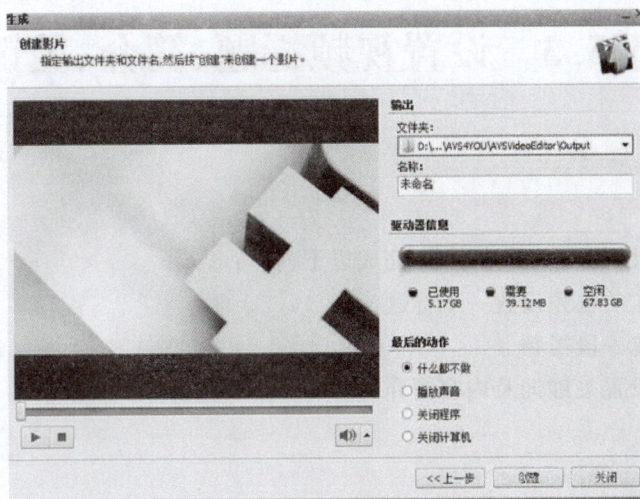

图 5-2-11　创建视频文件

知识链接

(一)视频广告营销价值观念

在产品推广上,同样的一款产品不同时期需要表达的目的也不相同。如饮料广告,可按照产品特性、季节、受众人群、年龄层次、性别等因素区分。作为快速消费品,不仅仅在重要的季节到来前推广产品,还可以通过一系列的有效资源(有效资源指标准的、合法的、符合客户形象的资源),借鉴传统电视媒体栏目整合方式,挖掘潜在目标用户人群的同时,强化客户品牌的优势,帮助其在众多的同类竞争产品中脱颖而出,成为用户的唯一选择。在这一过程中,产品产生的两种价值都是"无形"的,无法用数据表现投放效果。

(二)常用视频编辑软件

会声会影、视频编辑专家、拍大师、Windows live 影音制作、影片剪辑 SolveigMM AVI Tirimmer 等。

(三)注意事项

(1)最好生成高清的视频,因为高清视频审核比较容易通过。

(2)不要在视频开头就插入广告,可以在视频中间插入,这样能顺利通过视频网站的审核。

实战演练

(1)安装会声会影和 Avs video editor 6.1 软件。

(2)根据操作指引剪辑一段视频。

(3)根据操作指引添加一段视频分享广告。

任务 5.3　设置视频标题、简介、关键词

任务描述

注册并使用自己的视频网站账号,完成以下内容:

(1)为自己制作的视频设置一个标题。

(2)在优酷上传一段视频。

(3)为该视频设置关键词及内容简介。

操作指引

(一)设置视频标题

1.认识标题选项面板

以"会声会影"为例,使用选项面板上的各个按钮和选项可以设置和调整标题的属性,如图 5-3-1 所示。

(1)区间:以"时:分:秒:帧"的形式显示标题的区间,可以通过修改时间码的值来调整。

(2)字体:单击文本框右侧的三角按钮,从下拉列表中可以为预览窗口中选中的文字设置新的字体,也可以先在这里设置字体,然后输入新的文字。

（3）字体大小：单击右侧的三角按钮，从下拉列表中可指定标题中所选文字的尺寸。也可以直接在文本框中输入数值进行调整。

（4）色彩：在预览窗口中选中需要调整色彩的文字，单击右侧的色彩方框，从弹出菜单中可以为选中的文字指定新的色彩。也可以从菜单中选择"友立色彩选取器"以及"Windows色彩选取器"选项，在弹出的对话框中自定义色彩。

（5）多个标题：选中该单选钮，可以为文字使用多个文字框。

（6）单个标题：选中该单选钮，可以为文字使用单个文字框。在打开旧版本会声会影中编辑的项目文件时，此单选钮会被自动选中。

（7）垂直文字：选中该复选框，可以使水平排列的标题变为垂直排列。

（8）行间距：调整标题素材中两行之间的距离。在预览窗口中选中需要调整行间距的文字（必须是多行文字），单击"行间距"文本框右侧的三角按钮，从下拉列表中选择需要使用的行间距的数值或者在文本框中直接输入数值，即可改变选中的多行文本的行间距。

（9）显示网格线：选中该复选框，可以显示网格线。单击其按钮，在弹出的对话框中可以为网格线指定设置。

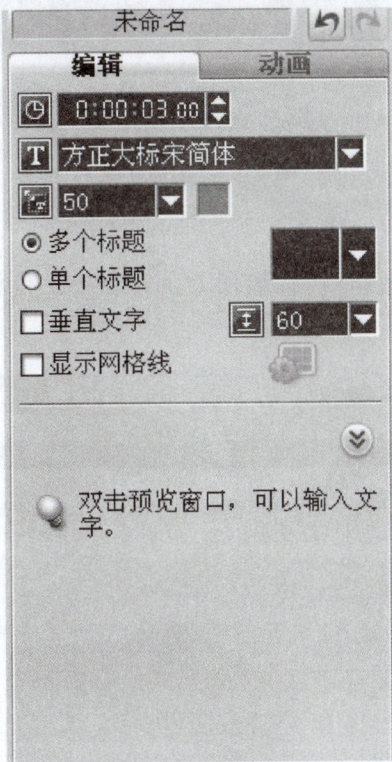

图 5-3-1　标题选项板

2.将预设标题添加到视频中

会声会影的素材库中提供了丰富的预设标题，可以直接将它们添加到标题轨上，然后修改标题的内容，使它们与视频融为一体。如果需要从素材库添加标题，可以按照以下的步骤操作,如图 5-3-2 所示。

(1)按照前面章节中介绍的方法在视频轨上添加视频或图像素材。

(2)单击菜单栏上的"标题"按钮,进入"标题"步骤。然后在素材库中选中需要使用的标题模板,把它直接拖曳到"标题轨"上。

(3)在标题轨上选中已经添加的标题,然后在预览窗口中单击鼠标,当前标题处于编辑状态,可以根据需要直接修改文字的内容,并在选项面板上设置标题的字体、样式和对齐方式等属性。

(4)调整完成后,在预览窗口之外的区域单击鼠标,即可将调整后的标题应用到视频中。

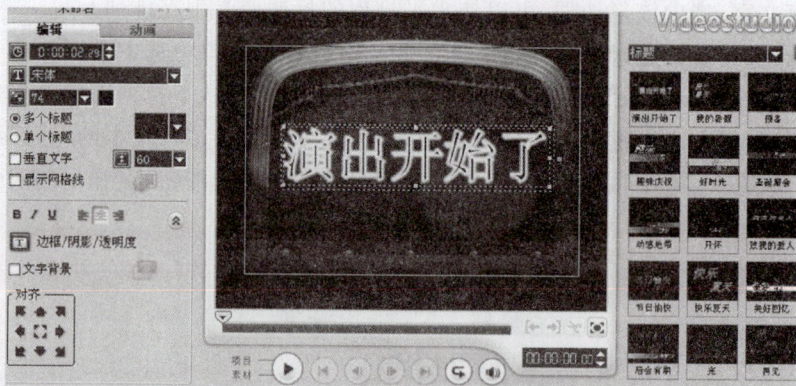

图 5-3-2　添加标题

(二)设置内容简介

(1)选择要上传视频的网站(以优酷网为例),点击上传将出现如下界面,如图 5-3-3 所示。

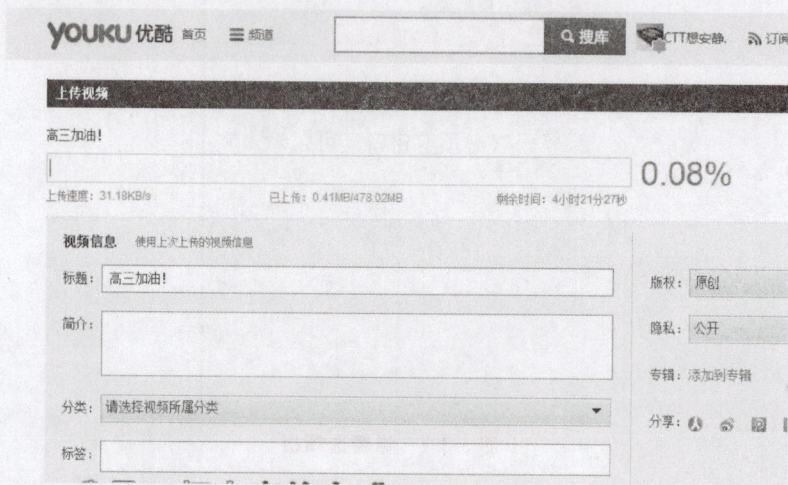

图 5-3-3　设置内容简介

(2)在简介框中写下相关视频的简介。

(三)设置关键词

在标签对话框中输入适当关键词,点击保存,关键词即设置成功,如图 5-3-4 所示。

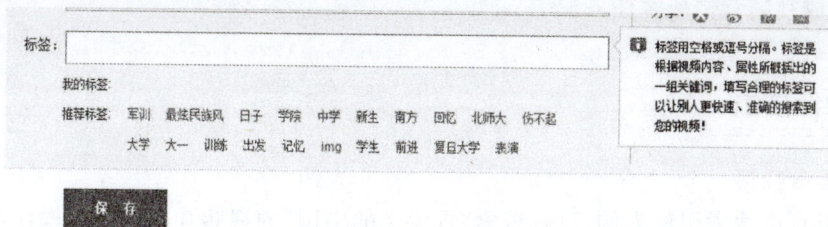

图 5-3-4　设置关键词

知识链接

(一)设置视频标题

视频标题最重要,标题一定要包含推广关键词,这是为了让视频网站和搜索引擎更好地收录,更好地排名,利于视频上首页,也是百度收录的必要条件;标题要有吸引力、有悬念、能烘托行业地位。

(二)设置视频内容简介

视频的内容简介,在视频站里的作用不是很大,但是也要写好。可以合理地包含关键词,一般不超过 120 个字。建议把公司的联系方式也适当地写上,最好是 400 开头免费电话,在某种程度上,可以增加网站的信任度。这样客户在不打开网站的情况下,在描述中也能看到企业的联系方式。

(三)设置关键词

在网站首页中想要推荐的关键词可以合理地多次出现,关键词密度以 2%～8% 为宜。可以把最重要的关键词或者公司的业务写到网站的底部,合理地增加关键词的密度。

实战演练

(1)选取一段视频,记录视频地址。

(2)查看该视频的标题、关键词和内容,看是否有更好的描述能让该视频达到更好的营销效果。

任务 5.4　搜索、编辑、上传、分享视频

任务描述

选择一个常见视频网站,完成以下内容:

(1)搜索经典视频一个。

(2)观看视频一个。

(3)完成视频营销威客任务。

操作指引

(一)搜索视频

下面以百度搜索引擎为例,讲解搜索"舌尖上的中国"的视频片断的具体操作:

(1)打开浏览器,输入百度网址 www.baidu.com,结果如图 5-4-1 所示。

图 5-4-1　打开百度首页

(2)在百度视频搜索页面的输入框中输入"舌尖上的中国",点击"百度一下"按钮,如图 5-4-2 所示。

图 5-4-2　视频搜索

（二）编辑视频

1.创建新项目

以"Premiere Pro"为例，首先打开软件的启动界面，如图 5-4-3 所示。

图 5-4-3　软件主页

在此处我们可以看到程序提示需要创建一个新的视频编辑，点"新建项目"项，如图 5-4-4 所示。

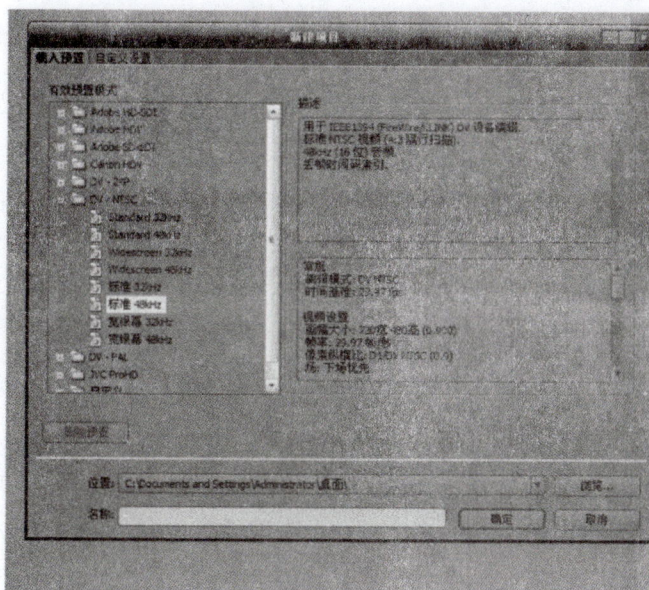

图 5-4-4　新建项目

在软件的格式中选择我们合适的视频格式，视频保存的路径填上视频名称点"确定"。

2. 导入素材

点击"文件"—"导入"—"选择素材",如图 5-4-5 所示。

图 5-4-5　导入素材

3. 编辑素材

将选好的素材拖到视频编辑区监视窗口,设置进入点和出入点,确定好满意的素材并对其时间长短进行调整。选好、设置成功后,点"覆盖",刚才编辑成的素材就自动拖到了"视频 1"的位置,方便查看。

如果想要改变此段视频的速度则可以先选定视频,在视频上右击鼠标,点"速度持续时间"项,对此段视频的速度进行调整,如图 5-4-6 所示。

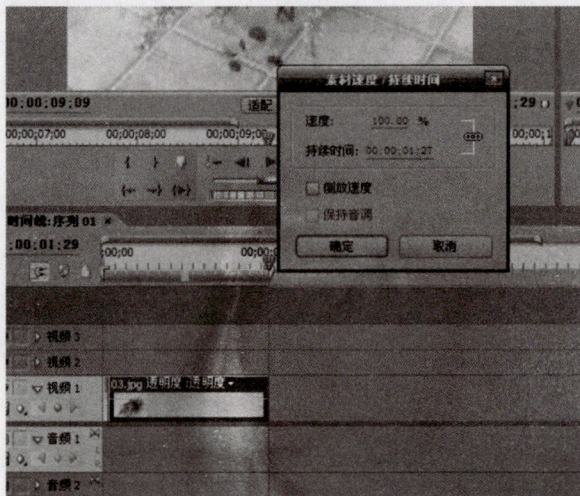

图 5-4-6　编辑素材

4. 组合素材片段

把做好的各个视频截图覆盖到"视频1"的轨道上，如图5-4-7所示。

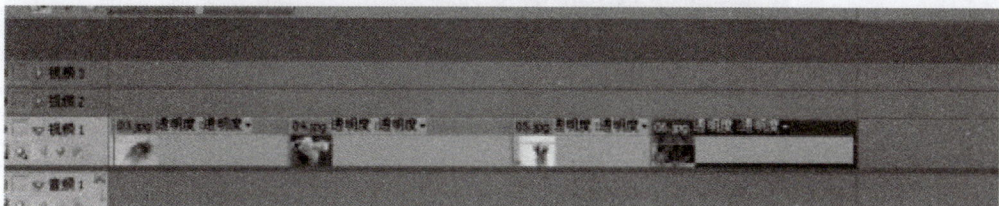

图 5-4-7　组合素材片段

5. 添加视频转换效果

在"视频过渡效果"里面选择需要的视频转场效果，如"十字划入""星形划像"并把选好的效果拖到所选的视频上，如图5-4-8所示。

图 5-4-8　选择视频转场效果

使转换后的视频出现如下效果，如图5-4-9所示。

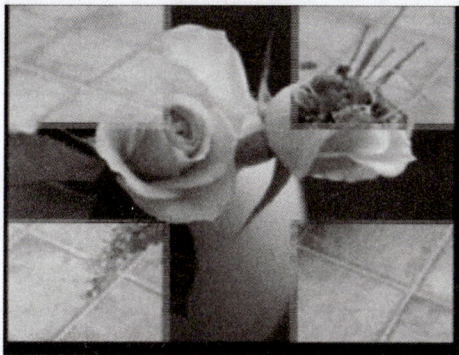

图 5-4-9　视频转换效果

6. 应用视频特效（video effects）

在"视频特效"选项中选择需要的视频特效技巧，跟添加视频转换技巧相同，直接把需要的技巧用到视频上即可。

7. 添加字幕效果

点击文件"新建字幕"，然后编辑字幕并保存，如图5-4-10所示。

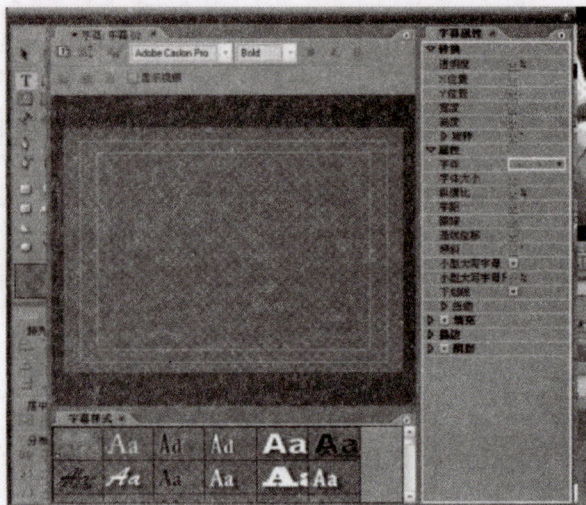

图 5-4-10　添加字幕

8.音频

导入音频,方法与图片导入相似,编辑截取音频,并把编辑好的音频拖到对应的视频图像上的音频轨道,如图 5-4-11 所示。

图 5-4-11　音频的导入

9.为素材制作淡入淡出效果

选定视频,点击"显示关键帧",这时视频上会有关键帧的标示圆点,调节圆点的位置,完成视频的淡入淡出效果,如图 5-4-12 所示。

图 5-4-12　视频的淡入淡出效果

10.预览视频

将"时间线"放至视频的最开始,视频即开始预览。

11. 输出视频

点"文件"—"导出"—"视频",如图 5-4-13 所示。

图 5-4-13　导出视频

点"保存"后,视频开始自动渲染,渲染完成,视频即制作成功。

(三)视频营销威客任务

以威客网站为平台,学生参与威客任务。

任务:视频分享;

威客任务地址:http://home.zhubajie.com/10100207/saler/;

具体要求:

(1)选择要求分享的视频,如图 5-4-14 所示。

(2)视频分享地址:http://minisite.youku.com/mideakt/? smt_b=C0B0A0908070605AA61F30C。

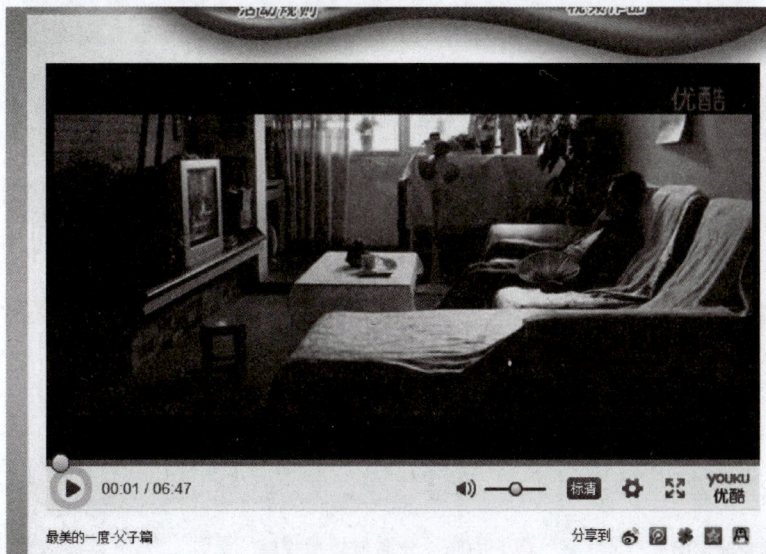

图 5-4-14　要求分享的视频

（3）选择视频分享方式并转播视频，如图 5-4-15、图 5-4-16 所示。

（4）完成后提交截图，如图 5-4-17 所示。

视频地址：http：//v. youku. com/v_show/id_XNzAxNjkxODI4. html

传播地址：http：//share. v. t. qq. com/index. php? c＝share＆a＝index＆title＝％E3％80％90％E8％A7％86％E9％A2％91％EF％

BC％9A％E7％BB％9F％E4％B8％80％E5％86％B0％E7％BA％A2％E8％8C％B6％20Double％E6％89％8D％E5％A4％9F％E6％94％BE％E3％80％91＆url＝http％3A％2F％2Fv. youku. com％2Fv _ show％2Fid _ XNzAxNjkxODI4. html＆appkey＝e7ad0b0199994bda85ecc0a44ce9915f＆site＝www. youku. com＆assname＝youku2010

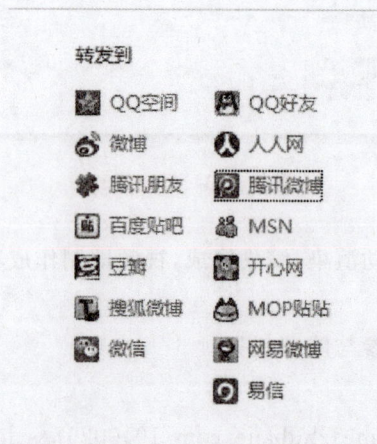

图 5-4-15　选择视频分享方式

图 5-4-16　分享与转播视频

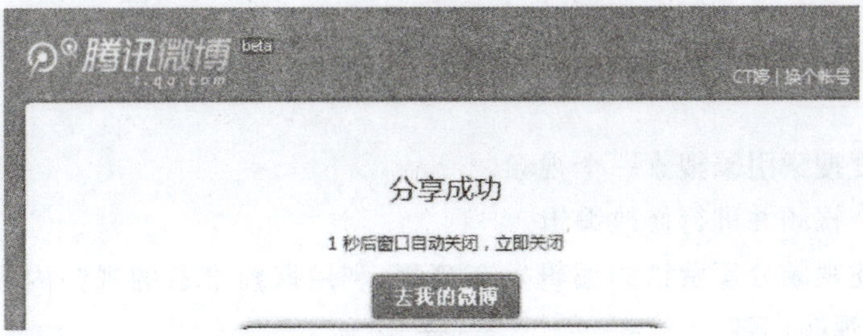

图 5-4-17　分享成功

知识链接

(一)上传视频设置技巧

(1)首先去视频网站注册一个账户,账户名尽可能是关键词或与关键词相关。

(2)视频标题要设置好,并且带有网址和关键词,标题最好加一些特殊字符,这样更容易引起浏览者的注意。标题要和视频内容相符,不能使观众有种被欺骗的感觉。

(3)视频简介可以让浏览者很清楚你要提供的是什么,是不是浏览者所需要的,也可以在这里留下网址或者 QQ 等联系方式,但不宜过长。

(4)视频标签是对视频描述的补充,有助于被搜索到,所以填写合理的标签非常重要。

(5)分类是搜索视频的重要依据,视频能否被更多的人看到,能否受大家欢迎,很大程度上取决于分类填写是不是恰当。

(6)上传视频的时候,先明确视频的主题,然后按照主题寻找一些相关的网站,尽量将视频上传到大型的视频网站上。

(二)常见视频分享营销网站

常见的视频网站有很多,具体如图 5-4-18 所示。

排名	站名	官方网址	百度权重	alexa排名	PR	百度收录	谷歌收录	网站反连接	日均IP访问量	日均PV浏览量
1	优酷网	www.youku.com	9	57	8	10000万	21500万	51177	7,890,000	40,475,700
2	土豆网	www.tudou.com	9	80	7	9980万	23100万	29527	3,354,000	15,361,320
3	酷6网	www.ku6.com	9	342	7	10000万	19200万	16386	2,028,000	5,901,480
4	搜狐视频	tv.sohu.com	9	49	7	2150万	2600万	6758		
5	爱奇艺	www.iqiyi.com	9	294	7	451万	1240万	4772	1,884,000	7,234,560
6	56网	www.56.com	9	155	6	8910万	15200万	13214	3,288,000	26,895,840
7	央视网	www.cntv.cn	8	370	8	1430万	2060万	33119	1,638,000	8,566,740
8	迅雷看看	http://www.kankan.c	8	626	7	225万	344万	22558	1,404,000	4,296,240
9	新浪视频	video.sina.com.cn	8	16	7	1470万	8140万	8960		
10	乐视网	www.letv.com	8	171	7	207万	654万	5187	2,730,000	42,861,000
11	PPTV	www.pptv.com	8	923	7	370万	1100万	7377	1,080,000	2,235,600
12	凤凰视频	v.ifeng.com	7	66	7	307万	266万	3611		
13	激动网	www.joy.cn	7	3099	7	240万	640万	5755	172,800	281,664
14	网易视频	v.163.com	6	30	7	27.60万	153万	1224		
15	6间房	www.6.cn	7	763	6	692万	894万	5749	690,000	11,316,000
16	爆米花网	www.baomihua.com	6	1169	6	1000万	1620	462	474,000	8,152,800
17	第一视频	www.v1.cn	4	3973	7	21.60万	40.90万	1427	101400	365040

图 5-4-18　营销网站

实战演练

（1）打开百度搜索引擎搜索一个视频。

（2）下载一个视频并进行修改编辑。

（3）根据上述视频分享营销的编辑发布流程，利用课前准备的视频内容和文字，在视频网站上发布一个视频广告。

思考与训练

一、判断题

1.视频分享营销对企业来说影响效益不大。（　　）

2.视频是一个非常好的病毒载体，因为有了互联网，做病毒营销就更容易了，而病毒营销的威力也是不可估量的。（　　）

3.视频更容易建立品牌，因为视频可以把一家企业或者个人真实地展现在用户面前，比起让人浮想联翩的文字，更具体、更实在、更让人容易信服。（　　）

二、单选题

1.本情景中提到的"如何添加视频广告"共需要多少个步骤？（　　）

A.5 个　　　　　　B.6 个　　　　　　C.7 个　　　　　　D.8 个

2.以下哪一项不包括在视频分享营销执行方案中？（　　）

A.注册网站账号　　B.效果评估与监测　　C.视频发布　　D.预算与决算

3.视频内容简介一般不超过多少个字？（　　）

A.100 字　　　　　B.120 字　　　　　C.150 字　　　　　D.200 字

三、多选题

1.常见的视频格式有哪些？（　　）

A.AVI　　　　　　B.MPEG　　　　　C.MOV　　　　　D.RM

2.视频分享营销的常见策略有哪些？（　　）

A.病毒营销　　　　B.事件营销　　　　C.整合传播　　　　D.大众传播

3.视频分享营销的发展趋势？（　　）

A.品牌视频化　　　B.广告内容化　　　C.内容高端化　　　D.视频网络化

四、问答题

1.什么是视频分享营销？

2.常见视频网站有哪些？（写出 6 个即可）

3.视频分享营销有哪些优势？

学习情境六
微博营销

情境描述

随着网络的发展，网络营销也在不断进步，经常有新的网络营销方式出现，比如微博营销。微博兴起时间不长，但是发展迅速，已融入每一个网民的生活中，基于不同平台新浪、腾讯等的微博形成了各自的圈子，这既是微博的圈子，也是人际交往的圈子。如此众多的具有强烈黏滞效应和汇聚效应的用户意味着超强的人气和传播力，也就意味着巨大的商业价值。

微博时代如何做好微博营销？我们需要理念，更需要方法、工具和新思路。如何定位和经营微博？如何发展微博粉丝？如何写出好的微博内容？如何开展微博活动？学习本情境后，你将学习以下知识：

- 微博营销的定义。
- 微博营销的特点。
- 微博营销与博客营销的本质区别。
- 微博的使用方法。
- 微博常用的营销策略。
- 微博活动营销的方式。
- 博文撰写的技巧。

任务 6.1　初识微博营销

案例导入

案例一：娇兰佳人集团——植物日记绿色环保大赛

娇兰佳人集团举办的植物日记绿色环保大赛活动是广州酷美网络整合营销公司策划一项整合"线下、微博、社会化媒体"的大型环保公益活动，为期3个月。为了配合一年一度的"植物日记绿色环保大赛"的深入开展和推广，广州酷美把这次活动分为三期。

"植物日记"于2013年8月初在新浪官方微博上，通过以"尊重植物、关爱地球"为主题的一个公益活动让更多的人以保护环境，关爱大自然的动机来积极主动参与，进行第一期间活动预热，如图6-1-1所示。

在9月中旬进行以"环保微拍大赛"为主题的第二期互动有奖环保活动，让粉丝们更有激情，有兴趣地来参与转播，带动好友转发拿大奖。

在11月初，再次发起有连载性的活动"我为绿色投一票"，使参与过第一、二阶段"尊重植物、关爱地球""微拍"两个活动的粉丝更有粘性。

这次活动不单单迅速提升了植物日记官方微博的人气以及阅读量，聚拢了品牌的忠诚"粉丝"近13万，有奖互动环节送出的礼品也让消费者对娇兰佳人旗下植物日记系列产品的构成和功用有了系统的了解，更大程度上提高了受众忠诚度和受众参与度是否更好，并且打造了植物日记品牌的知名度和美誉度，建立了企业的品牌形象。

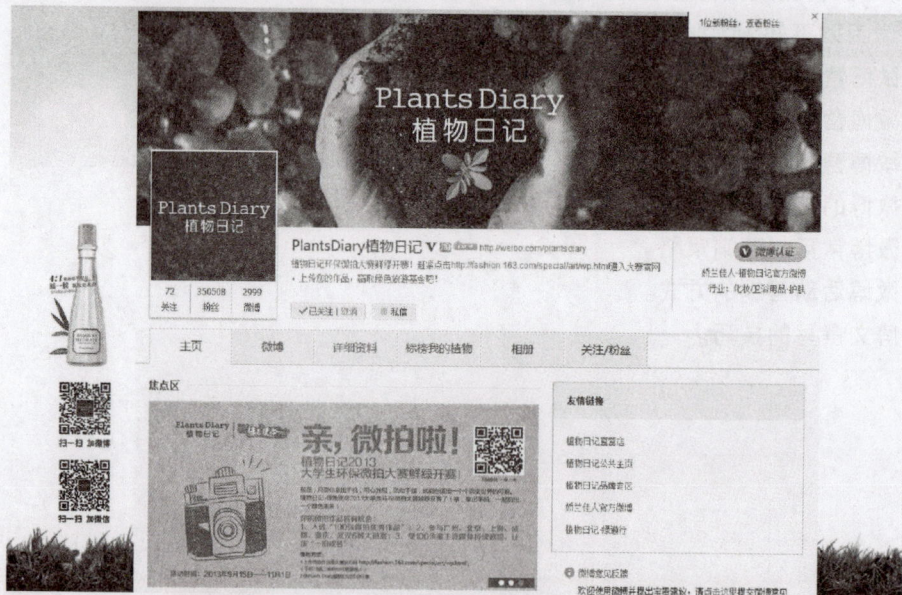

图 6-1-1　植物日记官方微博

案例二：特仑苏——公关代理，收集消费者需求信息

特仑苏于 2010 年 2 月开始在新浪微博开设官方账号，如图 6-1-2 所示，由公关公司 Bossepr 来代理，收集消费者需求信息，提升用户体验。

图 6-1-2　特仑苏官方微博

1. 实现途径
(1) 富有人情味的交流沟通。
(2) 有着浓烈特仑苏印记互动活动的设计。

2. 运营微博目的

与特仑苏的直接消费群体和"非直接消费群体"建立面对面的沟通平台，收集最真实的**消费者需求信息**。

通过"无可取代的特仑苏"等一系列活动，进一步提升特仑苏的品牌体验。通过冠名"私人定制"节目，进一步提升特仑苏的品牌知名度。

3. 微博内容的分类
(1) 转发或评论与品牌相关话题：与品牌直接相关的，通常是包含品牌关键字的微博内容。
(2) 转发或评论与品牌无关话题：与品牌并不直接相关，多为当前社会热点。
(3) 有奖互动活动：特点是有一定趣味性，可参与，有奖品。
(4) 发布相关线下活动：与品牌直接相关的线下活动信息，通常包含品牌关键字。
(5) 对话：到目前为止，主要是通过转发或回复主动接触提及特仑苏的微博用户，并产生进一步对话的可能。
(6) 无关主题：与品牌不直接相关的信息，不排除某些看似无关的内容，其实是有意针对目标受众喜好而设计的。

4. 对微博发布的内容进行效果分析，如图 6-1-3 所示，有奖活动是效果最好的渠道

其中有奖活动"无可取代的特仑苏"数量不多，虽只占全部微博数量的 12%，但所获得的转发和评论数却分别占 78% 和 82%。同时虽然没有直接的数据能够证明，但完全可以预测，因为得到大量的转发，粉丝数一定也会因此而增加。从数值上看，举办有奖活动显然是效果最好的渠道，但要考虑如下因素：

（1）需要花更多钱——相对于其他几乎免费的类型而言，有奖活动通常意味着需要立刻掏出真金白银。

（2）需要花更多时间——制订规则，统计并发放奖品，都需要花比发布一两条微博多得多的时间。

（3）奖品的激励可能导致带来类似虚假流量的"虚假关注"和"虚假评论/转发"。

类别	数量	转发总量	平均每条转发	评论总量	平均每条评论
转发或评论与品牌相关话题	22	313	14	220	10
转发或评论与品牌无关话题	8	15	2	7	1
有奖活动	9	1,812	201	1,659	184
发布相关线下活动	7	17	2	10	1
对话	24	55	2	29	1
无关主题	5	118	24	110	22
综合	75	2,330	31	2,035	27

图 6-1-3　微博内容效果分析

知识链接

（一）微博营销的定义

以微博作为营销平台，通过更新微型博客向网友传播所宣传的品牌、产品或服务的系列信息，以提升品牌、口碑、美誉度等为目的的活动，就叫微博营销。

微博，即微博客（MicroBlog）的简称，是一个基于用户关系的信息分享、传播以及获取平台，用户可以通过 WEB 网页、WAP 移动互联网等各种客户端组建个人社区，以 140 字以内的文字更新信息，并实现即时分享。

最早也是最著名的微博是美国的 twitter，在 2006 年，由博客技术先驱 blogger 创始人埃文·威廉姆斯（Evan Williams）创建的新兴公司 Obvious 推出。2009 年 8 月份中国最大的门户网站新浪网推出"新浪微博"内测版，成为门户网站中第一家提供微博服务的网站，微博正式进入中文上网主流人群视野。

目前国内较主流的微博平台有新浪微博、腾讯微博等。

（二）微博营销的特点

微博的优点如下：

1. 便捷性：平民和莎士比亚一样

（1）微博在语言的编排组织上，没有博客要求那么高，只需要反应自己的心情，不需要长篇大论，更新起来也方便。

（2）微博开通的多种 API（应用程序接口）使得大量的用户可以通过手机、网络等方式来即时更新自己的个人信息。

2. 背对脸：创新交互方式

与博客面对面的表演不同，微博是背对脸的 Follow me（跟随我），就好比你在电脑前打游戏，路过的人从你背后看着你怎么玩，而你并不需要主动和背后的人交流。可以一点对多点,也可以点对点。

3.原创性:演绎实时现场的魅力

微博网站的即时通信功能非常强大,通过 QQ 和 MSN 直接书写,只要有手机就可以即时更新自己的内容。

(三)微博营销的优点和缺点

1.微博营销的优点

(1)操作简单,信息发布便捷。

一条微博,最多 140 个字,只需要简单的构思,就可以完成一条信息的发布。这点就要比博客更方便。毕竟构思一篇好博文,需要花费很多的时间与精力。

(2)互动性强。

微博营销往往通过手机等移动上网设备进行阅读和发布,因此时效性非常强,既能与粉丝及时沟通,又可以及时获得用户反馈。

(3)低成本。

微博营销的成本比博客营销或是做论坛营销的成本低得多——这不单体现在资金投入上,还体现在时间投入和思维投入等方面。

2.微博营销的缺点

与微博营销的优点相对应,微博营销的缺点主要有 3 个:

(1)需要有足够的粉丝才能达到传播的效果。

人气是微博营销的基础,在没有任何知名度和人气的情况下去进行微博营销会比较难。

(2)信息发布太快太多。

由于微博里新内容产生的速度太快,所以如果发布的信息粉丝没有及时关注到,那就很可能被埋没在海量的信息中。

(3)传播力有限。

由于一条微博文章只有不到 140 个字,所以其信息仅限于在信息所在平台传播,很难像博客文章那样,被大量转载。同时由于微博缺乏足够的趣味性和娱乐性,因此一条信息也很难像社会化网络中的帖子那样被大量转贴,除非博主是极具影响力的“大 V”。

(四)微博营销与博客营销的区别

微博营销与博客营销的区别,具体如表 6-1 所示。

表 6-1 微博营销与博客营销的区别

差异性	微博	博客
信息源表现形式的差异	微博内容短小精炼,重点在于表达现在发生了什么有趣(有价值)的事情,而不是系统的、严谨的企业新闻或产品介绍。	博客营销以博客文章(信息源)的价值为基础,并且以个人观点表述为主要模式,每篇博客文章表现为独立的一个网页,因此对内容的数量和质量有一定要求,这也是博客营销的瓶颈之一。

续表

差异性	微博	博客
信息传播模式的差异	微博注重时效性，3天前发布的信息可能很少会有人再去问津。同时，微博的传播渠道除了相互关注的好友（粉丝）直接浏览之外，还可以通过好友的转发向更多的人群传播，因此是一个快速传播简短信息的方式。	博客营销除了用户直接进入网站或者RSS订阅浏览之外，往往还可以通过搜索引擎搜索获得持续的浏览，博客对时效性要求不高的特点决定了博客可以获得多个渠道用户的长期关注。
用户获取信息的差异	用户可以利用电脑、手机等多种终端方便地获取微博信息，发挥了"碎片时间资源集合"的价值。	对于博客信息，用户也可以利用电脑和手机获取信息，但是相对于微博而言，信息获取远不如微博方便、快捷。

（五）微博营销的作用

1. 使公司形象拟人化，提高亲和力

企业的公众形象决定了用户的黏性与好感度，也会影响到企业的品牌与口碑。如果能将公司形象拟人化，将极大提升亲和力，拉近与用户之间的关系。而通过微博，很容易实现这一效果。

2. 拉近与用户之间的距离，获得反馈与建议

所谓"得民心者得天下"，做公司、做产品同样如此。所以任何时候都不能拉开与客户的距离，任何时候都不能忽略用户的感受与声音。而通过微博这个平台，将会更好地拉近与用户之间的距离，直接地获得用户的反馈与建议。

3. 对产品与品牌进行舆论监控

公关人员的基本功课之一就是对公司的产品与品牌进行舆论监控，及时发现问题，解决问题。而有了微博后，可以通过这个平台更好地进行监控。我们可以直接在微博平台上以搜索内容的方式来了解客户在谈论哪些与我们有关的话题、对我们的产品是否认可。

4. 引发或辅助其他营销手段

随着微博的普及和深入人心，其作用也越来越明显，如通过微博来辅助事件营销、病毒营销、网络公关等，效果非常不错。

🛒 实战演练

（1）注册新浪微博账号1个、注册腾讯微博账号1个。

（2）查找并提交用于营销推广目的的企业微博账号及地址1个、个人微博账号及地址1个，提交该微博账号发布的营销推广信息的截图。

任务 6.2　微博营销的应用

任务描述

选择自己的新浪或者腾讯微博账号 1 个,完成以下内容:

(1)新增关注对象 3 人。

(2)发布微博内容 1 篇。

(3)转发微博内容 1 篇。

(4)参与微博内容评论 1 篇。

(5)收发私信。

操作指引

(一)新增关注对象 3 人

1.查找用户

以"新浪微博"为例,在微博顶部导航栏的搜索框内,输入想要查找的用户名(关键词),如输入"野兽派花店"。如下图 6-2-1 所示。

图 6-2-1　查找用户

2.添加关注

在查找到的用户中,点击右侧的"加关注",就可以成功关注,如图 6-2-2 所示。

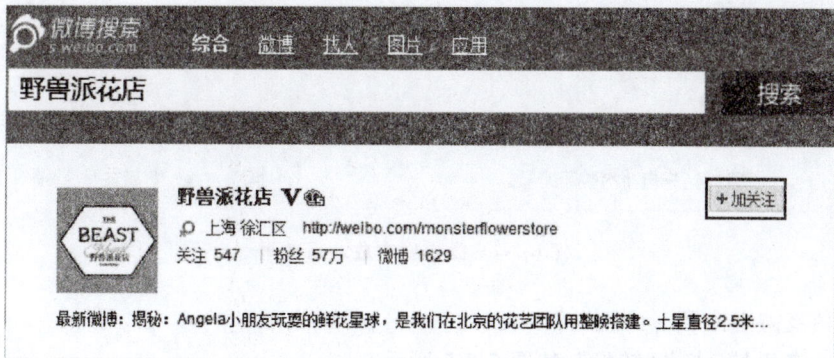

图 6-2-2　添加关注

(二)发布微博

登录微博后,在"我的首页"上方输入框中可以输入微博内容或分享图片、视频,点击"发布",如图 6-2-3 所示。

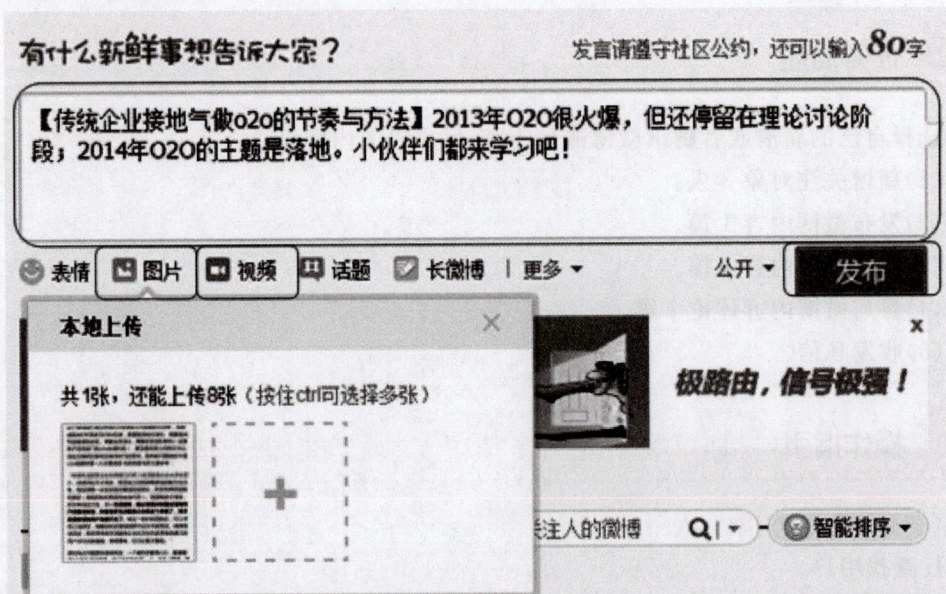

图 6-2-3　发布微博

发布成功,如图 6-2-4 所示。

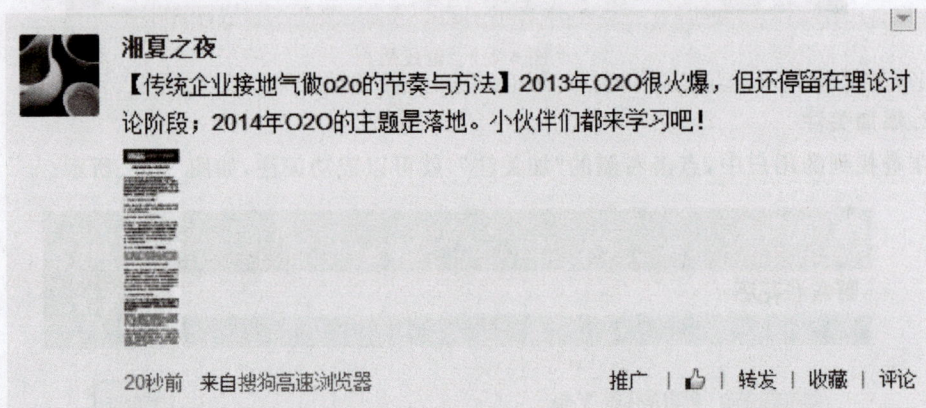

图 6-2-4　微博发布成功后效果

(三)转发微博内容

选择一条微博,点击"转发",如图 6-2-5 所示。

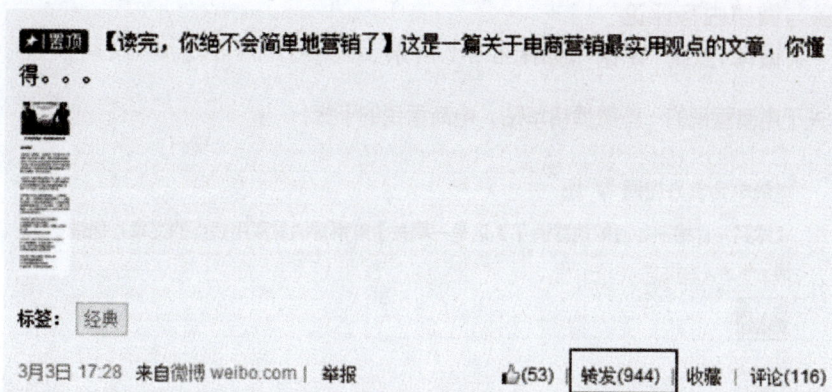

【置顶】【读完，你绝不会简单地营销了】这是一篇关于电商营销最实用观点的文章，你懂得。。。

标签： 经典

3月3日 17:28 来自微博 weibo.com | 举报   👍(53) 转发(944) 收藏 | 评论(116)

图 6-2-5 转发微博

进入"转发微博"窗口，输入转发内容，如图 6-2-6 所示。

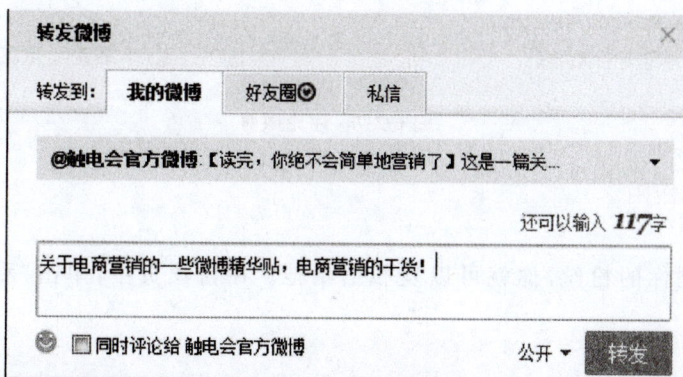

转发微博   ✕

转发到： 我的微博   好友圈◉   私信

@触电会官方微博【读完，你绝不会简单地营销了】这是一篇关...   ▼

                                      还可以输入 **117**字

关于电商营销的一些微博精华贴，电商营销的干货！|

☐ 同时评论给 触电会官方微博   公开 ▼   转发

图 6-2-6 转发微博窗口

发布成功后的效果，如图 6-2-7 所示。

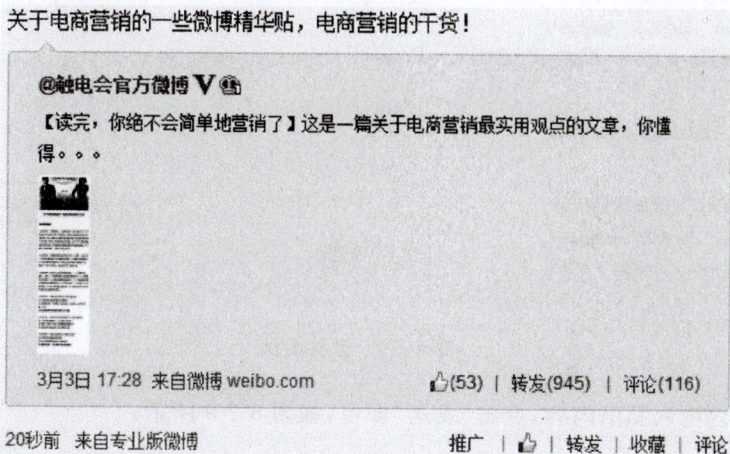

关于电商营销的一些微博精华贴，电商营销的干货！

@触电会官方微博 **V** 🅱

【读完，你绝不会简单地营销了】这是一篇关于电商营销最实用观点的文章，你懂得。。。

3月3日 17:28 来自微博 weibo.com   👍(53) | 转发(945) | 评论(116)

20秒前 来自专业版微博   推广 | 👍 | 转发 收藏 | 评论

图 6-2-7 转发微博成功后效果

(四)参与微博内容评论

选择一条微博,点击"评论",如图 6-2-7 所示。

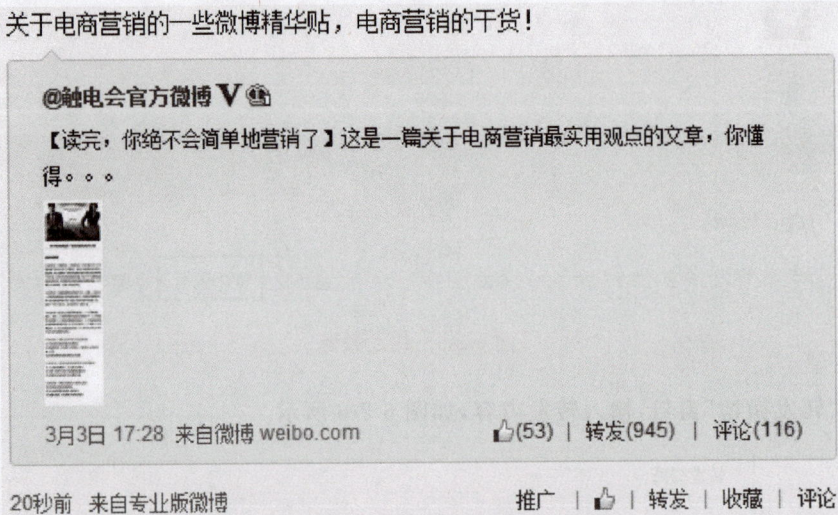

图 6-2-7　评论微博

(五)私信的应用

1.发送私信

只要对方是你的粉丝,你就可以发私信给他。在粉丝页中,单击"私信",如图 6-2-8
所示。

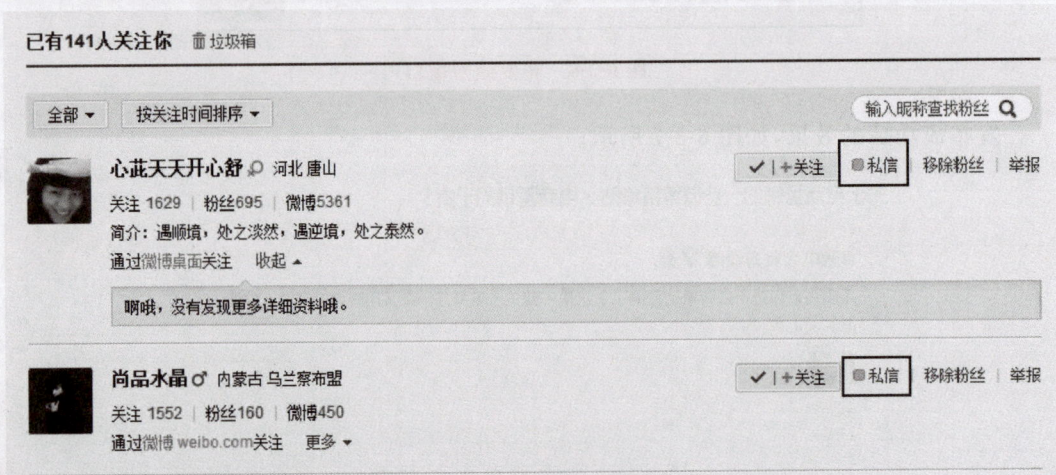

图 6-2-8　查看粉丝

在弹出框内输入私信内容,点击"发送"即可,如图 6-2-9 所示。

图 6-2-9　发送私信

另外，在你的粉丝页中，鼠标停在某个粉丝位置上，也有"发私信"链接；在他的个人首页头像右侧有"发私信"链接。

2.查看我的私信

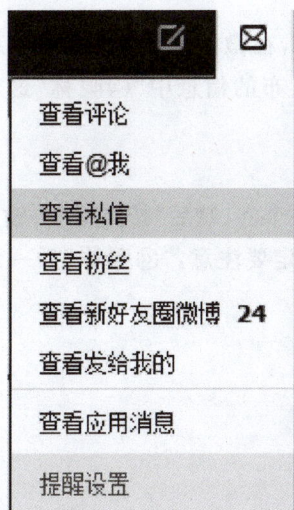

图 6-2-10　查看私信

在导航栏中，单击 ✉ ，弹出下拉菜单，选择"查看私信"，如图 6-2-10 所示。

📖 知识链接

(一)添加关注

关注是一种单向、无须对方确认的关系，只要你喜欢就可以关注对方。添加关注后，系统会将该网友所发的微博内容显示在你的微博首页中，使你可以及时了解对方的动态。你"关注"的人越多，获取的信息量越大。

(二)查找用户

查找用户是一种主动的单向关系，通过关键词或者某种特定的条件进行的用户搜索。对找到的用户"加关注"，这样你就可以第一时间获取对方的动态信息。

(三)发布微博

将你生活中看到、听到、想到的，微缩成一句话或者一张图片，发到微博上，和你的朋友分享。同时你也可以绑定手机，通过手机随时随地发表你所看到、聆听到、感悟到的一切。

发表微博的方式可以分为两种，使用电脑或使用手机 APP。

(四)转发、评论、收藏

转发：对其他人的微博进行转发，同时可加上转发理由，从而达到传播的效果。

评论：对其他人的微博进行评论，发表自己的看法。

收藏：点击后可以将该条微博内容加入到"我的收藏"中。

(五)私信的使用

只要对方是你的粉丝，你就可以发私信给他(或者她)。私信只有你们两方可以看到，作用等同于悄悄话。

(六)@的使用

1.何为"@"

@这个符号的英文读音是"at"，在微博里的意思是"向某人说"，对方能看到你说的话，并能够回复，实现一对一的沟通；发布的信息中"@昵称"这个字眼，可以直接点击到这个人的页面，方便大家认识更多朋友。

2.如何使用

只要在微博用户昵称前加上一个@，然后"按空格"再输入你要对他(或她)说的话，对方就能看到了，如图 6-2-11 所示。一定要注意，"@昵称"后一定要加一个空格，否则系统会把后面的话认为也是昵称的一部分。

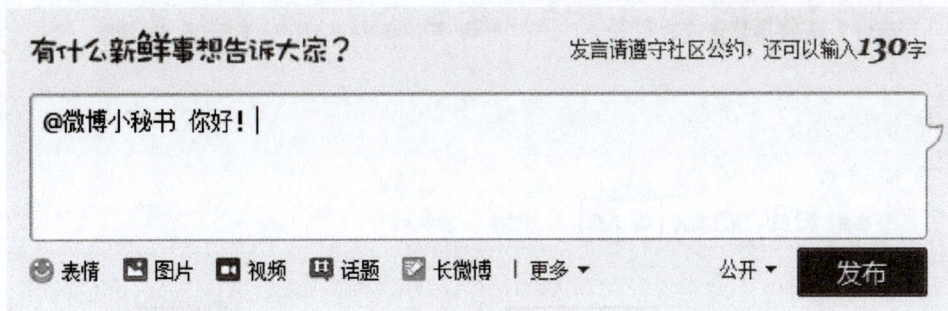

图 6-2-11 @的使用

3.如何查看谁@我了

在导航栏中,单击 ✉ ,弹出下拉菜单,选择"查看@我",如图 6-2-12 所示。

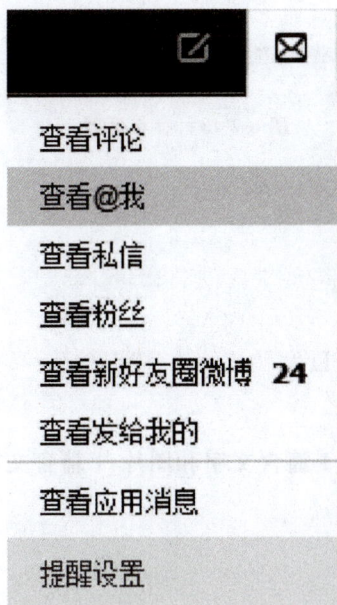

图 6-2-12 查看谁@我

(七)参与话题

你可以就当下最火爆最热闹的事件,发起话题或讨论。发起或者参与话题讨论,可以认识更多的网友,和他们成为朋友,分享更多的信息。

在微博编辑器上有"插入话题"的链接,点击后会在输入框内自动出现两个 # 号,你只要将中间内容改成你要讨论的话题,在后面加上你的见解点击"发送"即可,如图 6-2-13 所示。

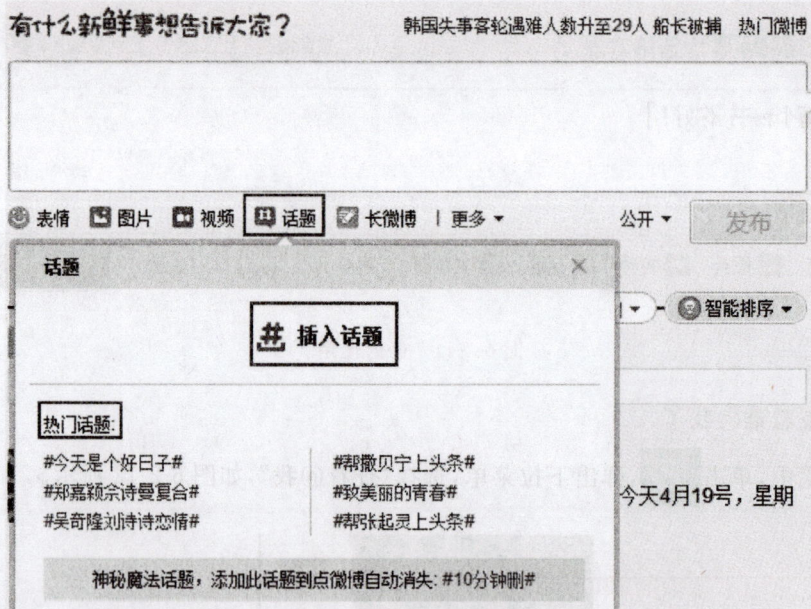

图 6-2-13　参与话题

实战演练

微博昵称：

微博账号地址：

(1)新增关注对象 3 人。

(2)发布微博内容 2 篇，要求 1 篇含文字和图片，1 篇含文字和视频。

(3)转发微博内容 1 篇。

(4)参与微博内容评论 1 篇。

(5)应用私信。

任务 6.3　微博活动营销

任务描述

(1)发布一条网店活动推广/宝贝单品推广微博，@3 位本组同学及老师。

(2)转发小组同学微博 1 篇。

(3)参与小组微博评论 1 篇。

(4)私信老师。

操作指引

(一)发布一条网店活动推广/宝贝单品推广微博,@3 位本组同学及老师

登录微博后,在"我的首页"上方输入框中输入微博内容、分享图片,点击"发布",如图 6-3-1、图 6-3-2 所示。

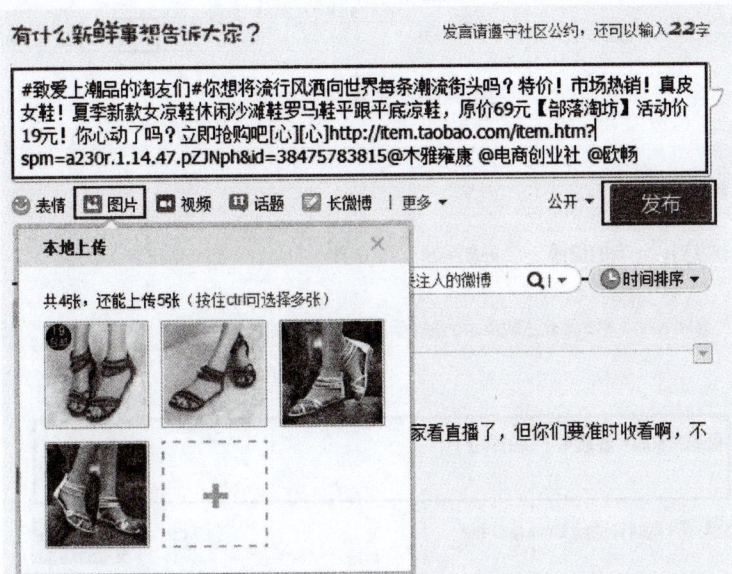

图 6-3-1 发布活动推广微博

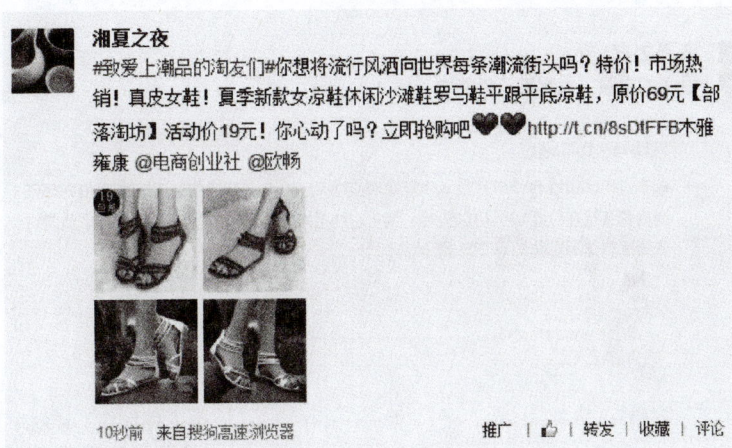

图 6-3-2 成功发布微博效果

(二)转发小组同学微博 1 篇

选择小组同学的一条微博,点击"转发",如图 6-3-3 至图 6-3-5 所示。

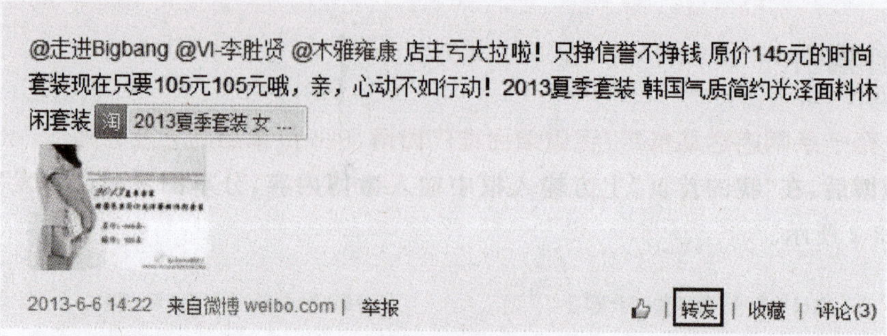

@走进Bigbang @VI-李胜贤 @木雅雍康 店主亏大拉啦！只挣信誉不挣钱 原价145元的时尚套装现在只要105元105元哦，亲，心动不如行动！2013夏季套装 韩国气质简约光泽面料休闲套装 淘 2013夏季套装 女 ...

2013-6-6 14:22　来自微博 weibo.com | 举报　　　　赞 | 转发 | 收藏 | 评论(3)

图 6-3-3　选择转发微博

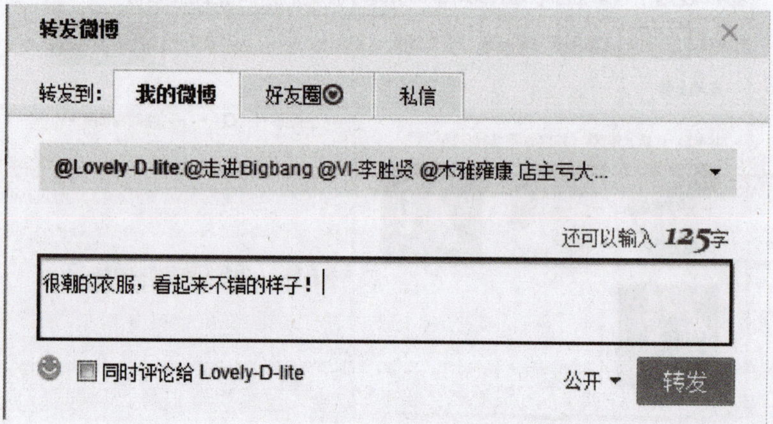

转发微博　　　　　　　　　　　　　　　　　　　　×

转发到：　我的微博　　好友圈◎　　私信

@Lovely-D-lite:@走进Bigbang @VI-李胜贤 @木雅雍康 店主大...　　▼

还可以输入 **125**字

很潮的衣服，看起来不错的样子！|

☺ ☐同时评论给 Lovely-D-lite　　　　　　公开 ▼　　转发

图 6-3-4　输入转发内容

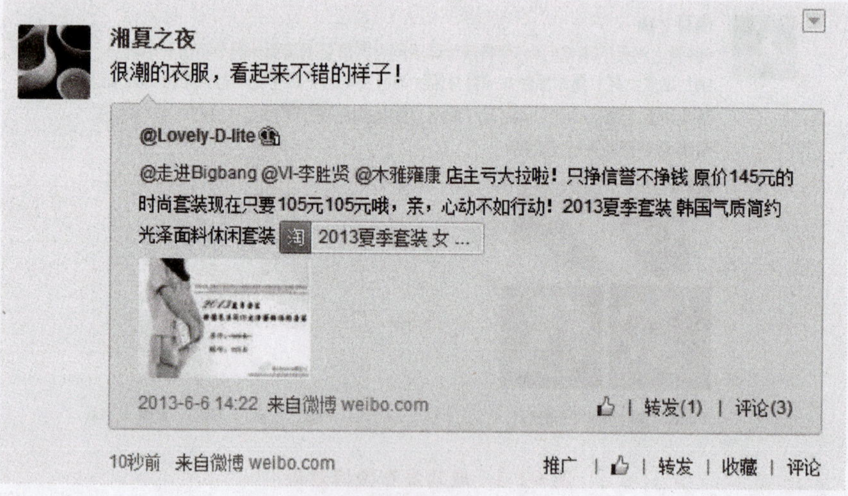

湘夏之夜
很潮的衣服，看起来不错的样子！

@Lovely-D-lite 🐷
@走进Bigbang @VI-李胜贤 @木雅雍康 店主亏大拉啦！只挣信誉不挣钱 原价145元的时尚套装现在只要105元105元哦，亲，心动不如行动！2013夏季套装 韩国气质简约光泽面料休闲套装 淘 2013夏季套装 女 ...

2013-6-6 14:22　来自微博 weibo.com　　　　赞 | 转发(1) | 评论(3)

10秒前　来自微博 weibo.com　　　　推广 | 赞 | 转发 | 收藏 | 评论

图 6-3-5　转发微博效果

(三)参与小组微博评论 1 篇

选择一条微博,点击"评论",如图 6-3-6、图 6-3-7 所示。

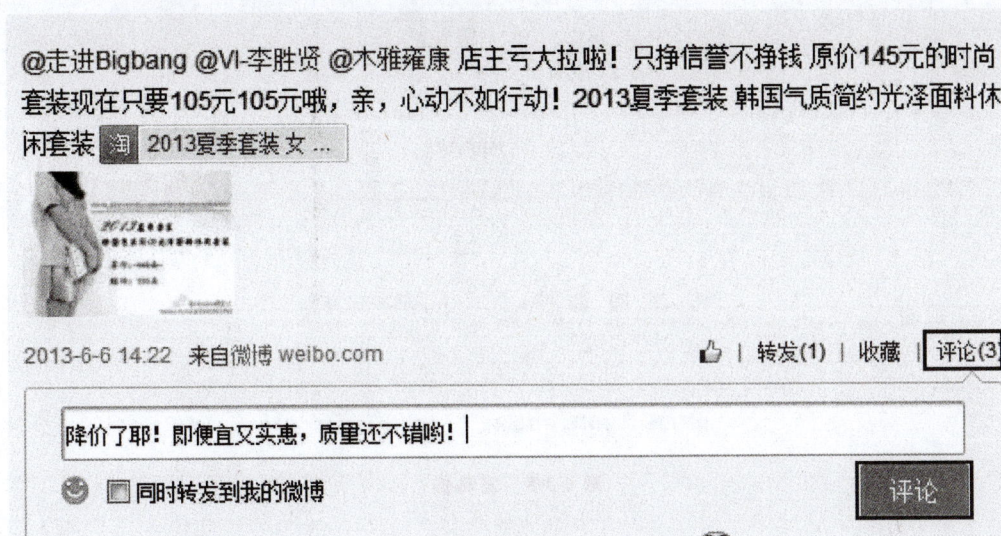

@走进Bigbang @VI-李胜贤 @木雅雍康 店主亏大拉啦！只挣信誉不挣钱 原价145元的时尚套装现在只要105元105元哦，亲，心动不如行动！2013夏季套装 韩国气质简约光泽面料休闲套装 淘 2013夏季套装 女 …

2013-6-6 14:22　来自微博 weibo.com　　　　　👍 | 转发(1) | 收藏 | 评论(3)

降价了耶！即便宜又实惠，质量还不错哟！

☺ □同时转发到我的微博　　　　　　　　评论

图 6-3-6　参与微博评论

@走进Bigbang @VI-李胜贤 @木雅雍康 店主亏大拉啦！只挣信誉不挣钱 原价145元的时尚套装现在只要105元105元哦，亲，心动不如行动！2013夏季套装 韩国气质简约光泽面料休闲套装 淘 2013夏季套装 女 …

2013-6-6 14:22　来自微博 weibo.com | 举报　　　👍 | 转发(1) | 收藏 | 评论(4)

☺ □同时转发到我的微博　　　　　　　　评论

湘夏之夜：降价了耶！即便宜又实惠，质量还不错哟！(3分钟前)

删除 | 👍 | 回复

图 6-3-7　微博评论效果

(四)私信老师

在粉丝页中,单击"私信",如图 6-3-8 所示。

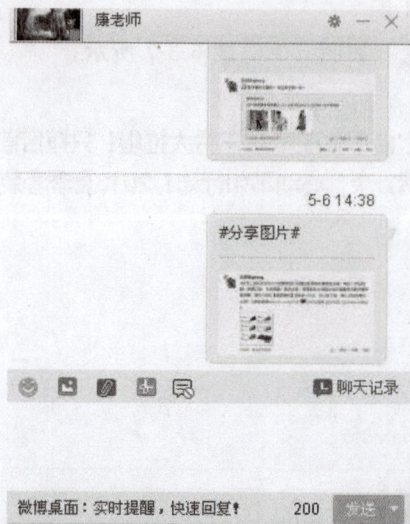

图 6-3-8　发私信

知识链接

(一)微博常用营销策略

1. 内容营销

微博是迄今为止内容传播最为便利的工具,微博信息具有高度的透明性和共享性,基于微博用户对内容的关注从而达到信息的传播,微博内容如视频、图片等,都是传播营销的内容手段。

2. 意见领袖

网络无权威,但是有意见领袖。他们在 3C、女性、互联网、美食、体育、旅游等领域掌握着强大的话语权,潜意识里时刻影响着数以万计的围观群众,如果想让品牌、产品出乎意料地传播快,那么一定要锁定重要的意见领袖,并引导意见领袖去讨论、传播产品。

3. 活动营销

微博最善于免费、促销模式。免费的东西和促销活动,对懵懂的消费者来说无疑有着重要的影响。微博较博客更迷你且更灵活,而且很大的一个特点就是可以迅速传播。

4. 情感营销

品牌的塑造不仅包括产品、符号、个性,还有很重要的一点就是企业本身,一直以来单调刻板的企业文化很难与消费者的沟通。而在互联网上的微博有着无可比拟的亲和力,它少了些教条,多了些人性化。企业选择微博这种轻松的互动方式,使用户参与其中,深层次地走入用户的内心,用情感链条连接品牌的影响力。

(二)活动营销的方式

1. 开展有奖活动

提供免费奖品能吸引更多的受众,这种方式可以在短期内获得一定的用户。具体操作

方法如下:

要求自己的粉丝在限定的时间里转发自己的有奖活动,按照转发数量的多少取奖,然后粉丝就可以得到奖品,如图 6-3-9、图 6-3-10 所示。

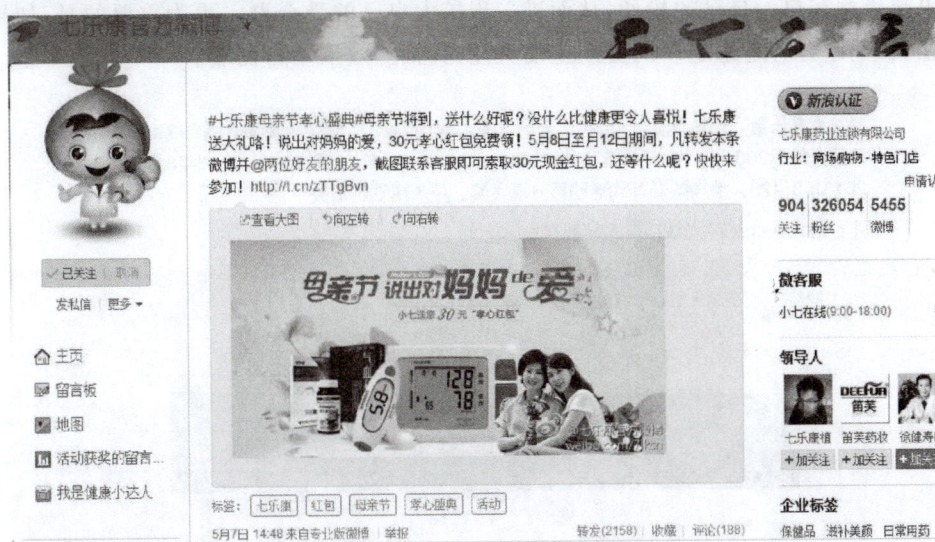

图 6-3-9　有奖活动微博 1

图 6-3-10　有奖活动微博 2

2.发布特价或打折信息

提供限时的商品打折或秒杀活动,定时发布一些促销商品,如图 6-3-11、图 6-3-12 所示,这种方法会给粉丝带去切实的让利,有意向的客户一定会进行关注,在操作这样的活动时,不妨限定受益客户为自己的粉丝,从而进一步扩大自己的受众群。更为重要的是,如果坚持定期让利,一定会有越来越多的受众主动关注,其推广效果不言而喻。

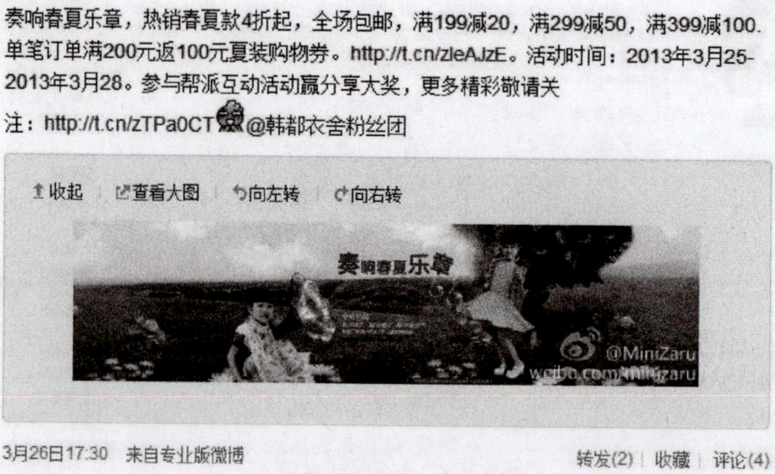

奏响春夏乐章,热销春夏款4折起,全场包邮,满199减20,满299减50,满399减100,单笔订单满200元返100元夏装购物券。http://t.cn/zleAJzE。活动时间:2013年3月25-2013年3月28。参与帮派互动活动赢分享大奖,更多精彩敬请关
注:http://t.cn/zTPa0CT🐟@韩都衣舍粉丝团

⬆收起 ｜ ⬜查看大图 ｜ ↺向左转 ｜ ↻向右转

3月26日17:30 来自专业版微博   转发(2) ｜ 收藏 ｜ 评论(4)

图 6-3-11　打折活动微博

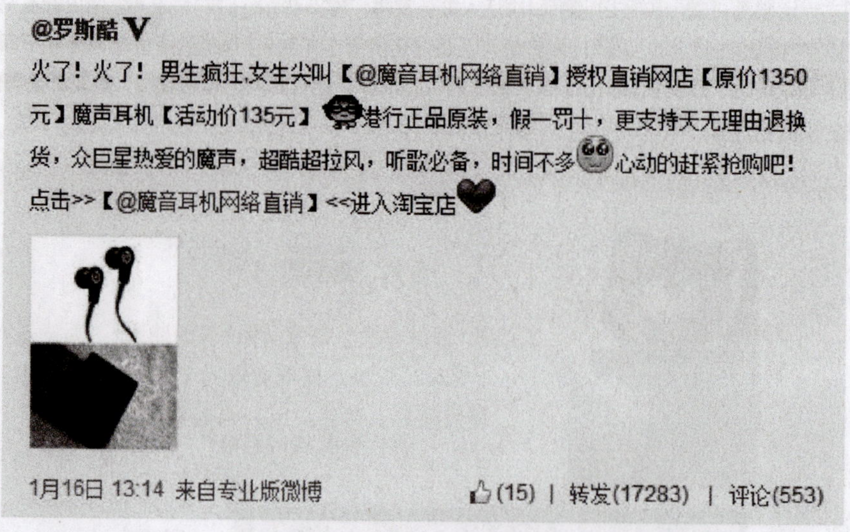

@罗斯酷 V

火了!火了!男生疯狂,女生尖叫【@魔音耳机网络直销】授权直销网店【原价1350元】魔声耳机【活动价135元】🐷港行正品原装,假一罚十,更支持天无理由退换货,众巨星热爱的魔声,超酷超拉风,听歌必备,时间不多👀心动的赶紧抢购吧!点击>>【@魔音耳机网络直销】<<进入淘宝店🖤

1月16日13:14 来自专业版微博   👍(15) ｜ 转发(17283) ｜ 评论(553)

图 6-3-12　特价活动微博

总结:
(1)活动营销的基本元素:文案、图片。
(2)活动营销的形式:活动推广、产品推广。

（3）微博活动营销的模式：活动＋奖品＋关注＋评论＋转发。

（三）文案撰写技巧

微博内容可以分为开头、中间、结尾三部分。开头要一下子吸引人的眼球，中间要清晰、有条理，结尾要突出重点，可以在结尾提出互动性问题来诱导转发、评论。

1. 开门见山

微博的开头第一句话非常重要，要足够吸引人，甚至可以有点儿劲爆、有点儿煽情。所以，第一句话要开门见山地说，把事情说出来，把问题抛出来，把关键字亮出来。

2. 内容清晰

如果要表达的内容较多，且有条理，请用1、2、3这样的编号将主要观点标记、划分清楚。

3. 图文并茂

文字描述得再好，没有图片搭配也会显得普通平凡。在这个读图世代，文字的冲击力远远没有图片来得有力度。

4. 正确使用标点符号

标点符号是辅助文字，记录语言的符号，是书面语的有机组成部分，用来表示停顿、语气以及词语的性质和作用。没有标点符号或标点太多的内容都会影响文案宣传的效果。

在140个字的中文微博里，使用标点符号时一定要注意，千万不要使用英文半角的标点符号。因为英文半角标点占的空间很小，两边的汉字就好像紧紧贴在一起似的。本来微博140个字的显示空间就不大，现在所有字都挤作一团，既不美观，也影响阅读。

5. 多用问句

利用问句的句式撰写微博内容，不仅可以让更多的人参与互动评论，还可以让你的微博更具有一种亲和力。"你们说是不是？""你们说呢？""你认为呢？"这样的问句在微博经常出现，利用隐藏在人心里的那股热情、冲动、爱表现的劲，挑动人心里的活动，让人参与话题讨论或者回复。

微博的最后可以写一句互动性的话，抛出问题让大家思考，或者诱导大家转发、评论。

6. 加上网址链接

最后，不要忘记加上网址链接。

实战演练

微博昵称：

微博账号地址：

（1）小组作业：网店宣传推广。

每小组选择成员中的一家网店，撰写并发布系列性创意微博短文（140字内）进行网店宣传推广活动，发布5条。

序号	任务分工	完成情况	负责人	备注
1	网店宣传活动主题			
2	推广活动措施（内容）			
3	图文并茂的微博内容1			
4	图文并茂的微博内容2			
5	图文并茂的微博内容3			
6	图文并茂的微博内容4			
7	图文并茂的微博内容5			
8	博文发布、点击、评论、转发			
9	其他工作内容			

（2）拓展作业。

本次微博营销的成功与失败之处的自我分析，200字内。

任务6.4　威客任务

实战演练

以威客网站为平台，学生参与威客任务。

任务一：微博推广

威客任务地址：http://task.zhubajie.com/3991549

推广平台：新浪微博（每个微博账号只能投标一次）

具体要求：

（1）微博推广。

（2）微博地址：http://weibo.com/2217175623/profile？topnav＝1＆wvr＝5＆user＝1

（3）转发置顶的微博，需要转发的置顶微博，如图6-4-1所示。

（4）完成后提交截图。

置顶　淘　牛排套餐10份装 … 【聚划算】牛排套餐10份装 包括超值菲力牛排150克*4，黑胡椒牛排150克*3，西冷牛排150克*3，配齐酱包黄油各10份，并赠送2副精美刀叉，让您尽情享用浪漫的西式用餐。

4月21日 06:35 来自搜狗高速浏览器 | 举报　　　赞 | 转发(221) | 收藏 | 评论(197)

图6-4-1　要求转发的置顶微博

实训记录：

威客账号：

微博地址：http://weibo.com/2637660331

粉丝数量：10149

传播地址：http://weibo.com/2637660331/B0IT6gaZd？mod=weibotime

完成任务截图（合格），如图 6-4-2。

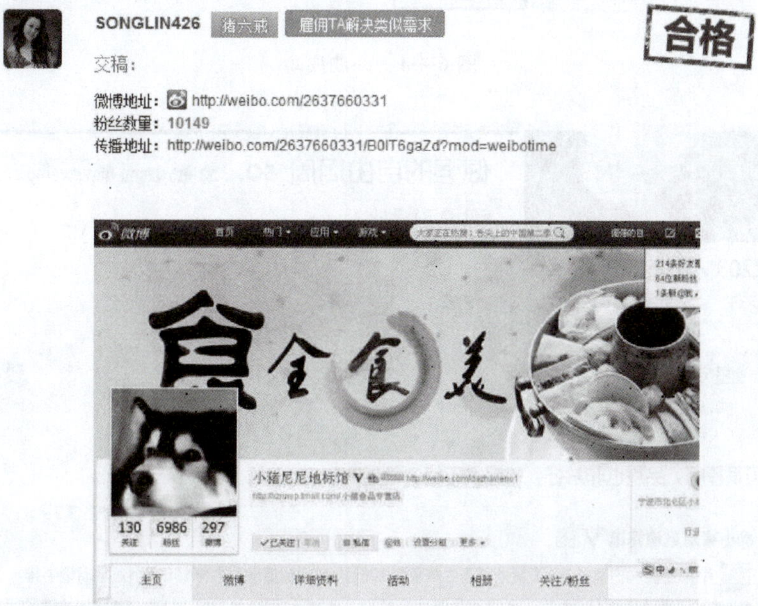

图 6-4-2　任务审核合格

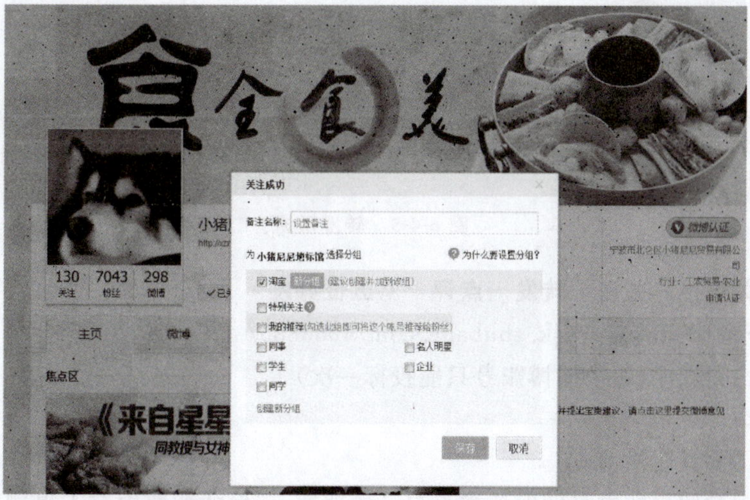

图 6-4-3　添加关注

图 6-4-4　关注成功

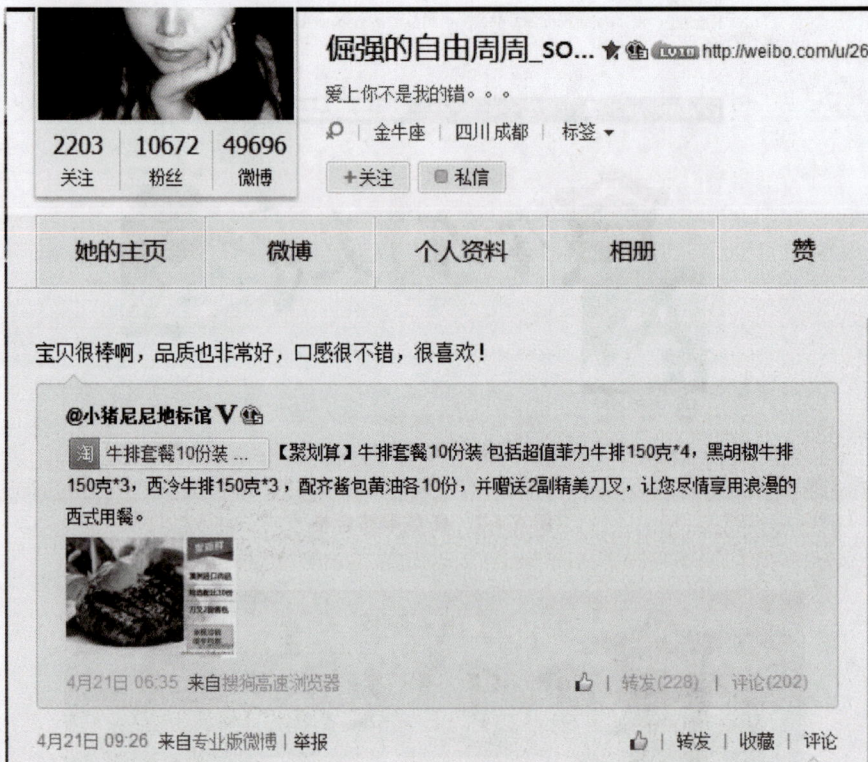

图 6-4-5　转发微博

任务二：微博推广关注＋转发＋点评＋@五位好友

威客任务地址：http://task.zhubajie.com/4053885/

推广平台：猪八戒（每个微博账号只能投标一次）

具体要求：

（1）推手需要注册微博。

（2）将雇主微博里的内容转发到推手自己的微博，转发的微博内容不得删除，人工审核、删除者视为无效。

（3）对雇主微博内容进行发言点评，无点评者视为无效。

（4）点评语需要自拟，且不能少于 10 个字，不能太随意。

（5）关注＋转发＋点评＋@五位好友到自己的微博即为一个稿件。

以下是要转发的雇主微博地址（见图 6-4-6 至图 6-4-11）：

http：//weibo.com/3662586227/B30Us9Fxc？mod＝weibotime

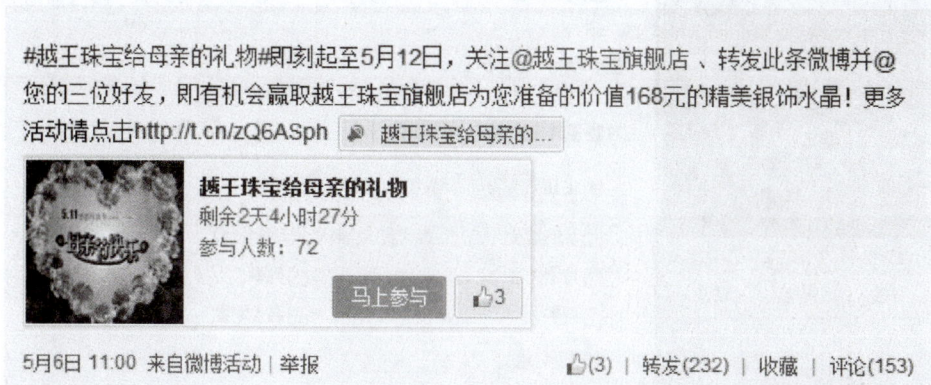

#越王珠宝给母亲的礼物#即刻起至5月12日，关注@越王珠宝旗舰店、转发此条微博并@您的三位好友，即有机会赢取越王珠宝旗舰店为您准备的价值168元的精美银饰水晶！更多活动请点击http://t.cn/zQ6ASph　越王珠宝给母亲的...

越王珠宝给母亲的礼物
剩余2天4小时27分
参与人数：72

马上参与　👍3

5月6日 11:00 来自微博活动 | 举报　　　　👍(3) | 转发(232) | 收藏 | 评论(153)

图 6-4-6　要求转发的微博

完成记录：

威客账号：

完成任务截图（合格）（见图 6-4-7 至图 6-4-11）：

TQTDPFT 猪四戒 雇佣TA解决类似需求　　　　合格

交稿：

微博地址：🔗 http://weibo.com/2152969280
粉丝数量：3892
传播地址：http://weibo.com/2152969280/B3292DQtU?mod=weibotime

JOVAN 越王珠宝
悦人 悦己

越王珠宝
JOVAN

越王珠宝旗舰店 V 🔗 http://weibo.com/3662586227
网上购物：http://jovan.tmall.com【越王珠宝 悦人悦己】

232　3862　214
关注　粉丝　微博

✓已关注 | 更多　　✉ 私信

浙江越王珠宝有限公司
行业：电子商务企业-B2C领域
申请认证

活泼·正巧 🔗 http://weibo.com/u/2152969280
一句话介绍一下自己，让别人更了解你

1654　4238　6105
关注　粉丝　微博

编辑个人资料　上海 宝山区　毕业于衢州学院　标签 ▾

图 6-4-7　任务审核合格

微博地址：http://weibo.com/2152969280

粉丝数量：4238

传播地址：http://weibo.com/2152969280/B3292DQtU？mod＝weibotime

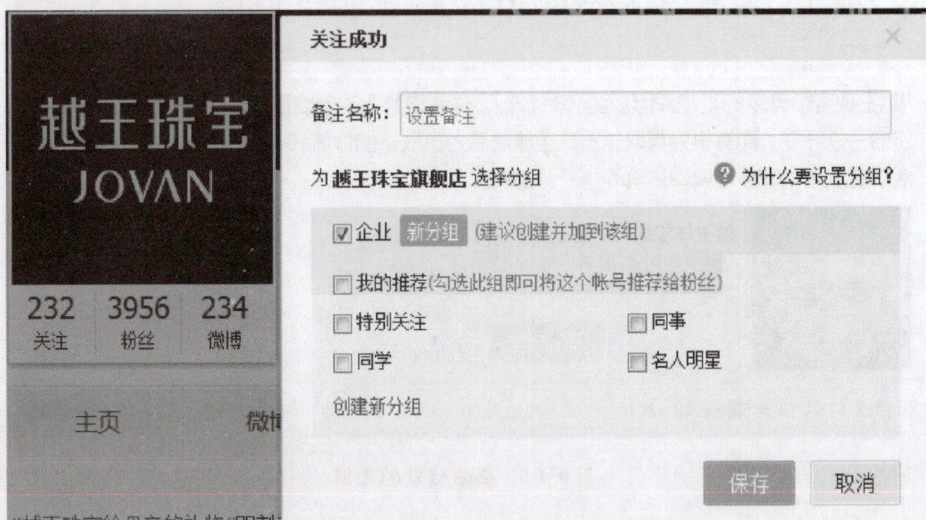

图 6-4-8　添加关注

越王珠宝旗舰店 **V** http://weibo.com/3662586227

网上商城：http://jovan.tmall.com【越王珠宝 悦人越己】

图 6-4-9　关注成功

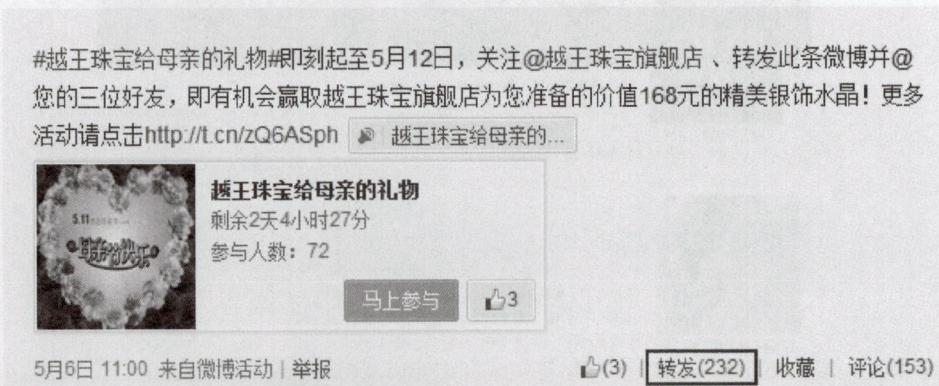

#越王珠宝给母亲的礼物#即刻起至5月12日，关注@越王珠宝旗舰店、转发此条微博并@您的三位好友，即有机会赢取越王珠宝旗舰店为您准备的价值168元的精美银饰水晶！更多活动请点击http://t.cn/zQ6ASph　越王珠宝给母亲的...

越王珠宝给母亲的礼物

剩余2天4小时27分

参与人数：72

马上参与　3

5月6日 11:00　来自微博活动 | 举报　　(3) | 转发(232) | 收藏 | 评论(153)

图 6-4-10　转发微博

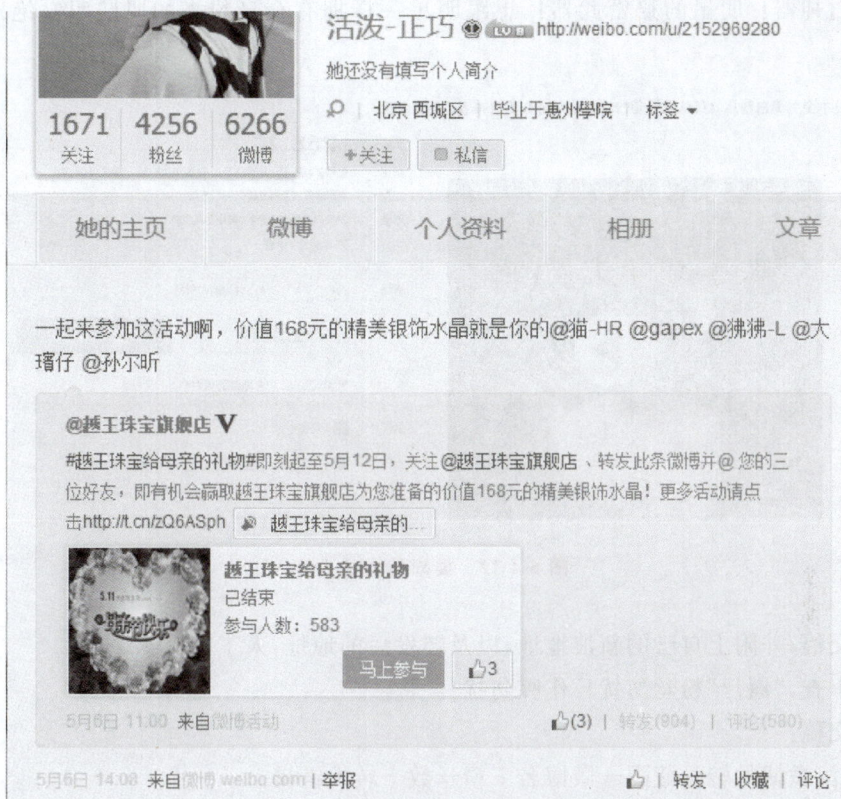

活泼-正巧 ⊙ 🅥TU http://weibo.com/u/2152969280

她还没有填写个人简介

1671 4256 6266
关注 粉丝 微博

北京 西城区　毕业于惠州学院　标签 ▾

＋关注　　✉私信

| 她的主页 | 微博 | 个人资料 | 相册 | 文章 |

一起来参加这活动啊，价值168元的精美银饰水晶就是你的@猫-HR @gapex @狒狒-L @大璿仔 @孙尔昕

@越王珠宝旗舰店 Ｖ

#越王珠宝给母亲的礼物#即刻起至5月12日，关注@越王珠宝旗舰店、转发此条微博并@您的三位好友，即有机会赢取越王珠宝旗舰店为您准备的价值168元的精美银饰水晶！更多活动请点击http://t.cn/zQ6ASph 🔗 越王珠宝给母亲的...

越王珠宝给母亲的礼物
已结束
参与人数：583

马上参与　👍3

5月6日 11:00 来自微博活动　　　👍(3) ｜ 转发(904) ｜ 评论(580)

5月6日 14:08 来自微博 weibo.com ｜ 举报　　　👍 ｜ 转发 ｜ 收藏 ｜ 评论

图 6-4-11　转发微博

任务三：推广全身美白粉底乳液，美白神器

威客任务地址：http://task.zhubajie.com/3995641

推广平台：猪八戒（每个微博账号只能投标一次）

具体要求：

(1)微博需要开通 3 个月以上。

(2)发布微博数量在 100 以上，粉丝为 1 000 以上。博主喜欢打扮化妆。粉丝大多数是女性朋友，且粉丝同样是喜欢打扮化妆的朋友，本产品针对中高端要求美白的人群使用。

(3)将任务内容转发到推手自己的新浪微博，转发的微博内容不得删除和更改，并 30 分钟之内不允许发布其他微博，要求至少要@5 个好友，无@好友者视为无效，要添加 4 个赞的表情，否则无效。

(4)转发链接＋收藏＋@5 个好友＋4 个赞到自己的新浪微博即为一个稿件。

(5)人工审核，10 天内删除者视为无效。

以下是要转发的内容地址：

http://item.taobao.com/item.htm? spm = a1z10.1.w4004 − 1938593664.2.aGghvf&id=36055827877

要求分享这个链接里面的视频和链接（见图 6-4-12），转发内容为：分享这款超神奇的日本全身美白神器！明星的秘密武器！想跟明星一样拥有全身粉嫩的肌肤吗？绝对不要错过哦！

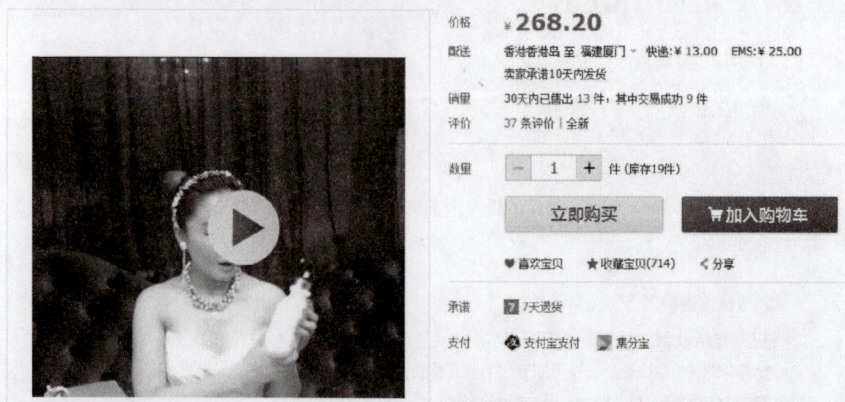

图 6-4-12　要求转发的内容

截图交稿，并附上自己的新浪地址，以及转发后的地址，人工审稿。

专业审查，"僵尸"粉丝勿扰！作弊勿扰！

如何交稿：

（1）新浪微博的转发截图＋微博名＋粉丝数＋转发链接。

（2）每个会员交稿数量为 1 个。

完成记录：

威客账号：

完成任务截图（合格）（如图 6-4-13 至图 6-4-17 所示）：

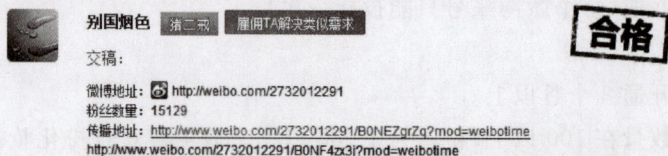

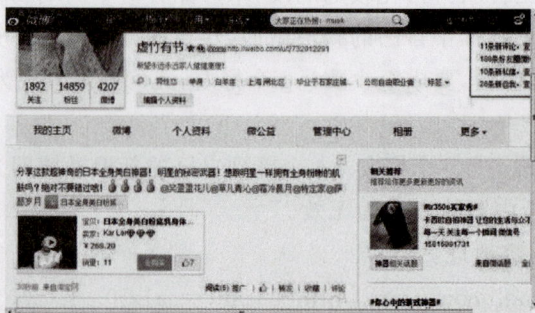

图 6-4-13　任务审核合格

微博地址：http://weibo.com/2732012291

粉丝数量：15129

传播地址：http://www.weibo.com/2732012291/B0NEZgrZq? mod＝weibotime

http://www.weibo.com/2732012291/B0NF4zx3j? mod＝weibotime

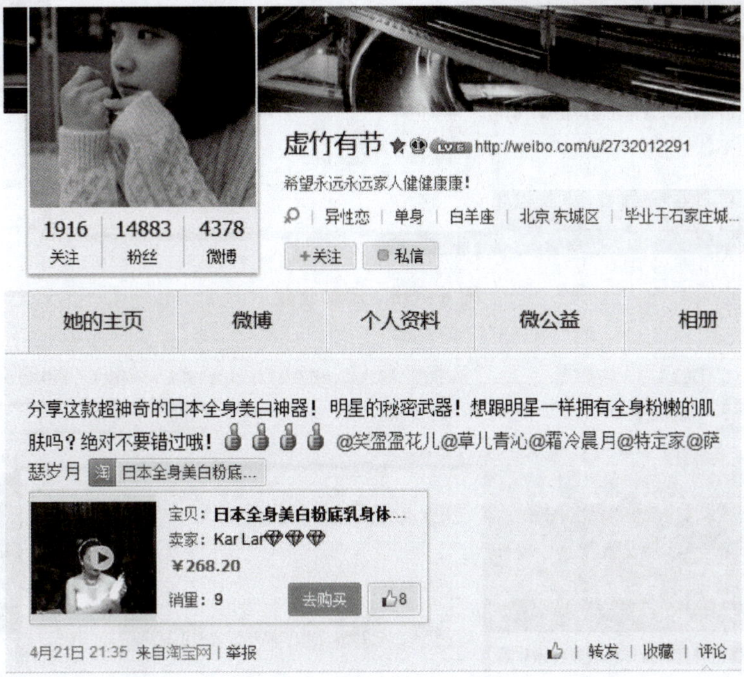

图 6-4-14　发布带链接微博

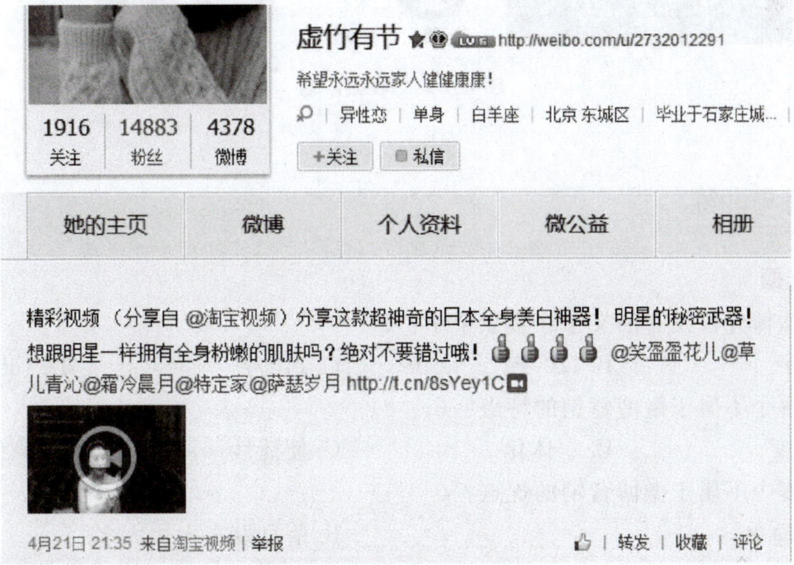

图 6-4-15　发布带视频链接的微博

图 6-4-16　添加收藏

图 6-4-17　收藏成功

思考与训练

一、单选题

1. 新浪微博允许发布的文字在多少个字？（　　）

A. 100 字　　　　　　　　B. 120 字　　　　　　　　C. 140 字　　　　　　　　D. 160 字

2. 下列哪个不属于微博营销的特点？（　　）

A. 高速度　　　　　　　　B. 立体化　　　　　　　　C. 便捷性　　　　　　　　D. 原创性

3. 下列哪个不属于微博营销的优点？（　　）

A. 操作简单　　　　　　　　　　　　　　　B. 信息发布太快太多

C. 成本低　　　　　　　　　　　　　　　　D. 互动性强

4. 以下哪些是可以在微博中发布的内容？（　　）

A.心情　　　　　　　　B.投票　　　　　　　C.长微博　　　　　　D.都可以

5.如何参与话题？（　　　）

A.＜ 话题 ＞　　　　　B.［ 话题 ］　　　　　C.％ 话题 ％　　　　D.♯ 话题 ♯

6.在微博里想"向某某人说"是用哪个符号？（　　　）

A.¢　　　　　　　　　B.&　　　　　　　　　C.@　　　　　　　　D.♯

7.微博常见的营销策略有哪些？（　　　）

A.情感营销　　　　　　B.活动营销　　　　　C.意见领袖　　　　　D.以上都是

二、多选题

1.微博营销的作用有哪些？（　　　）

A.使公司形象拟人化

B.拉近与用户之间的距离,获得反馈与建议

C.对产品与品牌进行舆论监控

D.引发或辅助其他营销手段

2.微博营销与博客营销的本质区别有哪些？（　　　）

A.信息源表现形式的差异　　　　　　　　B.信息传播模式的差异

C.用户获取信息的差异　　　　　　　　　D.用户行为的差异

3.微博文案撰写时有哪些技巧？（　　　）

A.图文并茂　　　　　　B.内容清晰　　　　　C.加上网址链接　　　D.标点符号

三、分析题

1.如何增加有效的粉丝团？

2.案例分析——东方航空："凌燕带你游世博"。

案例背景:东方航空是国内三大航空公司之一,一直以来,东航的客舱服务都处在国内领先的水平,但是在乘客的整体印象上,却没有与之相匹配的口碑形象。2010 年 6 月初,口碑互动为东航策划了一次利用传播东航优质服务的活动(凌燕带你游世博),即东航出资提供 10 个名额,可以获得免费往返机票、免费世博会门票、免费食宿机会,并由 10 位凌燕空姐全程陪同游览世博园。

在活动正式启动前,通过新闻预热、论坛号召形式,将活动即将启动的消息广泛地发布出去;线下活动启动后,以网络新闻、新浪千万级名博、国内著名论坛大范围传播活动进程。对幸运网友的选择采取抢票的方式进行,并以微博平台进行抢票。

在抢票过程中,不断植入东航"凌燕"高品质服务的信息,在网络口碑、提升服务形象上取得了很好的传播效果。活动 1 周内,10 位凌燕发布的召集帖总计获得了 6 000 多次的转发,5 000 多人次评论,仅在此就实现了"凌燕"40 万人次的网络关注度,凌燕粉丝增加超过 6 000 人;线下活动当天吸引了 30 家平面媒体参与报道、并实现对除微博外的网络平台 300 万人群的覆盖。

(1)从 5 月 28 日活动启动到 6 月 10 日公布结果,参与"凌燕带你游世博"活动并对凌燕微博转发的用户数已经超过 6 000,评论次数超过 5 000,以参与用户人均拥有 50 个粉丝来计算,实际覆盖达到 30 万人。10 位凌燕的粉丝增长数量,合计超过 6 000 人。

（2）6月11日线下活动当天，10位凌燕统一着空姐制服陪同10位幸运网友游览世博园，通过他们各自的微博，共发出图文形式的近百条世博园游览信息，转发次数合计超过2 000，实际覆盖受众超过10万。

（3）6月11日，"凌燕带你游世博"现场活动受到了30家平面和网络媒体的关注，共发出30多篇针对现场活动的新闻报道。

（4）围绕"凌燕带你游世博"的微博活动，通过新闻、博客、论坛传播策划并执行了23个传播话题，覆盖了200多个网站、论坛、媒体的300多万目标受众人群。有效的后续传播也引发了网民对在世博园内开展的线下活动的关注，网民讨论"凌燕带你游世博"的相关内容为3 029篇次。

请大家对东航的这次微博营销进行案例解析，分析本次微博运营的思路及微博营销的特点。

学习情境七
微信营销

情境描述

随着新媒体的不断创新，我们的生活也被这些新媒体所包围。这其中包括了微信这种新媒体的兴起，微信的功能正被商家们重视和利用。随着微信5.0的上线和"微信·公众"合作伙伴沟通会的召开，各大第三方开发者有了更大的开发想象空间，也给了各大企业客户更多的期待。微信这种新的营销模式成为广告的新宠儿，这来源于微信功能的魅力。那么微信是如何被利用成为营销手段的呢？微信时代如何做好微信营销？我们需要理念，更需要方法、工具和新思路。如何开展微信活动？本情境你将学习以下知识：

- 微信营销基础知识。
- 操作微信应用。
- 策划微信活动。

任务 7.1　微信营销基础知识

案例导入

案例一：小米手机的客服营销

小米问世以来,利用疯狂的饥饿营销模式,赚足了眼球,也获得了巨额的销售业绩。小米紧抓移动互联网营销趋势,积极开设了微信公众号。小米手机微信公众号,可直接实现小米各型号手机的预约购买,可进行话费充值和订单查询,如图 7-1-1 所示。据了解,小米手机的微信公众号后台客服人员有 9 名,这 9 名员工最多的工作是每天回复 100 万粉丝的留言。其实小米自己开发的微信后台可以自动获取关键词回复,但小米微信的客服人员还是会进行一对一的回复,小米也是通过这样的方式大大地提升了用户的品牌忠诚度。

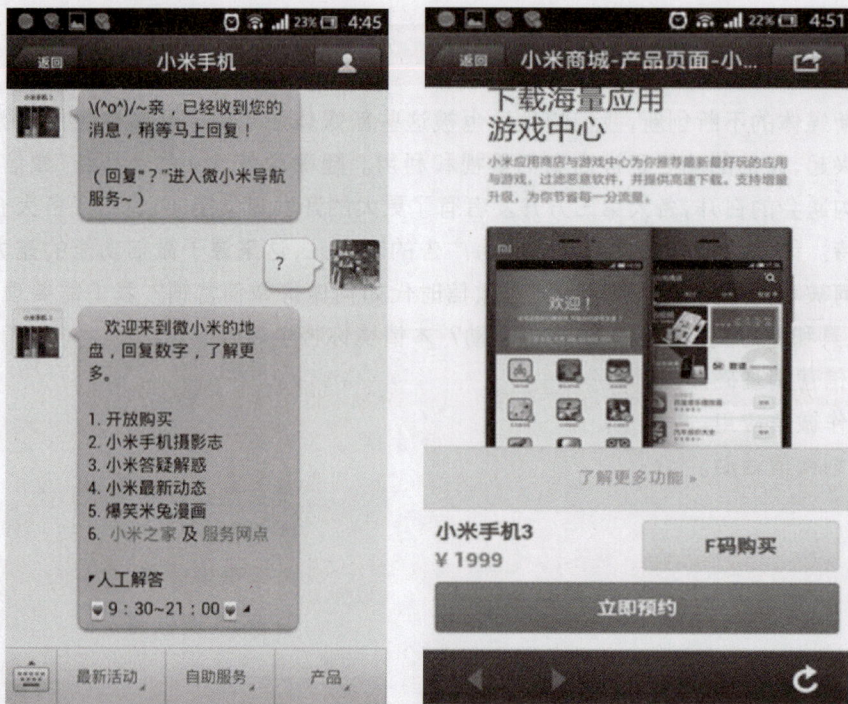

图 7-1-1　小米手机客服营销

案例二：星巴克"自然醒"

2012 年 8 月 28 日,星巴克打出了"自然醒"活动。用户登录微信,扫描二维码,可将"星巴克中国"加为好友。用户向"星巴克中国"发送一个表情符号,星巴克就会根据用户发送的心情,用《自然醒》专辑中的音乐回应用户,如图 7-1-2 所示。

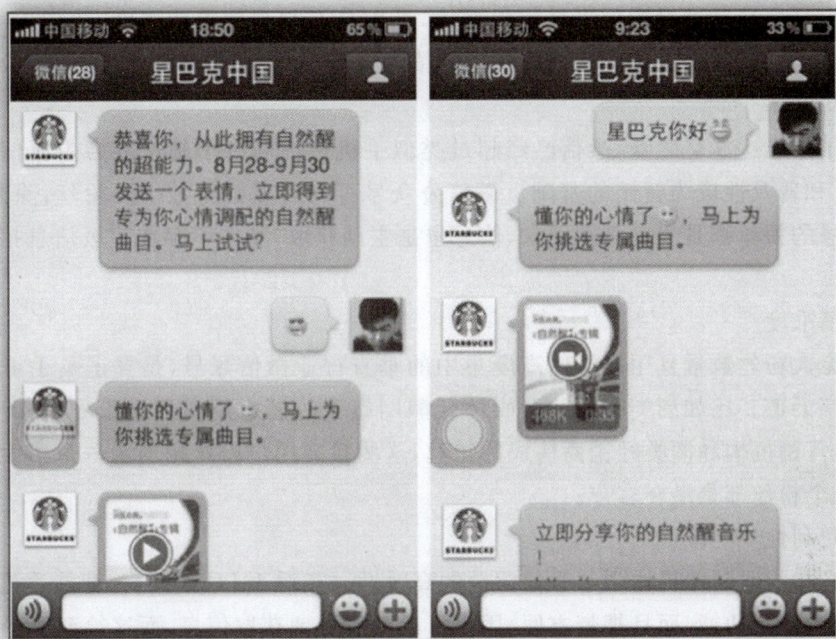

图 7-1-2 星巴克"自然醒"

知识链接

(一)微信营销的定义

微信营销是网络经济时代企业营销模式的一种创新,是伴随着微信的火热而兴起的一种网络营销方式。

微信营销主要是在以智能手机或者平板电脑中的移动客户端进行的区域定位营销,商家通过微信公众平台,结合微信会员卡展示商家微官网、微会员、微推送、微支付、微活动,已经形成了一种主流的线上线下微信互动营销方式。

(二)微信的优势

1.高到达率

营销效果很大程度上取决于信息的到达率,这也是所有营销工具最关注的地方。与手机短信群发和邮件群发被大量过滤不同,微信公众账号所群发的每一条信息都能完整无误地发送到终端手机,到达率高达 100%。

2.高曝光率

曝光率是衡量信息发布效果的另外一个指标,信息曝光率和到达率完全是两码事,与微博相比,微信信息拥有更高的曝光率。在微博营销过程中,除了少数一些技巧性非常强的文案和关注度比较高的事件被大量转发后获得较高曝光率之外,直接发布的广告微博很快就淹没在了微博滚动的动态中。

而微信是由移动即时通信工具衍生而来,天生具有很强的提醒力度,比如铃声、通知中心消息停驻、角标等,随时提醒用户收到未阅读的信息,信息曝光率高达100%。

3.高接受率

微信用户已达9亿之众,微信已经超过类似手机短信和电子邮件成为主流信息接收工具,其广泛和普及性成为营销的基础。微信公众号可以有万甚至数十万粉丝,除此之外,由于公众账号的粉丝都是主动订阅而来,信息也是主动获取,基本不存在垃圾信息招致抵触的情况。

4.高精准度

拥有庞大粉丝数量且用户群体高度集中的垂直行业微信账号,是真正炙手可热的营销资源和推广渠道。比如酒类行业知名媒体佳酿网旗下的酒水招商公众账号,拥有近万名由酒厂、酒类营销机构和酒类经销商构成的粉丝,这些精准用户粉丝相当于一个盛大的在线展销会,每一个粉丝都是潜在客户。

5.高便利性

移动终端的便利性更增强了微信营销的高效性。相对于PC端而言,智能手机不仅拥有PC电脑的大部分功能,而且携带方便,用户可以随时随地获取信息,而这给商家的营销带来了极大的方便。

(三)微信营销技巧

1.简单就是力量

简单就是力量,不要把自己的微信公众账号变成万能的功能应用,多余的功能只会淡化企业核心价值。

2.培养信任感

微信营运的目的是维护顾客关系,用99%的时间培养顾客的信任感,用1%的时间促销或许更有效。

3.投入和执行力

微信营销拼的是投入和执行力,不投入就想获取大量粉丝是不可能的,如果不想投入太多资金,可以选择投入时间,再加上执行力到位,目标一样可以实现。

4.细致地沟通

不要每天推送大量的内容给潜在顾客,而是要创造可以跟读者沟通的话题。所有价值都来自沟通,推送再好的内容,不如跟读者认真细致地沟通一次。

5.加入原创观点

内容不一定要完全原创,但必须要加入自己的原创观点。

6.内容质量是关键

做微信营销就等于在做一本行业精刊,关键在内容的质量。高质量的内容会得到众多人的分享,如同病毒营销。

7.注重对顾客的回复

做好精准的关键词回复功能,既能指导顾客,又能让顾客更了解企业并获得顾客的信任。

8.重视互动

通过与顾客的沟通,可以取得顾客的更多关注和信任。

9.提升微信活跃度

用户数量不代表营销能力,用户的互动价值才是微信营销的核心,多创造和读者沟通的话题,让整个公众账号活跃起来,才是最关键的。

10.推送的时间很重要

晚上推送内容较好,因为这些时间段读者有足够的时间来阅读。而白天推送的内容,适合做产品的促销,顾客可以当时订购产品,带动产品真正的销售。

(四)微信的基本功能

1.个性签名

个性签名可以说是腾讯产品的一大特色,微信也延续了这个特点,用户可以随时在签名档更新自己的状态。这个功能的最大用处就是分享,将自己的点点滴滴通过签名档分享给别人。通过个性签名就可以打入强制性广告,用户的联系人及好友都会看到,而微信中基于LBS的功能插件"查看附近的人"就可以顺理成章地让更多的陌生人在查找附近感兴趣的人时看到这种强制广告。这样的广告类似于路上的广告牌,强制收看。优点在于可以很有效地拉拢附近的用户,增加受众,方式得当的话,甚至可以获得高质量的流量,转化率也比较高;缺点则在于覆盖面不够广,覆盖人群不够大。

2.二维码扫描

相信这个功能大家一点也不陌生,既然使用微信的人群越来越大,微信号又不仅仅局限于数字,那么怎么跟自己认识的人添加好友则是一个必须解决的问题。微信参考国外社交软件"LINE"的"扫描"功能,用户都拥有专有的二维码,想要互相认识的话,不必再麻烦地去记号码等,只需扫描一下就可以了,方便快捷。如今的二维码也被越来越多地运用到商业活动之中。商家吸引别人扫描自己的二维码或是在一些广告中植入二维码,吸引受众群体主动扫描,受众扫描后会获得你的相关推广资料及你的产品优惠信息等。这种功能的优点在于受众群体是主动扫描的,至少可以证明受众对商家所提供的产品是有兴趣的,可以针对性地诱导用户产生消费行为。

3.漂流瓶

漂流瓶最早是 QQ 邮箱中的一款应用,得到了许多电脑用户的好评,它包含了很多不确定性和随机性,也给用户带来一些刺激和新鲜,因此让用户喜欢上了这种和陌生人交友互动的形式。漂流瓶移植到微信上以后,基本保留了原始简单易上手的风格和功能。把信息放进瓶子里,用户主动捞起来得到信息并传播出去。在实际营销中,微信官方可以对漂流瓶的参数进行更改,使得合作商家推广的活动在某一时间内抛出的"漂流瓶"数量大增,普通用户"捞"到的频率也会增加,配合漂流瓶模式本身可以发送不同的问题内容甚至语音小游戏,能够起到不错的营销效果。"漂流瓶"的实质就是采用随机方式来推送消息,简单、易用。

4.朋友圈

微信用户可以通过"朋友圈",将内容分享出去,有点类似微博的作用。"朋友圈"分享功能也为分享式的口碑营销提供了最好的渠道。由于微信用户彼此间具有某种亲密的关系，所以当产品中的商品被某个用户分享给好友后，相当于完成了一次有效到达的口碑营销。

5.微信公众平台

微信公众平台是腾讯公司在微信基础平台上新增的功能模块，通过这一平台，每一个人都可以用一个微信账号，打造自己的一个微信公众号，并在微信平台上实现和特定群体的文字、图片、语音的全方位沟通、互动。

实战演练

(1)注册并登录微信。

(2)查找并提交用于营销推广目的的企业微信账号1个，提交该微信账号发布的营销推广信息截图。

任务 7.2　操作微信应用

任务描述

注册微信并完成以下任务：

(1)扔一个漂流瓶，捡一个漂流瓶。

(2)扫描一个二维码/条形码。

(3)发布一条朋友圈并截图。

操作指引

(一)微信注册

如果拥有 QQ 账号，就可以不需要注册而直接使用 QQ 账号登录微信。如果不想使用 QQ 账号登录的话，可以用手机号码进行快捷注册，如图 7-2-1 所示。只要选择好自己所在的国家，然后填下手机号码与登录密码就可以了，非常方便，注册成功之后，就拥有一个微信账号，下次除了使用 QQ 账号、手机号码登录之外，还可以使用微信账号直接登录。

(二)漂流瓶

"扔一个"，用户可以选择发布语音或者文字然后投入大海中，如果有其他用户"捞"到则可以展开对话；"捡一个"，顾名思义则是"捞"大海中无数个用户投放的漂流瓶，"捞"到后也可以和对方展开对话，但是每个用户每天只有20次捡漂流瓶的机会。

图 7-2-1 微信注册

操作步骤：

（1）打开微信，进入发现栏目，选择"漂流瓶"，如图 7-2-2 所示。

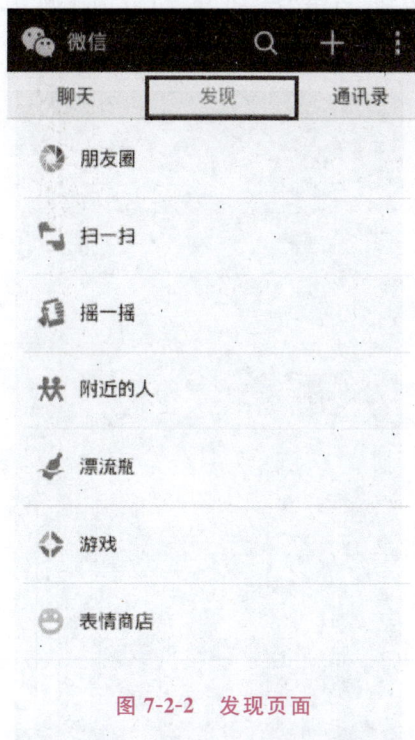

图 7-2-2 发现页面

（2）用户也可以选择"扔一个"，主动推送自己营销信息，如图 7-2-3 所示。

图 7-2-3　扔漂流瓶

（3）用户也可以去捡漂流瓶，点击"捡一个"，可以选择回复，也可以重新丢回海里，如图 7-2-4 所示。

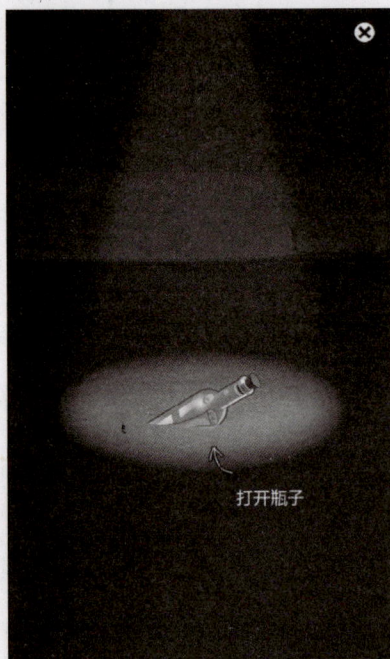

图 7-2-4　打开别人的漂流瓶

(三)附近的人

微信结合了 LBS 功能,在微信的"发现"选项卡中,有个"附近的人"的插件,用户可以查找自己所在地理位置附近的微信用户。系统除了显示附近用户的姓名等基本信息外,还会显示用户签名档的内容。商家也可以利用这个免费的广告位为自己做宣传。

操作步骤:

(1)打开微信,进入发现栏目,选择"附近的人",如图 7-2-5 所示。

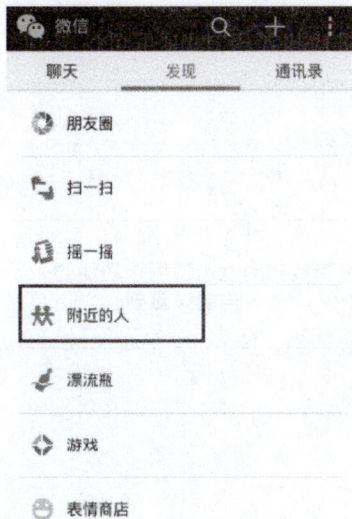

图 7-2-5　发现界面

(2)进入之后,选择确定即可,如图 7-2-6 所示。

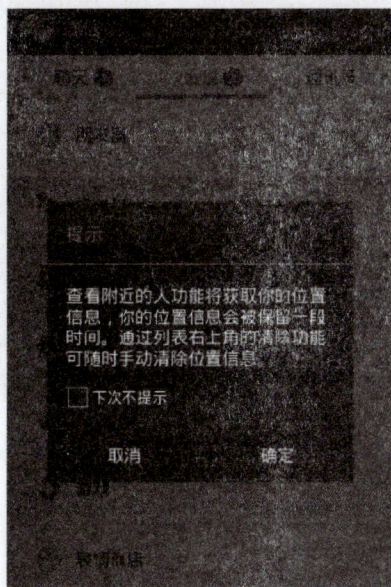

图 7-2-6　确定

(3)需要注意的是，一定要有网络连接才可以进行查看，如图 7-2-7 所示。

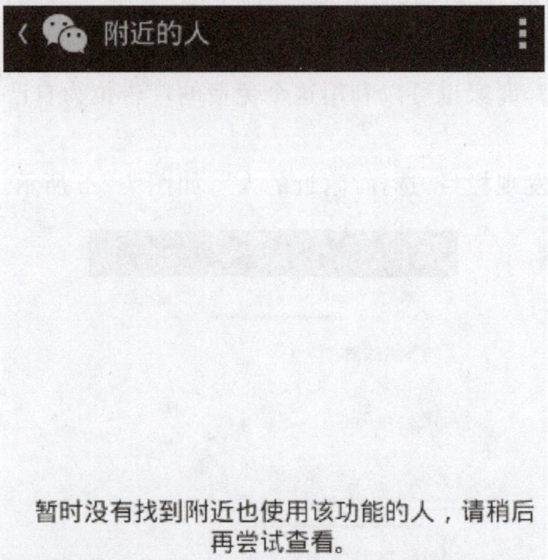

附近的人
暂时没有找到附近也使用该功能的人，请稍后再尝试查看。

图 7-2-7　未联网的界面

(4)当然用户也可以对查看的对象进行个性化的选择，如只查看女生，如图 7-2-8 所示。

附近的人
只看女生
只看男生
查看全部
附近打招呼的人
清除位置并退出
暂时没有找到附近也使用该功能的人，请稍后再尝试查看。

图 7-2-8　选择特定的对象

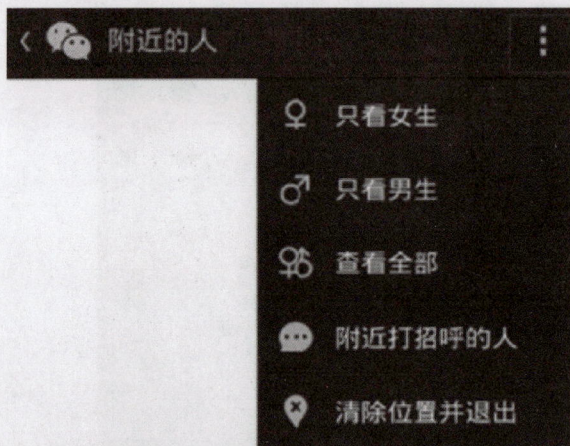

(5)查看结果如图 7-2-9 所示。

图 7-2-9 查看结果

(四)二维码

在微信中,用户可以通过扫描识别二维码来添加朋友、关注企业账号。企业可以设定自己品牌的二维码,用折扣和优惠来吸引用户关注,开拓 O2O 的营销模式。

操作步骤:

(1)打开微信,进入发现栏目,选择"扫一扫",如图 7-2-10 所示。

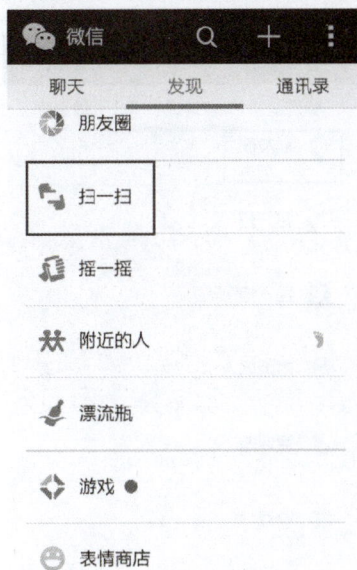

图 7-2-10 发现界面

（2）可以看到微信扫一扫有四个功能：扫码、封面、街景、翻译，如图 7-2-11 所示。

图 7-2-11　扫一扫的功能界面

（五）朋友圈

你可以在微信朋友圈发布图片和文字，同时也可以看到好友发布的消息和图片。

（1）进入微信—发现界面，进入朋友圈，如图 7-2-12 所示。

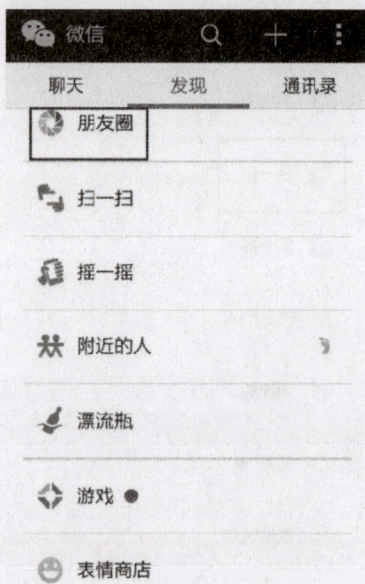

图 7-2-12　发现界面

（2）点击右上角的相机，如图 7-2-13 所示。

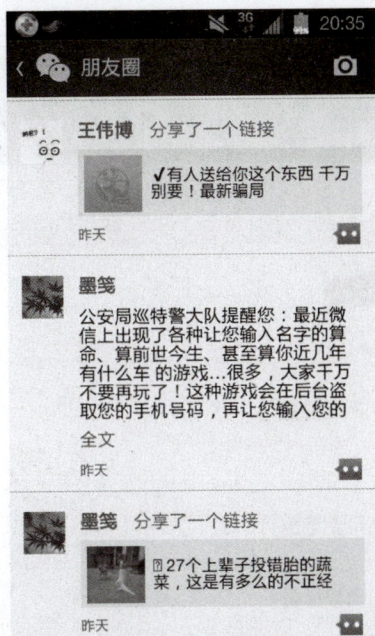

图 7-2-13 朋友圈

（3）选择拍照/从手机相册选择，如图 7-2-14 所示。

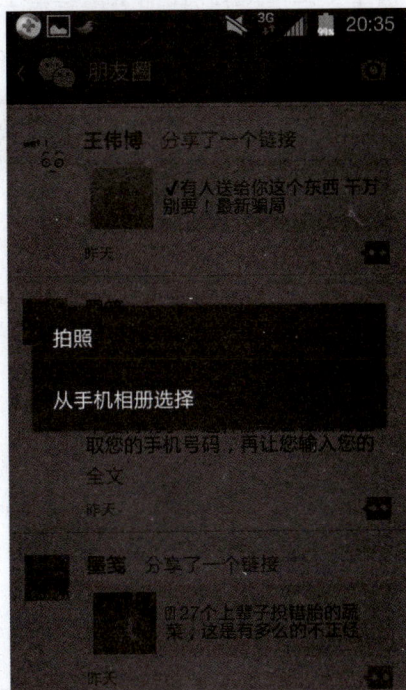

图 7-2-14 上传图片

（4）选择好照片之后可以进行预览，点击右上角"完成"后就进入了文字编辑页面，如图7-2-15所示。

在这里，你可以写下你此刻的想法，并选择地址和提醒谁看你的朋友圈。

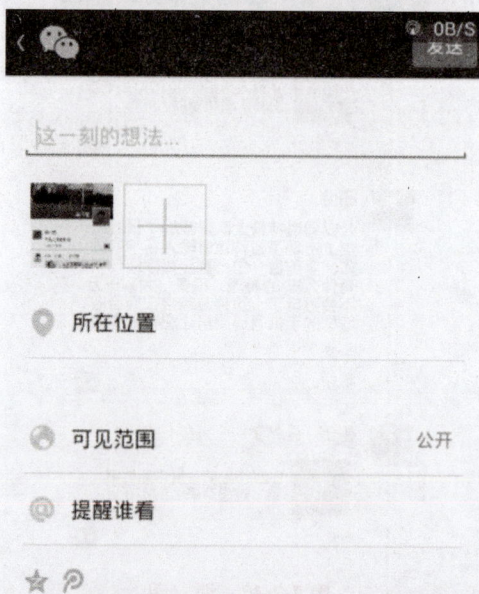

图 7-2-15　编辑信息界面

（5）如果用户只是想单单发表文字，就要长按朋友圈页面右上角的相机，进入文字编辑页面，如图7-2-16所示。

图 7-2-16　没有图片的文字编辑页面

（6）输入完成后，点击右上角的发送，用户的信息就发表在朋友圈了，如图7-2-17所示。如果用户需要删除所发表的信息，在信息的右下角有删除按钮。

图 7-2-17　发表成功的信息

(六)开放平台

利用微信开放平台,应用开发者可通过微信开放接口接入第三方应用,还可以将应用的 LOGO 放入微信附件栏中,让微信用户方便地在会话中调用第三方应用进行内容选择与分享,如图 7-2-18、图 7-2-19 所示。

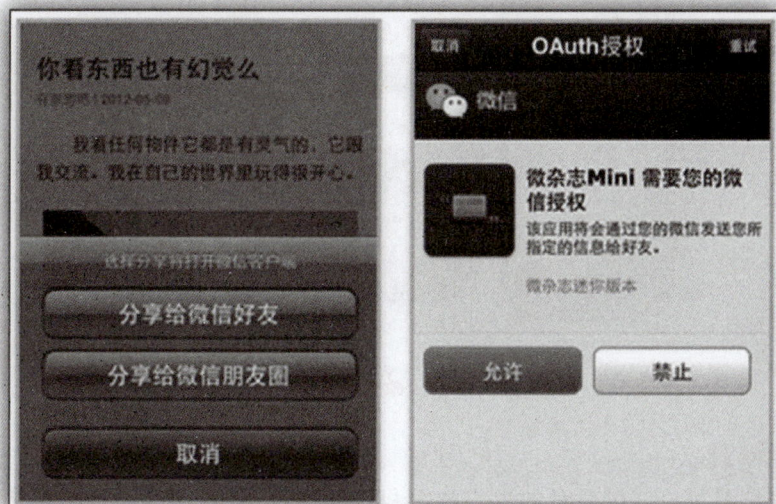

图 7-2-18　微信开放平台

图 7-2-19　微信开放平台

(七)语音消息

　　用户偶尔会厌倦发短信打字,发视频又过于耗费流量,因此,用微信发送音频信息,如图 7-2-20 所示,成了省时省力又省钱的信息传递方式。

图 7-2-20　微信语音信息

(八)公众平台

　　微信公众账号可以通过后台的用户分组和地域控制,实现精准的消息推送。普通公众账号,可以群发文字、图片、语音三个类别的内容。认证的账号则有更高的权限,不仅能推送单条图文信息,还能推送专题信息,如图 7-2-21 所示。

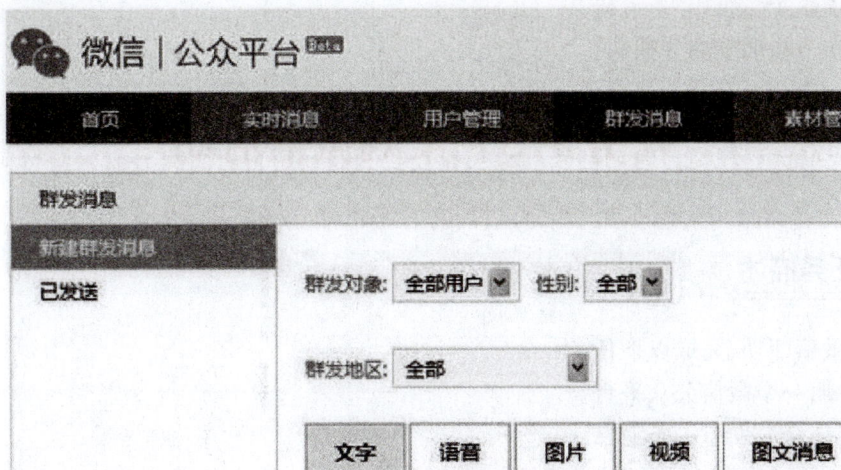

图 7-2-21 微信公众平台

知识链接

微信订阅号和服务号的联系和区别：

1.微信公众平台服务号

主要是给客户提供服务。一般银行和企业做客户服务用得比较多。

(1)服务号一个月只能群发一条信息。

(2)服务号群发信息的时候，用户手机会像收到短信一样接收到信息，显示在用户的聊天列表当中。

2.微信公众平台订阅号

主要是提供信息和资讯，一般媒体用得比较多。

(1)微信公众平台订阅号每天都可以群发一条信息。

(2)在微信用户的通信录中，订阅号将被放入订阅号文件夹中。

(3)订阅号群发信息时候，手机微信用户将不会收到像短信那样的消息提醒。

(4)群发的信息直接出现在订阅号文件夹中。

3.主要区别

(1)服务号可以申请自定义菜单，而订阅号不能。

(2)服务号每月只能群发一条信息，订阅号可以每天群发一条消息。

(3)服务好群发的消息有消息提醒，订阅号群发的消息没有，并直接放入订阅号文件夹当中。

实战演练

1.扔一个漂流瓶，捡一个漂流瓶。

2.扫描一个二维码/条形码。

3.发布一条朋友圈并截图。

任务 7.3　策划微信活动

任务描述

策划微信活动,完成以下任务:

(1)注册一个微信公众平台。

(2)用公众号发布一条消息。

操作指引

(一)注册/登录方法

(1)用电脑登录微信官网,然后在导航里面就可以看到公众平台的链接,如图 7-3-1 所示。

图 7-3-1　微信公众平台入口

(2)微信公众平台账号和个人的微信账号是不一样的,如果有公众平台账号可以进入公众平台官网直接登录,没有则可点击右上角的注册按钮,如图 7-3-2 所示。

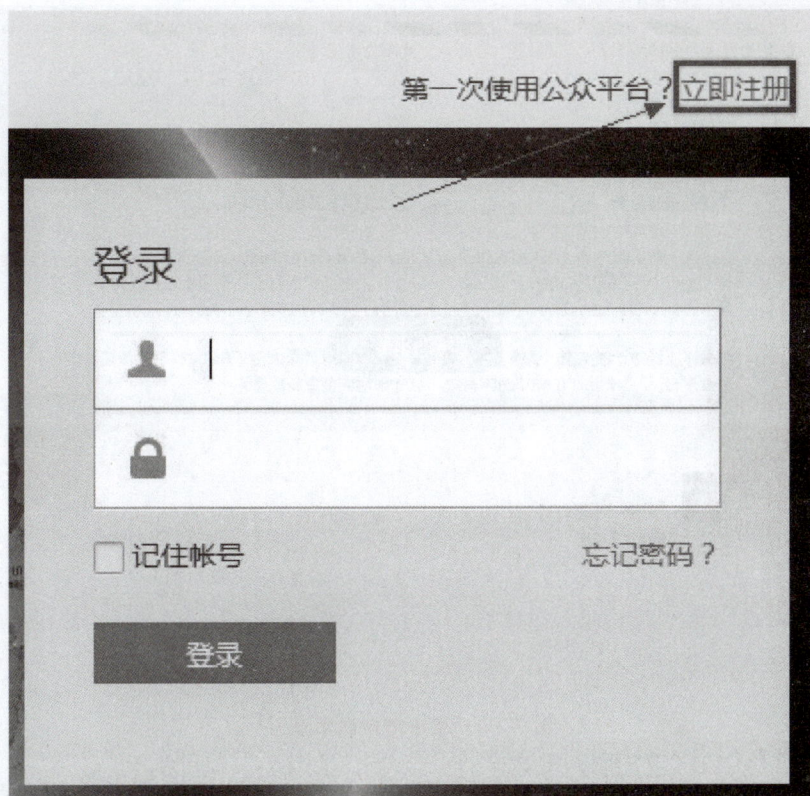

图 7-3-2　登录微信公众平台

（3）注册需要用到邮箱,填写好邮箱地址之后进入邮箱,打开微信发送的邮件,然后点击里面的激活账号的链接,如图 7-3-3、图 7-3-4 所示。

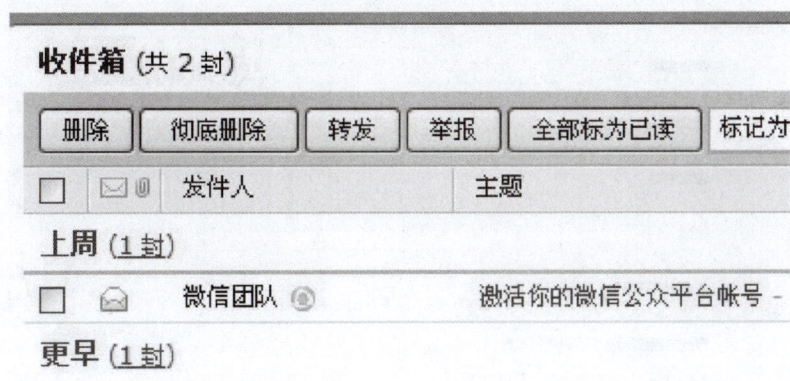

图 7-3-3　查看邮箱确认邮件

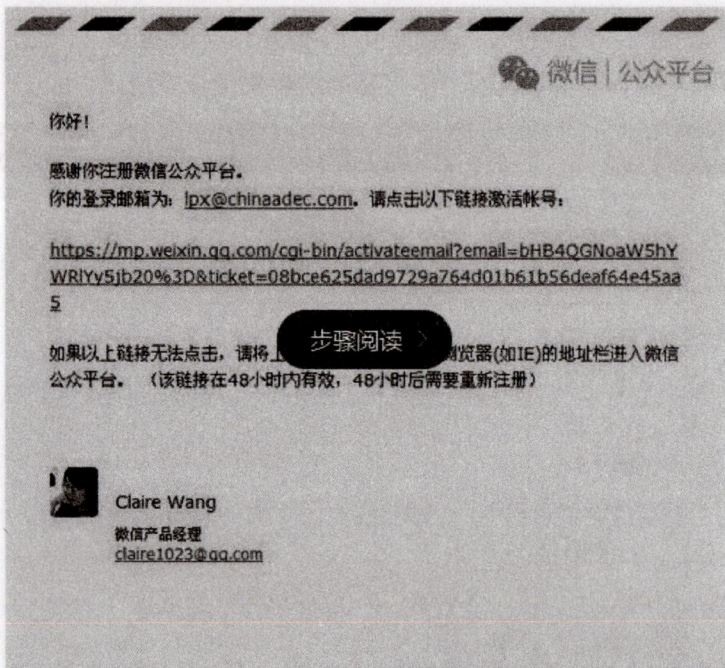

图 7-3-4　点击链接激活账号

（4）接下来就是认证，如果是企业注册，点击企业的选项卡，需要提供企业的营业执照和法人代表的身份证照片，需要本人手持身份证拍照。个人的账号注册没有营业执照的认证，只需要手持身份证拍照，如图 7-3-5 所示。

图 7-3-5　身份认证

(5)注册申请通过之后就可以进入微信公众平台。进入之后可以先把自己的微信二维码保存下来,这样关注自己的公众账号就会很方便,二维码在设置里面,进入设置之后在最下面就可以看到二维码,如图 7-3-6 所示。

图 7-3-6　生成二维码

(二)使用微信公众平台

(1)在微信公众平台发布消息,关注你的人都是可以看到的,如图 7-3-7 所示。

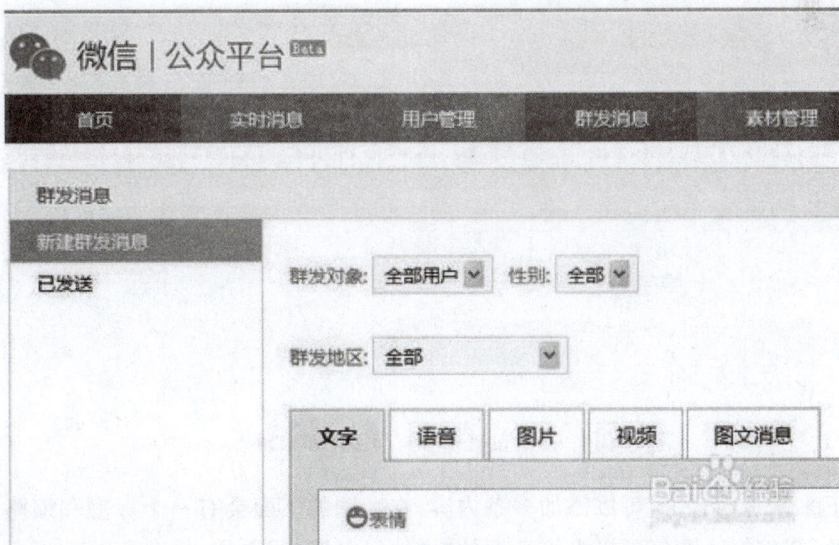

图 7-3-7　消息编辑界面

（2）这里编辑的图文都是一些图文展示，如果想要发布可以带链接的图文就需要在素材管理里面来添加，进入素材管理，点击添加多图文消息，如图7-3-8所示。

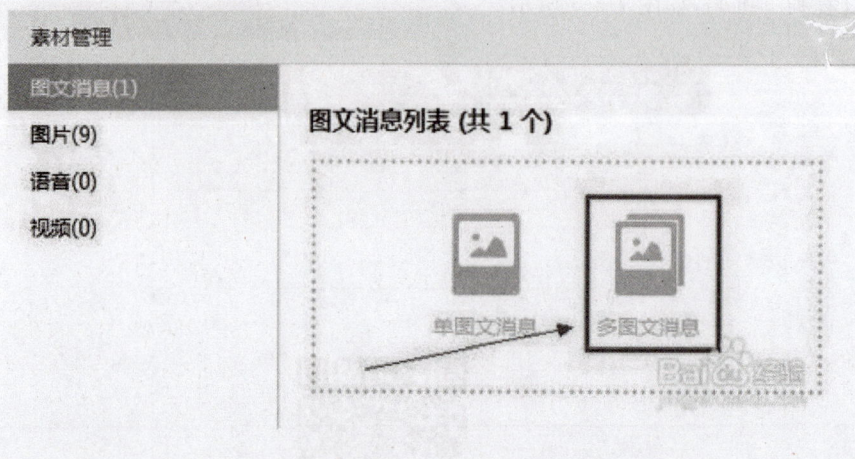

图 7-3-8　添加图文界面

（3）进入之后首先需要设置一个封面图片和标题，上传指定大小的图片，然后输入标题和内容即可，如图7-3-9所示。

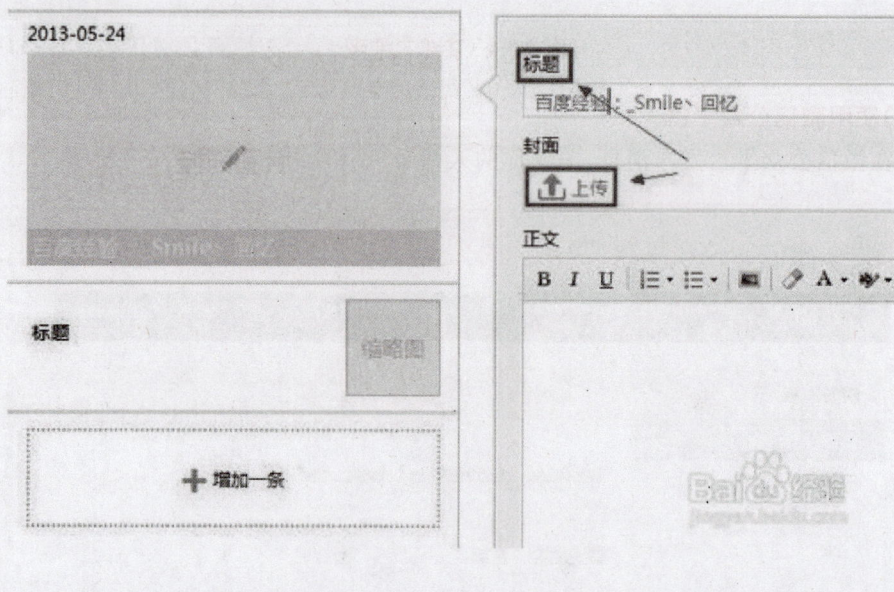

图 7-3-9　设置一个封面图片和标题

（4）接下来就是内容了，可以添加多条内容，在大图的下面会有一个标题和缩略图，鼠标移动上去就可以编辑。我们可以点击下面的"增加一条"进行添加，如图7-3-10所示。

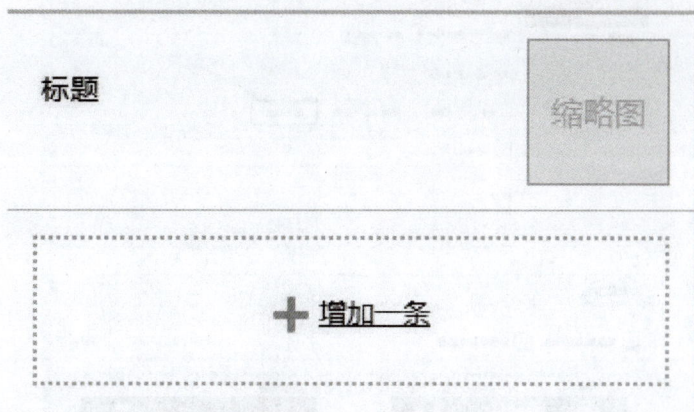

图 7-3-10　增加内容

（5）大图下面的标题比较关键，标题和缩略图要选择好。内容选择文章的前一段即可。关键是编辑内容下面可以加入文章的链接。这样微信用户点击标题就可以进入指定的网站，如图 7-3-11 所示。

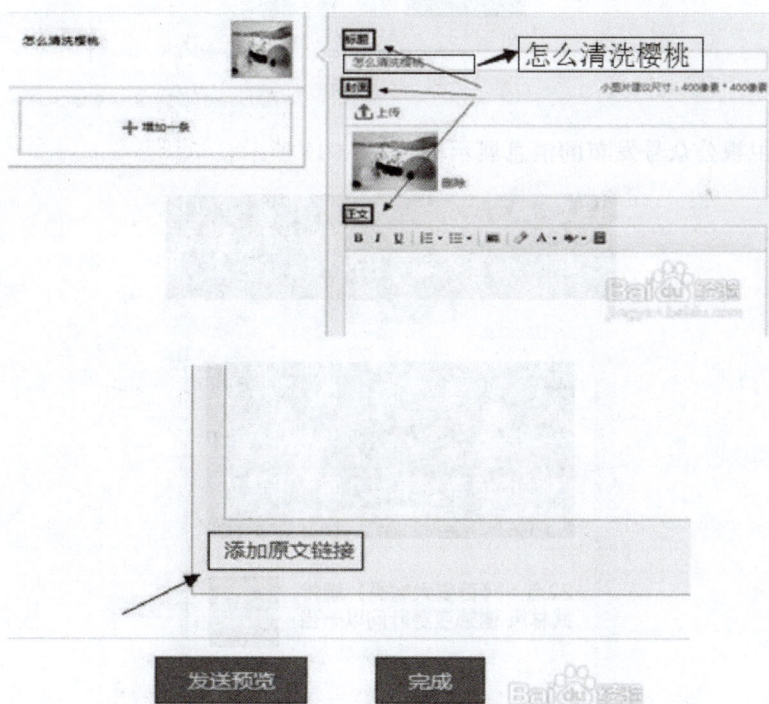

图 7-3-11　编辑大图标题

（6）发布刚刚编辑的图文需要进入到群发消息，选择图文消息，然后再选择刚刚编辑的图文，勾上之后点击确定即可，一天可以发布一条群消息，如图 7-3-12 所示。

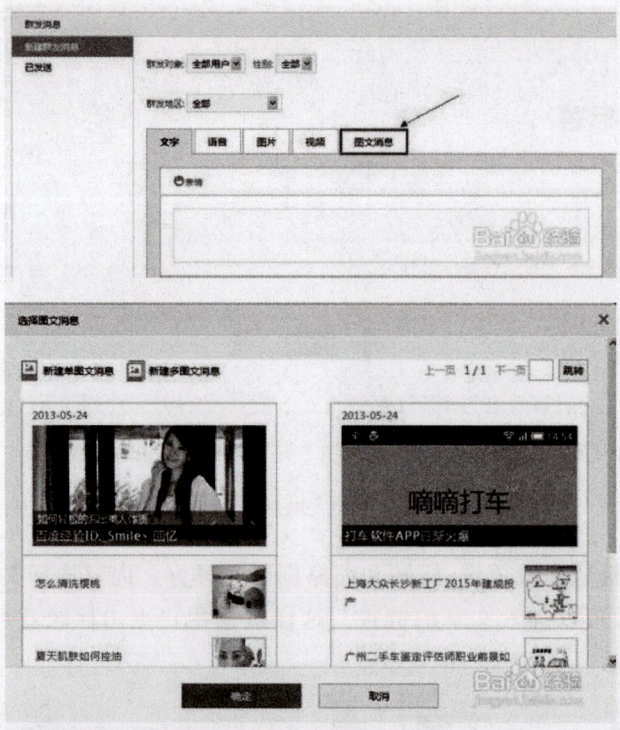

图 7-3-12　发布图文消息

(7)湖南卫视公众号发布的消息展示,如图 7-3-13 所示。

图 7-3-13　收到的公众平台消息

(三)自动回复 & 开发模式

(1)这两个模式在导航里面的高级功能里面可以看到,这两种模式只能选择一种使用。比较简单的就是自动回复,如图 7-3-14 所示。

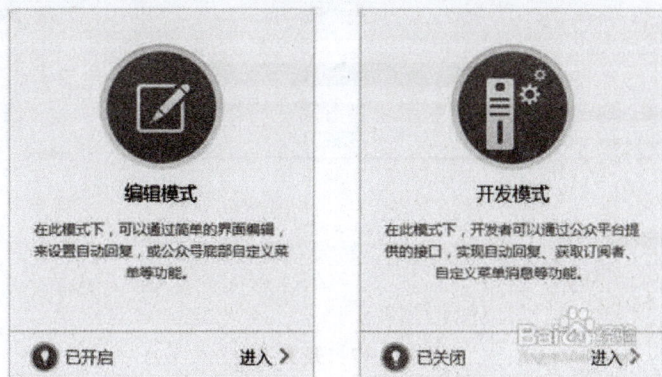

图 7-3-14　选择两种模式

(2)进入自动回复之后还需要在自动回复里面点击设置,下面还有自定义菜单功能,如图 7-3-15 所示。

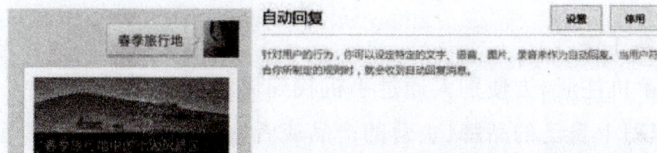

图 7-3-15　自定义设置

(3)进入之后有三种自动回复的模式可以选择,第一种和第二种都比较简单,输入自动回复的话即可,就像 **QQ** 自动回复一样。但是关键词的自动回复就相对麻烦一点,有很多东西需要设置。比如像 10086 客服中心一样,发送"1"会回复一个信息,然后发送"2"回复另一条信息,这个需要自己去一一设置,如图 7-3-16 所示。

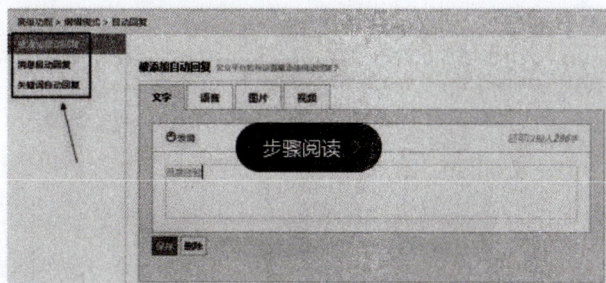

图 7-3-16　添加自动回复

(4)开启开发模式需要先关闭编辑模式。开发模式对技术基础有较高的要求,这里不做具体介绍,如图 7-3-17 所示。

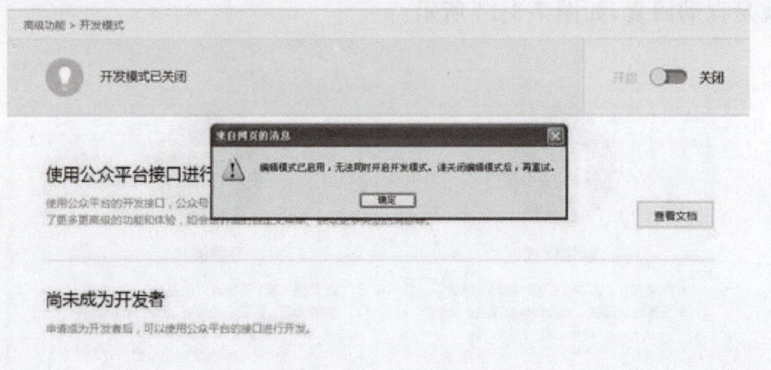

图 7-3-17　开发平台

(四)注意事项

注册微信公众平台的时候资料要认真填写。

知识链接

(一)营销前的准备工作

(1)注册账号,用手机注册,方便别人通过手机找到你的微信。

(2)在个人信息里写上自己的品牌、主营的产品或者服务,如图 7-3-18 所示。

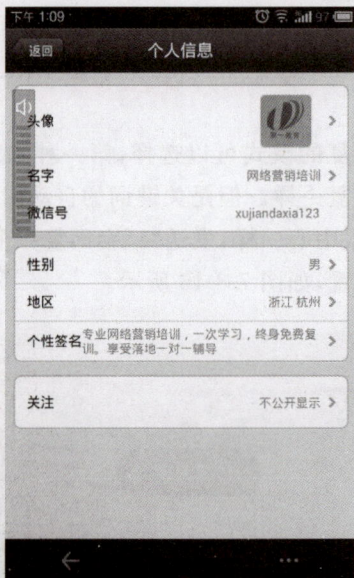

图 7-3-18　填写个人信息

（3）导入联系人。

注意：微信不像微博，微信更具有私密性，所以要多发布一些对大家有帮助的信息。常发广告性太强的信息会被人"拉黑"，也会引起反感，这样就得不偿失了。

（二）微信活动策划技巧

微信运营中的活动策划是很重要的一环，一来可以刺激沉睡用户；二来可以借机实现销售转化；三来可以搜集到很多用户的信息并得以进一步针对性服务和营销；最后可以透过活动与用户高频次互动，加深用户对品牌的认知和了解，强化品牌忠诚度。

那微信活动策划应该从哪些地方着手？微信活动的策划与运营有哪些是需要注意的？微信活动的效果怎样提高？

1. 活动周期合理

微信不活跃，意味着用户的使用频度普遍不够高，一次推送的阅读率可能也就在30％左右，尽量让登录不频繁的用户三五天后看到消息时活动还没过期，从几个比较成功的活动来看，活动周期最好设置为一个星期，这样能使用户满怀期待地参加活动，并有充分的时间进行关注。

2. 选对推送时间

微信上的信息推送时间点要选择得好，上午或下午推送不如早上推送，早上推送不如晚上推送。在用户心情愉悦的时间点推送信息，可以增加活动信息的有效阅读率和参与率。微信的使用高峰基本上是在早上和晚上，活跃用户已经形成早上起床前和晚上睡前看微信的习惯。晚间推送，可以在推送后形成第一轮口碑分享，第二天早上形成第二轮暖身，信息阅读率和分享率自然会更高。

3. 活动规则简单，用户参与不累

举个例子，有的活动促销内容至少要十几分钟才能弄明白，这样的活动效果非常差，原因之一就是规则太烦琐，活动内容写得太啰唆。因此，活动规则应尽量简化。

4. 奖品要有新意

在微信上，一般的活动奖品所产生的效果只能是平平淡淡。如果奖品没有新意，用户不会很有兴趣。

5. 做好活动预热和亮点提炼

活动要更多人参与才会有引爆效应，特别是活动的目标人群。活动是针对潜在用户和新订阅用户的，那就需要充分利用好微信以外的媒介手段，如官网、官微、淘宝店、线下门店易拉宝等。如果活动是针对老顾客的，那就利用短信群发等所有能联系到老顾客的手段，把老顾客吸引到微信公众平台上来。特别需要注意的是不管活动是针对老用户还是新用户，都要充分利用好消息自动回复功能。例如，用户关注公众号后，公众号的被关注自动回复内容里应添加"欢迎参加××赢取万元奖品活动"，在用户回复非关键词范围内的消息时，消息自动回复里再提醒用户"××赢取万元奖品活动进行中，欢迎参与"。透过自动回复功能，不断提醒新老用户参与到活动中来，充分告知，让用户印象深刻。接触内容该至少让用户看后就很有兴趣参加，过目不忘，这就需要亮点提炼。同样是一、二、三等奖，最高奖品一万元，有人会写"参加xx活动，赢取大奖"，有人会写成："动动手指，一分钟赢取万元大奖"，哪个效果更好一目了然？此外，客服热线的彩铃也做成活动告知，录一段语音，把原来的"你好，欢迎致电××"改成"你好，欢迎致电××，本公司正举办一分钟赢取万元大奖活动，微信上搜××，关注即可参与哦"，这样活动效果会更好。

实战演练

使用公众平台策划一个集赞活动。

思考与训练

一、判断题

1. 微信"漂流瓶"可以卸载。（　　　）
2. 只能用 QQ 注册微信号。（　　　）
3. 微信公众号可以每天发布一条消息。（　　　）

二、单选题

1. 至少在通讯录中选择几个人才能建立微信群？（　　　）

A. 3 人　　　　　　　　B. 4 人　　　　　　　　C. 5 人　　　　　　　　D. 6 人

2. 一条微信语音消息最长不会超过多少秒？（　　　）

A. 30 秒　　　　　　　B. 45 秒　　　　　　　C. 60 秒　　　　　　　D. 90 秒

3. 微信是腾讯公司哪一年推出的？（　　　）

A. 2011 年　　　　　　B. 2012 年　　　　　　C. 2013 年　　　　　　D. 2014 年

三、多选题

1. 微信号有哪三种？（　　　）

A. 个人号　　　　　　B. 服务号　　　　　　C. 订阅号　　　　　　D. 公众号

2. 下列选项中，属于微信应用的是（　　　）

A. 扫一扫　　　　　　B. 摇一摇　　　　　　C. 漂流瓶　　　　　　D. 应用宝

3. 都可以用来注册微信的有哪些？（　　　）

A. 手机号　　　　　　B. QQ 号　　　　　　C. 邮箱　　　　　　　D. 微博号

四、问答题

1. 企业为什么要做微信营销？
2. 微信营销能给企业带来什么？
3. 微信和微博有什么区别？

学习情境八
网店推广

情境描述

　　网店的推广可以是详尽的商品描述展示，可以是网络广告的强势宣传，也可以是老顾客的口碑宣传，还可以是线下的传统媒体宣传。总之，不管采用哪种方式宣传，目的都是一样的：让你的产品走到顾客的面前，并让他们进行购买。

　　本情境你将学习以下四点内容：

- 网店推广的基础知识。
- 应用淘宝客、直通车、淘宝类目活动。
- 应用掌柜说、淘帮派。

任务 8.1　网店推广基础知识

案例导入

案例一："kuku520 牛仔"网店推广

"kuku520 牛仔"网店是一家普通卖牛仔衣服的淘宝店铺,从 2013 年开店至今 4 年多的时间,就迅速达到了三皇冠的信誉。为什么它能够在这么短的时间内达到这么高的信誉呢?答案很明显,其背后有网店推广的高手在运营该店铺。该店铺利用明星效应,将范冰冰出席活动所穿的同款牛仔外套在网店上进行大力宣传,如图 8-1-1、图 8-1-2 所示,吸引众多粉丝前来为此买单。

图 8-1-1　"kuku520 牛仔"网店推广

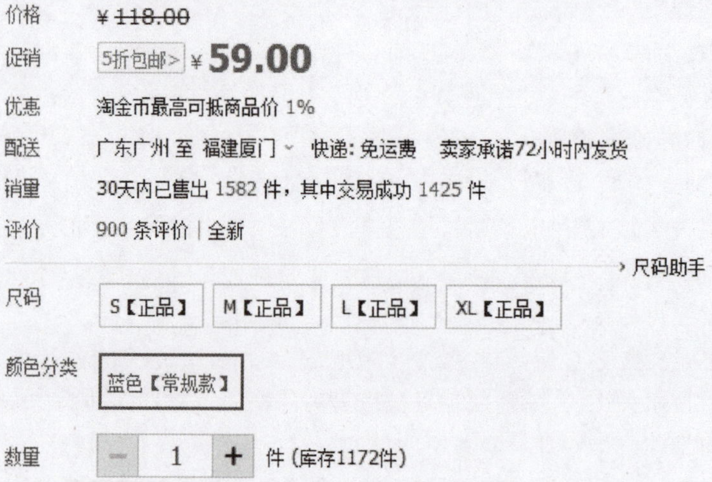

图 8-1-2　"kuku520 牛仔"网店推广

案例二：“美优仕”网店推广

“美优仕”是一家卖真皮钥匙包的淘宝店铺,该店铺出售的钥匙包不仅保证真皮,而且都是专车专用,每款钥匙包都印有车型 LOGO。该店铺更是秉持薄利多销的原则,打出了降价促销的口号,如图 8-1-3 所示,吸引了众多的消费者。

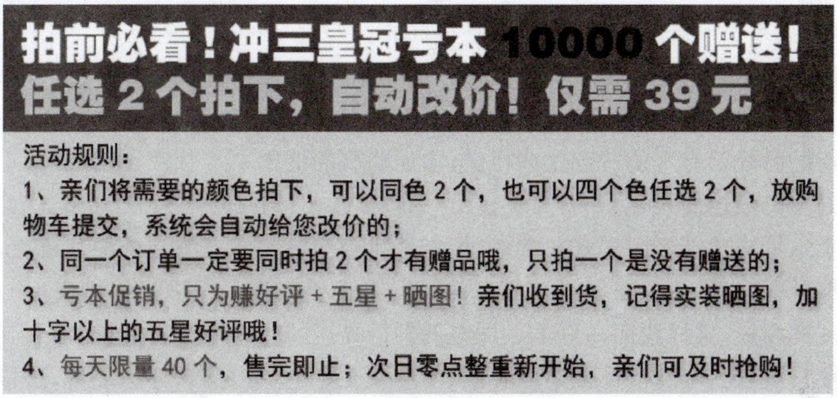

拍前必看！冲三皇冠亏本 10000 个赠送！
任选 2 个拍下,自动改价！仅需 39 元

活动规则:
1、亲们将需要的颜色拍下,可以同色 2 个,也可以四个色任选 2 个,放购物车提交,系统会自动给您改价的;
2、同一个订单一定要同时拍 2 个才有赠品哦,只拍一个是没有赠送的;
3、亏本促销,只为赚好评+五星+晒图！亲们收到货,记得实装晒图,加十字以上的五星好评哦！
4、每天限量 40 个,售完即止;次日零点整重新开始,亲们可及时抢购！

图 8-1-3　“美优仕”网店推广

知识链接

(一)网店推广的方法

1.折扣分享平台推广

利用“什么值得买”等折扣分享平台,可以推广商品。此类平台上面的商品都是折扣商品,很多消费者都会关注这些平台,可以借助其流量大的特点推广自己的商品。

2.社区发帖回帖

发帖回帖是所有卖家提高店铺浏览量的最常用手段,具体效果因“帖”而异,有的一篇帖子就能带来数百甚至上千的浏览量,而有的人发了几十个帖子,带来的浏览量却寥寥无几,所以我们看数量,更要注重质量。

3.宝贝上架时间

买家在淘宝贝的时候,淘宝的默认排序方式是按下架的时间来排的,越接近下架的宝贝越排在前面,容易被买家看到。因此商家就应该让自己的宝贝在人气最旺的时候接近下架。

4.合理设置宝贝名称

宝贝名称尽量多包含热门搜索关键词,当然是要跟宝贝有关的关键词,否则就算是违规。多包含热门搜索关键词,能增加宝贝被搜索到的概率,自然也增加了被购买的概率。

5.用好橱窗推荐

使用橱窗推荐的宝贝比没有使用橱窗推荐的宝贝更容易被买家搜索到。以淘宝为例,当买家想要买东西时,直接到淘宝网首页去搜索或在淘宝网点“我要买”,就会出橱窗推荐的宝贝,这样店家的宝贝就有更多被浏览的机会来提升购买率。

6.利用好评价管理

评价管理包括卖家和买家双方的评价。我们在给买家评价的时候,可以适当地打一下小广告,既不花钱又不费事,还能起到一定的宣传效果。同时买家给我们评价以后,我们可以充分利用解释的地方做宣传广告,并不是只有中评、差评的时候才需要解释,好评的时候我们更应该好好利用这个机会进行宣传,因为许多聪明的买家在购买之前都会看一下产品的评价,这里如果有广告信息的话,效果是很好的。

7.利用店铺留言进行宣传

店家在自己的店里是可以随便留言的,所以我们可以把自己的优势和促销信息写出来,买家逛店铺的时候就有可能看到这些信息,增加购买的概率。

8.用好宝贝描述模板

现在卖宝贝描述模板的卖家非常多,很容易找到价格实惠又漂亮的描述模板,但是许多人只追求模板要好看,而忽略了描述模板的另一个重要作用。选宝贝描述模板一定要选侧面可以插图的模板,这样我们在对某一件宝贝进行描述的时候,可以在侧面插入其他宝贝的图片和链接。买家在查看宝贝描述的时候,就会顺便点击旁边感兴趣的宝贝,这样可以增加宝贝被浏览的概率。

9.加入旺旺群

加入旺旺群的好处有很多,最直接的就是能提高店铺知名度,经常在群里说话,大家对你熟悉了,自然会到你店里去看看,想买的时候自然也就会想到你的店了,而且还可能给你介绍买家。加群要选择活跃的群,在群里偶尔发发广告效果也不错,但是不能一进群就发广告,否则会很容易引起别人的反感。

10.利用旺旺状态信息

旺旺状态设为"上新货了!"或者"特价促销,8折优惠了!"或者"满50包邮了!"等一系列的促销信息或者广告信息,这样买家才能更容易地看到店铺最新状态。

11.加入商盟

商盟比群大很多,里面的人气也比较旺,跟大家成为朋友,也就多了不少潜在顾客,而且当盟友的顾客需要购买的产品正好你店里有的话,盟友就会给你介绍过来。而且加入商盟以后,买家会觉得店铺更有保障。

12.多搞促销活动

薄利多销,重点在于提高产品信誉。只要信誉上去了,人气旺了,以后的生意就会好起来。而且不一定要等节日的时候才可以搞促销,平时也可以多搞些促销活动拉人气。

13.访问老顾客

想让买家变成回头客,经常联系、拜访是必须的,每到节日或者买家生日等特殊日子,一定要记得给买过东西的买家们发个信息,发送节日祝福,让他们感受到商家的真心、关怀和温暖,这样他们也会记在心里,成为回头客。所以建立稳定的顾客群,生意才能持之以恒。

14.超级买家秀

当买家收到宝贝以后,要及时地与其联系,看他们对货物是否满意。如果不满意,则要弄清楚为什么不满意并找到解决的办法,及时地跟踪和交流能挽救很多因误会而产生的中评或者差评,保持良好的信誉度。如果买家对宝贝很满意,可以请买家们帮忙宣传,把买到的宝贝到社区的超级买家秀专区去秀出来,让大家都知道宝贝好,这就是所谓的口碑宣传。店家自己打的广告说产品质量有多好人家未必信,但是由买家写出来的使用感受,就会令人信服了,其宣传效果比自己做广告要好得多。

(二)移动端"微淘"

1.认识"微淘"

微淘是手机淘宝延伸的重要产品之一,定位是基于移动消费领域的入口,在消费者生活细分领域,为其提供方便快捷省钱的手机购物服务。微淘的核心是回归以用户为中心的淘宝,而不是小二推荐、流量分配,每一个用户有自己关注的账号、感兴趣的领域,通过订阅的方式,获取信息和服务,并且运营者、粉丝之间能够围绕账号产生互动。

2.微淘公众平台的使用

(1)首先进入微淘主页:http://we.taobao.com/,点击"管理后台"进入微淘后台,如图8-1-4所示。

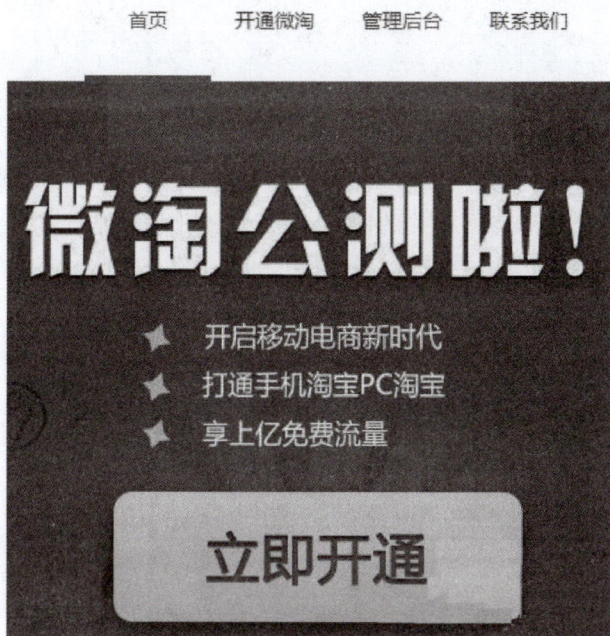

图 8-1-4　微淘主页

(2)通过"用户管理"的版块,我们可以清晰地看见关注我们账号的粉丝的相关信息,有助于我们有针对性地运营我们的店铺。通过"用户关注",可以看到具体是哪些顾客在关注我们,这里面有的是自己的老顾客,还有许多是潜在客户,如图8-1-5所示。

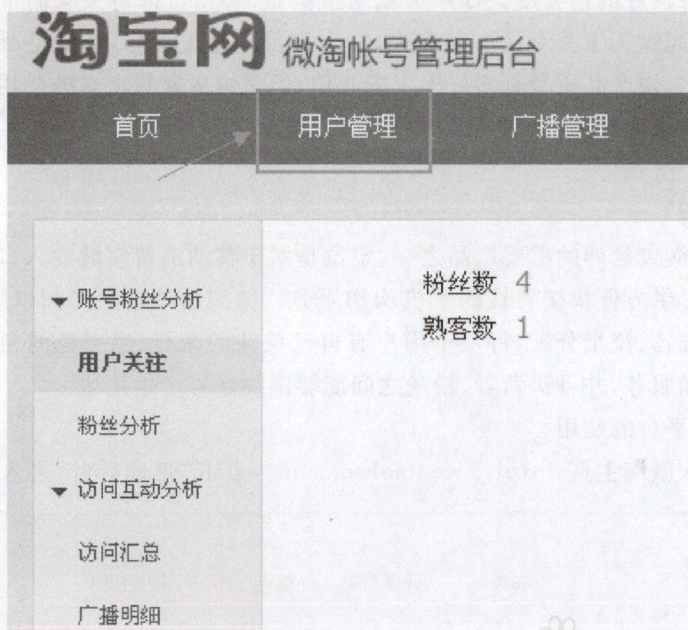

图 8-1-5　用户管理

（3）接下来是最值得我们关注的版块是"广播管理"，这一板块非常重要，在这一板块我们可以发布一些与自己店铺宝贝相关的图文，也可以添加自己店铺宝贝的链接。最好是原创并且好玩有趣，这样才能吸引更多的粉丝关注，如图 8-1-6 所示。

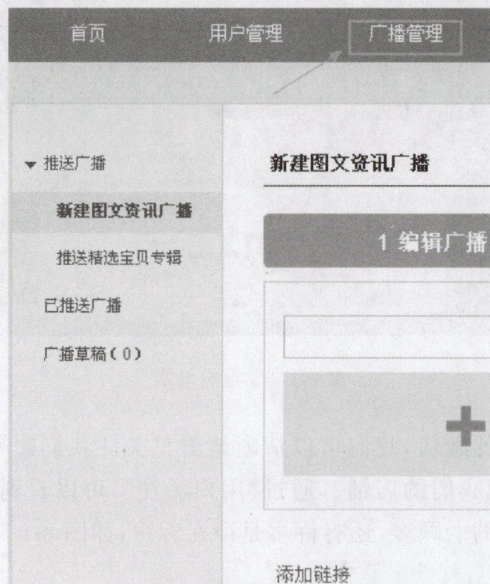

图 8-1-6　广播管理

（4）"微淘插件"这个版块，主要是用于和粉丝的互动，或者发布活动，使用得当的话是一个不错的营销利器,如图 8-1-7 所示。

图 8-1-7　微淘插件

（5）"消息管理"模块,对于一般卖家来说,主要用好消息自动回复功能就可以了,卖家可以设置相关的关键词,然后添加规则,这样一来,粉丝只要回复关键词就可以自动收到卖家预先设置好的图文消息了,例如:设置关键词"山核桃",然后添加相应的规则图文。粉丝只要回复"山核桃",就能收到关于山核桃的相关介绍了,如图 8-1-8 所示。

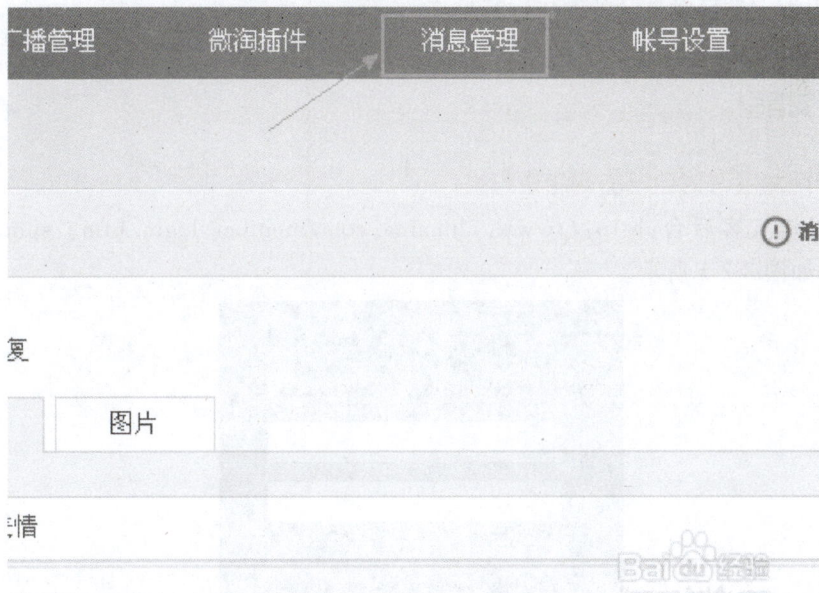

图 8-1-8　消息管理

(6)最后是"账号设置",账号名称是不能修改的。所以,我们一定要写好账号简介,让读者一看就知道账号是干什么的。同时还要设置一个好的头像,这也是非常重要的。

图 8-1-9　账号设置

实战演练

(1)去折扣分享平台推广自己店铺的产品,并截图。

(2)去社区发帖回帖推广自己店铺的产品,并截图。

(3)加入比较活跃的旺旺群,在聊天过程中推广自己店铺的产品,并截图。

任务 8.2　应用淘宝客、直通车、淘宝类目活动

任务描述

(1)利用淘宝客对自己的网店进行推广。

(2)利用直通车对自己的网店进行推广。

(3)利用淘宝类目对自己的网店进行推广。

操作指引

(一)利用淘宝客对自己的网店进行推广

(1)登录淘宝客后台:http://www.alimama.com/member/login.htm？spm＝0.0.0.0.MkpzrG,如图 8-2-1 所示。

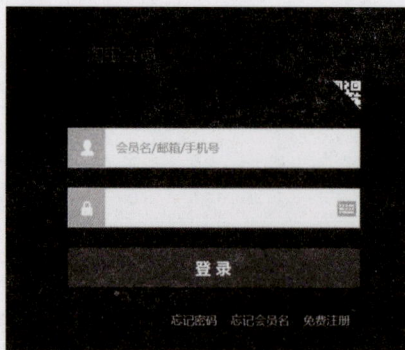

图 8-2-1　登录淘宝客后台

（2）签订"淘宝客推广软件产品使用许可协议"，如图 8-2-2 所示。

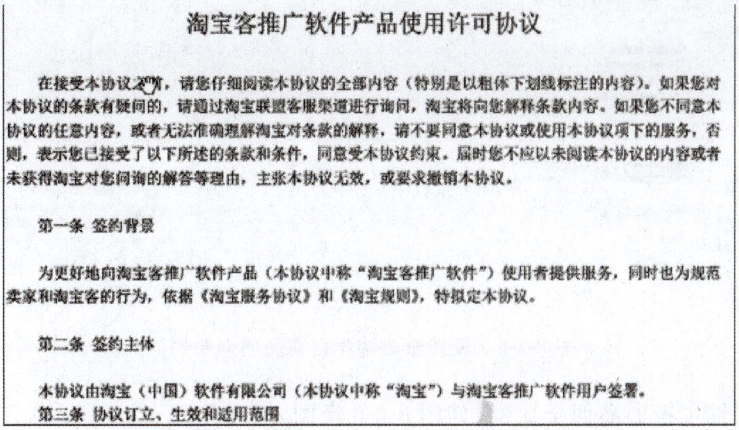

淘宝客推广软件产品使用许可协议

在接受本协议之前，请您仔细阅读本协议的全部内容（特别是以粗体下划线标注的内容）。如果您对本协议的条款有疑问的，请通过淘宝联盟客服渠道进行询问，淘宝将向您解释条款内容。如果您不同意本协议的任意内容，或者无法准确理解淘宝对条款的解释，请不要同意本协议或使用本协议项下的服务，否则，表示您已接受了以下所述的条款和条件，同意受本协议约束。届时您不应以未阅读本协议的内容或者未获得淘宝对您问询的解答等理由，主张本协议无效，或要求撤销本协议。

第一条　签约背景

为更好地向淘宝客推广软件产品（本协议中称"淘宝客推广软件"）使用者提供服务，同时也为规范卖家和淘宝客的行为，依据《淘宝服务协议》和《淘宝规则》，特拟定本协议。

第二条　签约主体

本协议由淘宝（中国）软件有限公司（本协议中称"淘宝"）与淘宝客推广软件用户签署。
第三条　协议订立、生效和适用范围

图 8-2-2　签订"淘宝客推广软件产品使用许可协议"

（3）设置支付宝扣款（淘宝客佣金支付代扣要求），如图 8-2-3 所示。

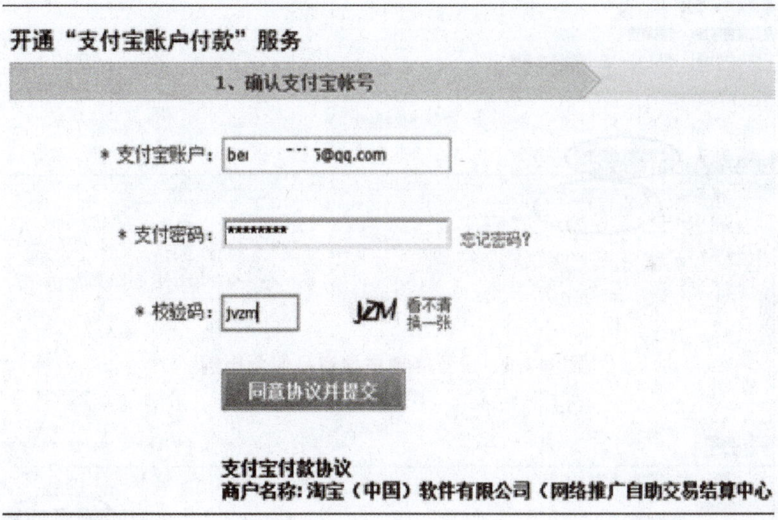

图 8-2-3　设置支付宝扣款

（4）设置推广佣金，如图 8-2-4 所示。

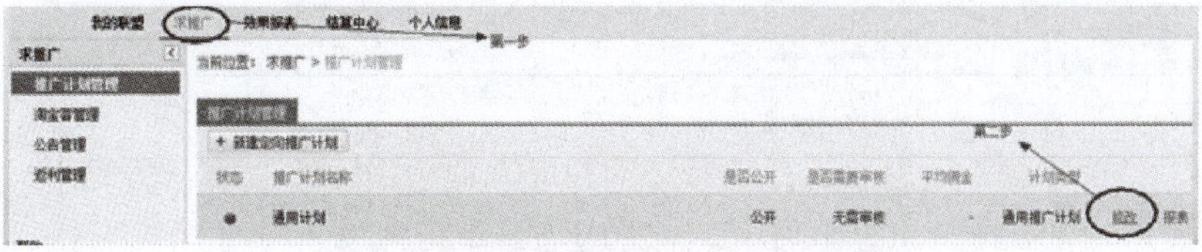

图 8-2-4　设置推广佣金

（5）设置全店铺类目商品佣金比例，如图 8-2-5 所示。

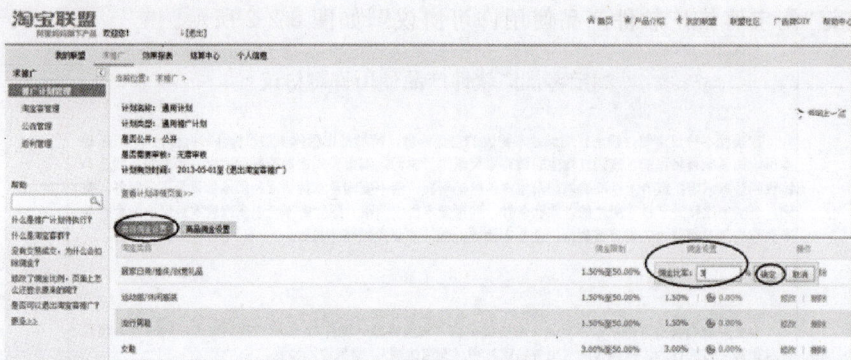

图 8-2-5　设置全店铺类目商品佣金比例

(6)设置店铺主推商品佣金比例,如图 8-2-6 至图 8-2-8 所示。

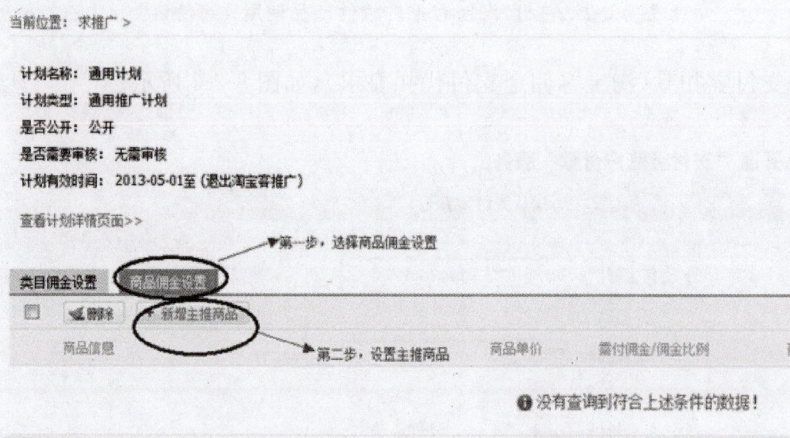

图 8-2-6　设置店铺主推商品佣金比例

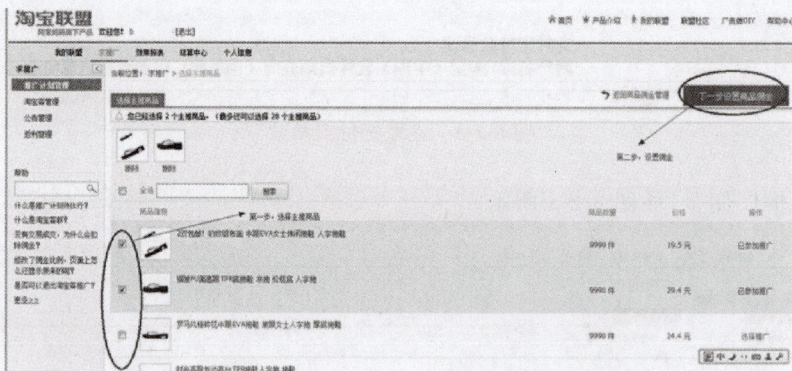

图 8-2-7　设置店铺主推商品佣金比例

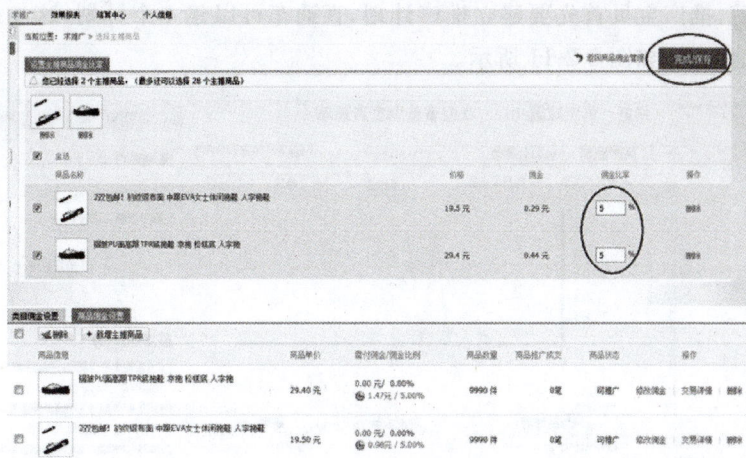

图 8-2-8 设置店铺主推商品佣金比例

(二)利用直通车对自己的网店进行推广

(1)进入"卖家中心"—"卖家地图"—"淘宝/天猫直通车",如图 8-2-9 所示。

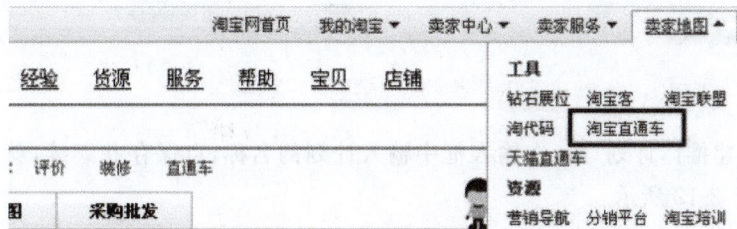

图 8-2-9 淘宝直通车

(2)如果是第一次参加直通车,要满足两颗心的信誉要求,此外首次充入的广告费是 500 元,这个 500 元就是日后的广告费用。如果已经加入了直通车就点"立即登录直通车后台",如图 8-2-10 所示。

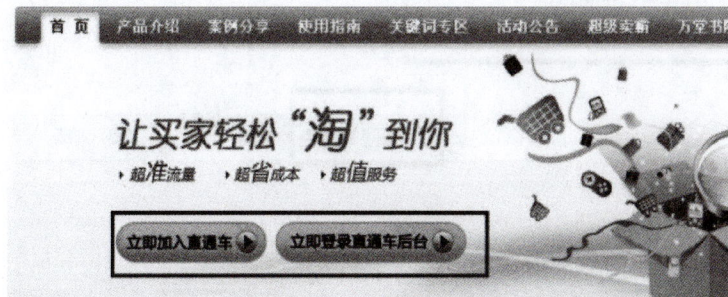

图 8-2-10 登录直通车后台

（3）登录后，推广宝贝首先要建立推广计划，直通车可以建 4 个计划，这 4 个计划可以有侧重、有区别地设置，如图 8-2-11 所示。

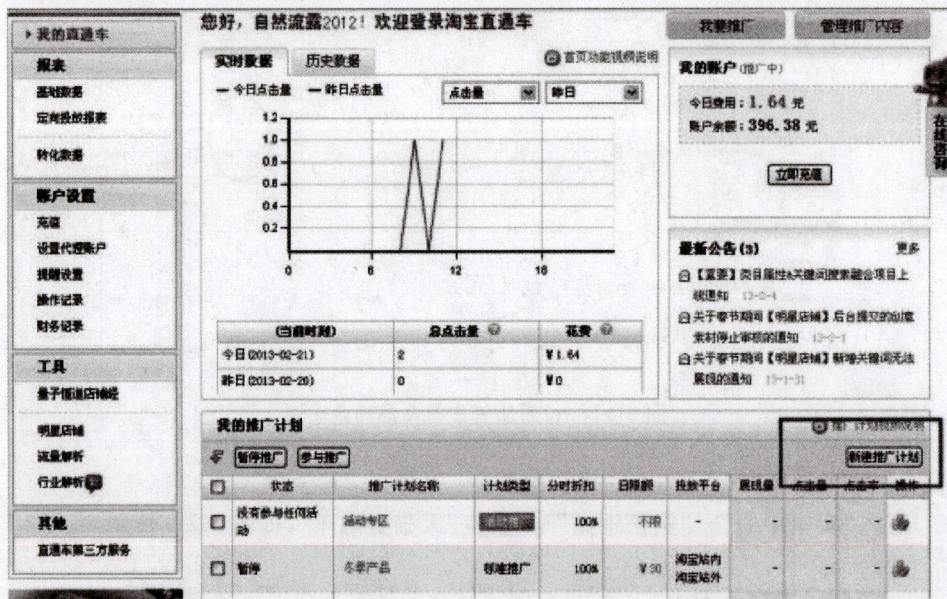

图 8-2-11　建立推广计划

（4）点"新建推广计划"后，在输入框中输入计划的名称，点保存并继续，就可以选择宝贝来推广，如图 8-2-12 所示。

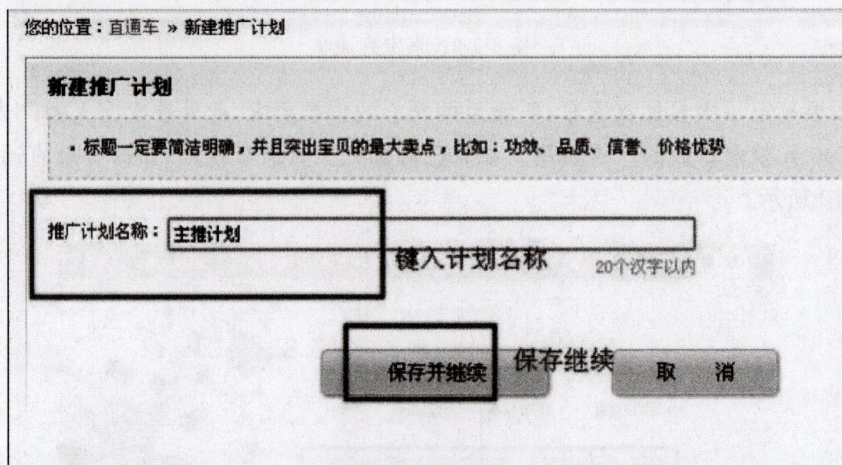

图 8-2-12　编辑推广计划

（5）选择要推广的宝贝，如果店铺中宝贝数量过多，可在搜索框中输入宝贝名字和二级类目来搜索，找到宝贝后点推广，如图 8-2-13 所示。

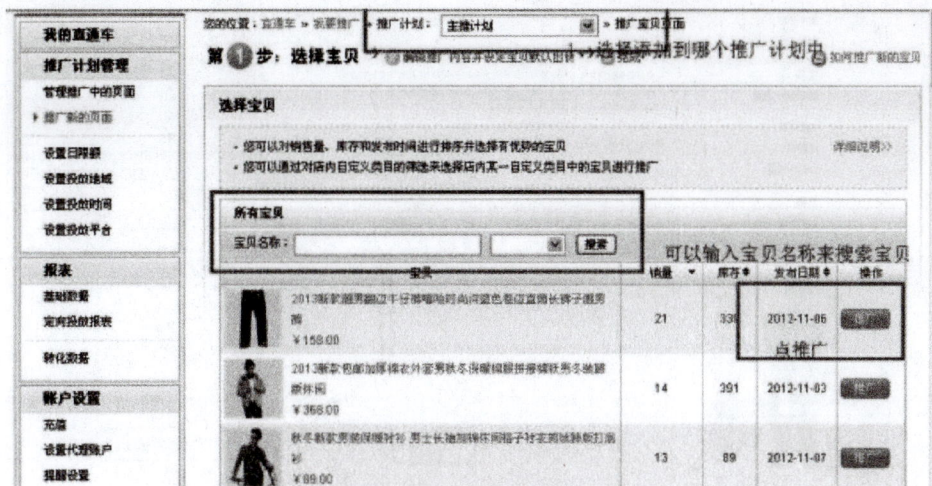

图 8-2-13　搜索宝贝名称和二级类目

（6）选择了要推广的宝贝之后，编辑宝贝的推广内容和默认出价，如图 8-2-14 所示。主要有以下几个方面：

①为推广宝贝选择已经做好的推广图片。

②设置广告位上显示的推广标题。

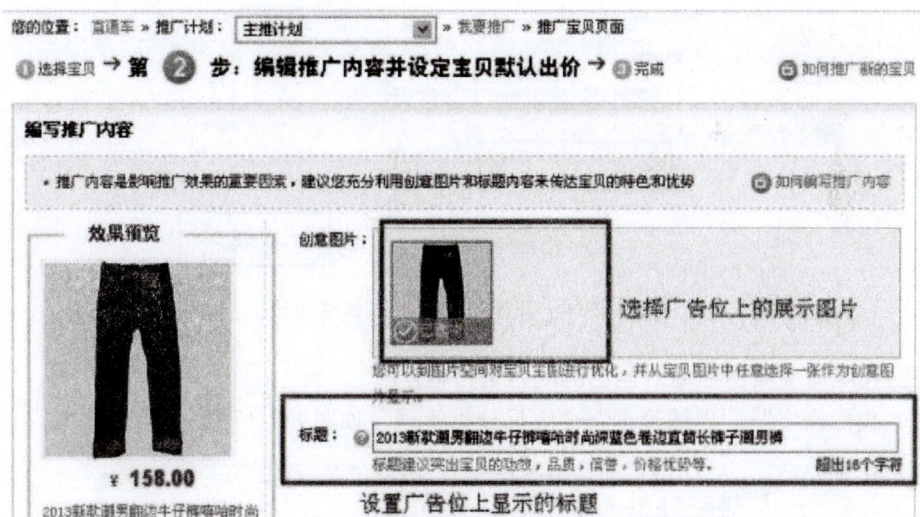

图 8-2-14　编辑宝贝的推广内容

③为宝贝添加关键词。选择关键词的渠道有很多，比如：系统推荐词、自己根据宝贝属性组合的词、淘宝搜索下拉框词、量子词、模仿词、淘宝销售、热搜排行榜词等，如图 8-2-15 所示。

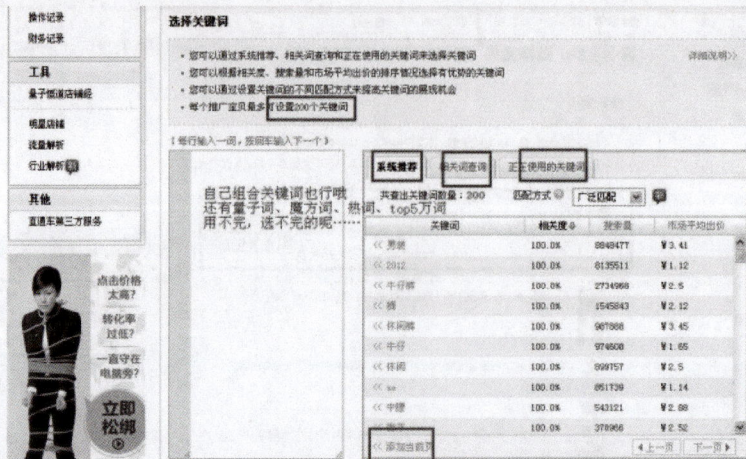

图 8-2-15　添加关键词

④为宝贝设置类目出价和默认出价（系统默认的都是 0.1），如图 8-2-16 所示。

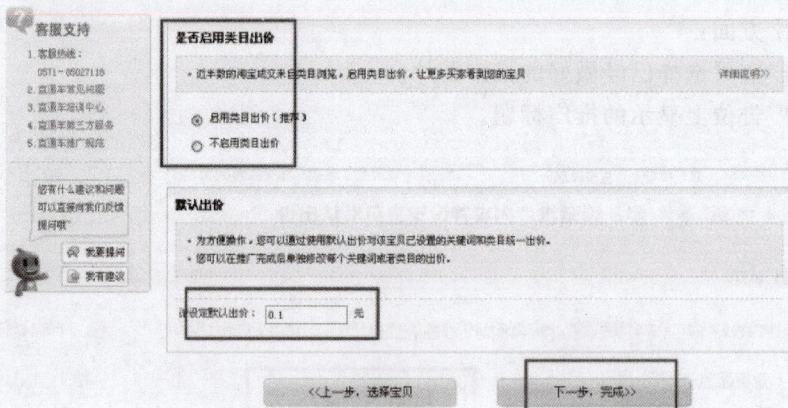

图 8-2-16　设置宝贝的类目、默认出价

(三)利用淘宝类目活动对自己的网店进行推广

(1)"我的淘宝"—"店铺管理"—"宝贝分类管理"，如图 8-2-17 所示。

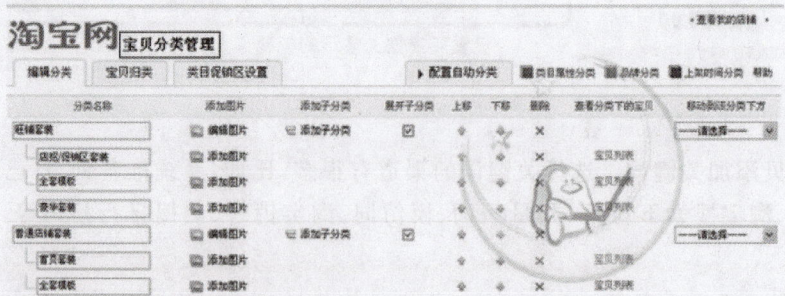

图 8-2-17　宝贝分类管理页面

（2）单击添加新分类按钮，上方弹出空白分类框，输入分类名称，添加完成，如图 8-2-18 所示。

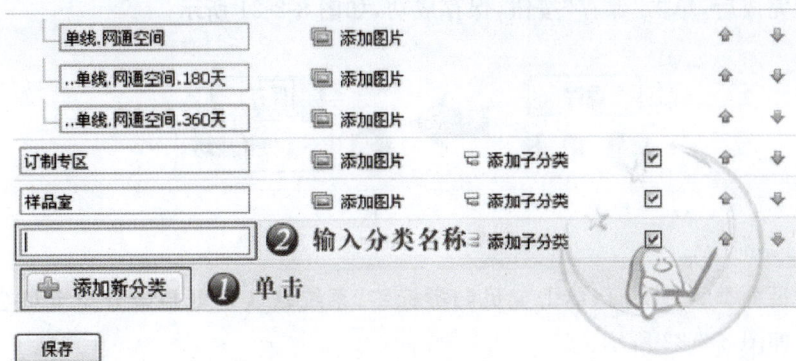

图 8-2-18　输入分类名称

（3）制作完成的分类，系统会发给你一个分类代码.txt 文本文件，如图 8-2-19 所示。

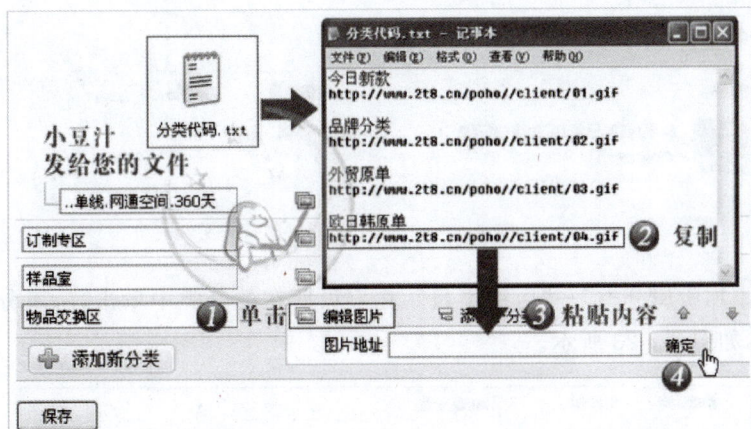

图 8-2-19　复制、粘贴分类代码

（4）点击添加子分类按钮，在分类下方弹出的空白框中，输入子分类名称，如图 8-2-20 所示。

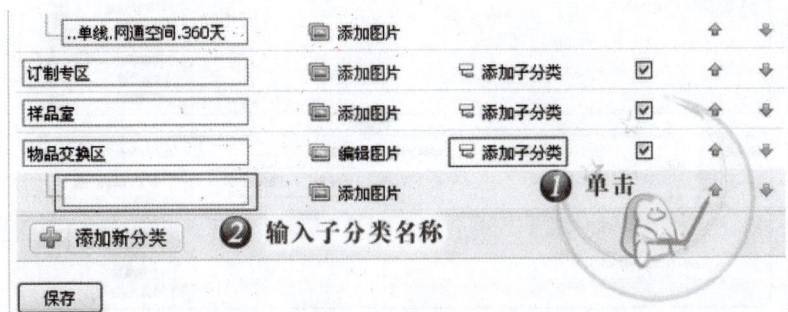

图 8-2-20　添加子分类

注：子分类图片的添加方法与添加分类图片的方法一样，单击子分类右侧的添加图片按钮，输入图片地址即可。

（5）设置完成后，单击"保存"按钮，保存成功，如图 8-2-21 所示。

图 8-2-21　保存操作

（6）在宝贝分类管理页面，单击宝贝归类标签，系统默认设置是未分类宝贝会显示在宝贝描述下方，如图 8-2-22 所示。

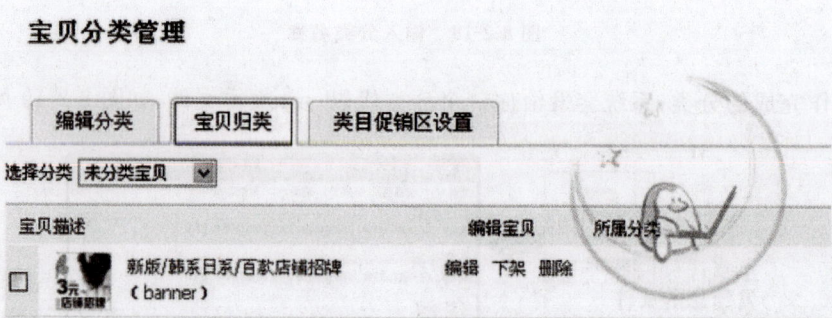

图 8-2-22　宝贝归类页面

（7）点击"添加所属分类"—"店铺类目"，在宝贝所在的分类中单击，所属分类下方会显示宝贝的分类，如图 8-2-23 所示。

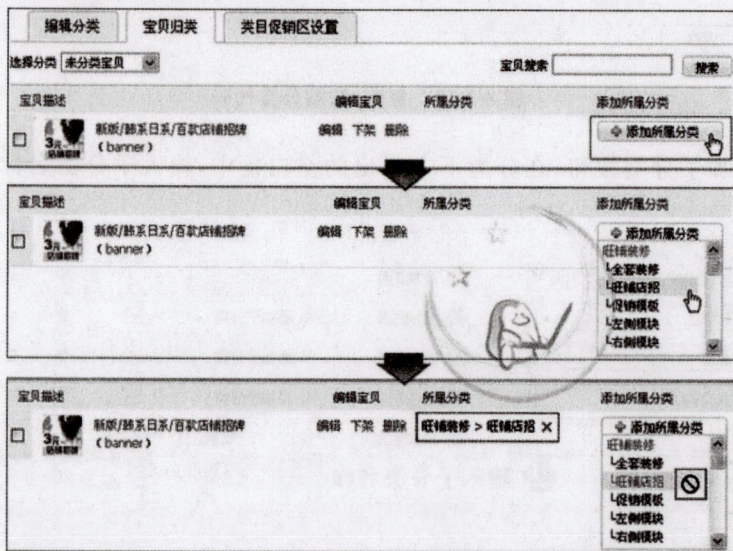

图 8-2-23　添加所属分类

(8)选择宝贝分类管理中的类目促销区设置,在要促销的类目右侧选择类目,单击"编辑html源码"按钮,如图 8-2-24 所示。

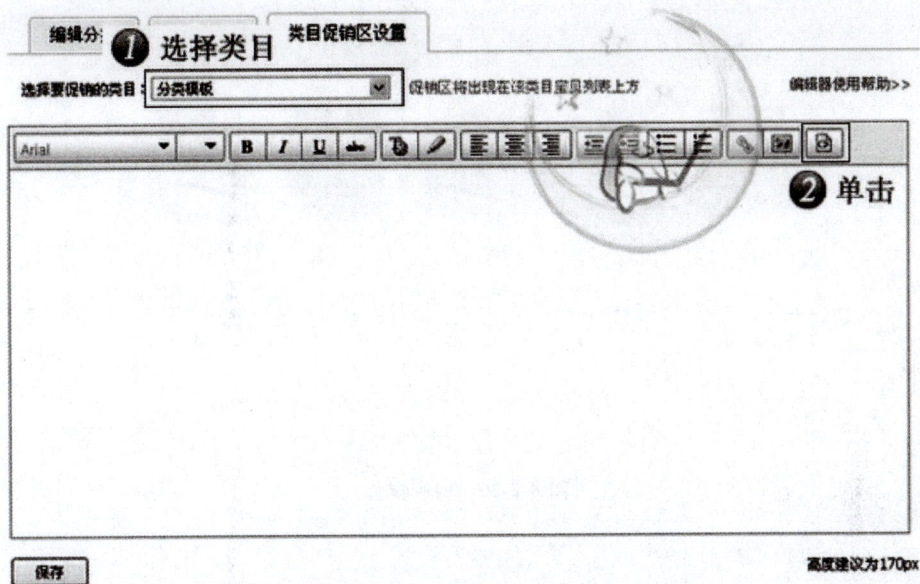

图 8-2-24 类目促销区设置

(9)制作完成的代码,系统会发给您一个类目促销区代码. txt 文本文件,如图 8-2-25 所示。

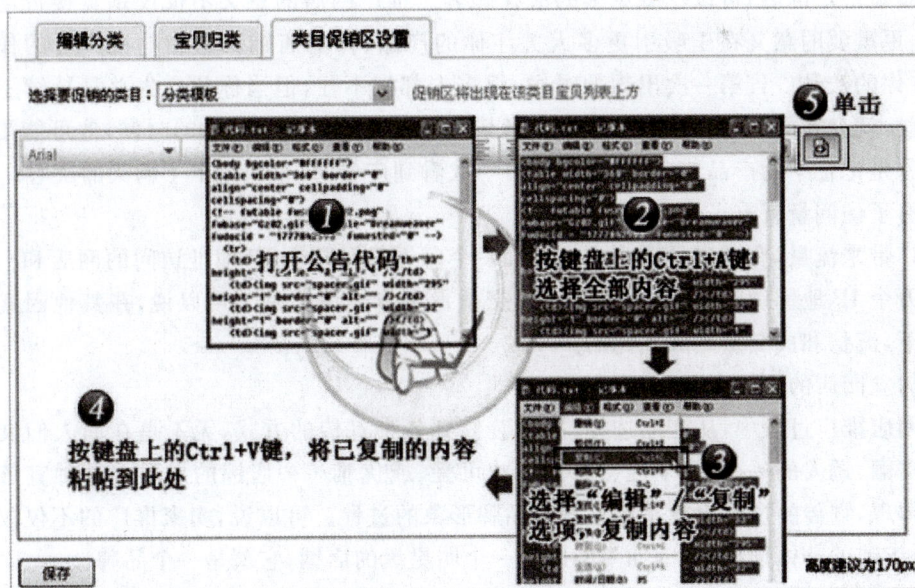

图 8-2-25 复制、粘贴类目促销区代码

(10)显示代码图片,点击"保存",如图 8-2-26 所示。

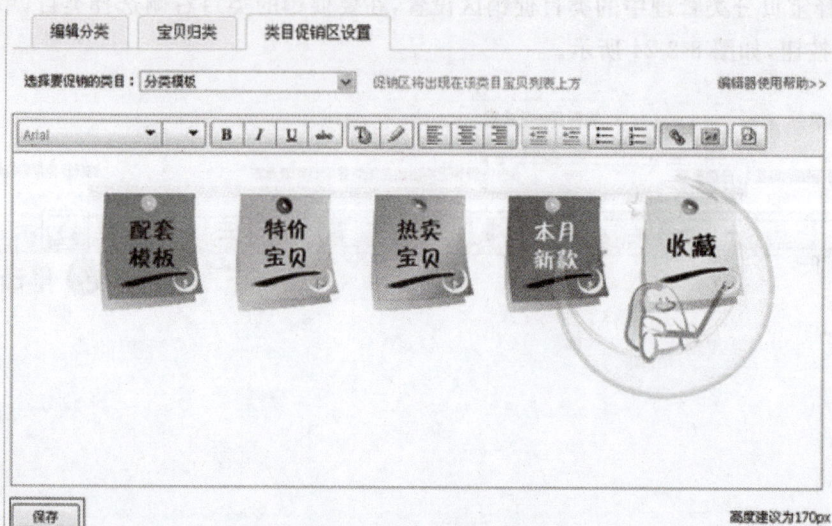

图 8-2-26　保存操作

知识链接

（一）网店推广的目的

1.吸引更多人关注，培养潜在顾客

持续地推广网店，可以挖掘更多的潜在顾客。推广网店的意义不仅仅是直接带动店铺的销量，更重要的意义在于吸引更多人关注你的产品、你的店铺。这和电视广告的作用类似，或许你的产品广告第一次出现的时候，很多人都记不住，但当你的广告总是持续不断出现的时候，就会在受众的心里留下印象。当某一天顾客需要这个产品的时候，他可能第一个想到的就是记忆中的产品或店铺；或当他再一次看到广告时，很快就下了购买的决心。

2.有了访问量就有了生意

推广带来流量，有了流量才有成交量。一个每天只有几个 IP 地址访问的网店和一个每天有上万个 IP 地址访问的网店，它们的成交量肯定有天壤之别。可以说，在其他因素一样的前提下，流量和成交量是成正比的。

3.树立网店的整体形象

在网店推广过程中，从产品选择、店铺装修到各种宣传的方式，无不是在向人们展示自己店铺美丽、诱人的一面，或个性、或大众、或可爱、或优雅……店铺的形象在种种宣传手法中得以体现，宣传的过程也就是树立自己品牌形象的过程。可以说，卖家推广的不仅仅是产品，更是店铺的整体形象，店铺如果能成为一个明星级的店铺，它就是一个品牌。

（二）宝贝上架时间选择

宝贝的上下架中蕴含了搜索的逻辑，如果能合理的优化宝贝的上下架时间，就可以让自己的宝贝排名靠前，在节省流量成本的同时提高搜索的权重，下图 8-2-27 为宝贝上架的黄金法则。

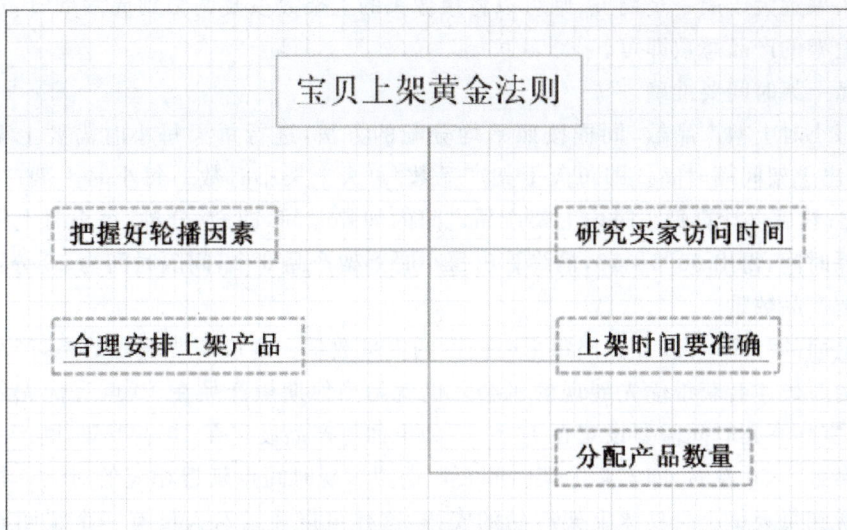

图 8-2-27　宝贝上架的黄金法则

1.把握好轮播因素

自 2011 年淘宝分拆后,淘宝网和天猫都有了各自的战略方向,搜索的因素也相应有一些差异和调整,时间轮播因素在天猫搜索中无效,仅在淘宝网的"所有宝贝排序"中有效;产品到了下架时间不会被系统下架到仓库,而是有效期重新计算。要将产品根据买家来访时间平均分布来进行陈列,尽量在人数多的时间段中展现产品。

2.研究买家访问时间

店家需要获取的是买家的访问时间,看看什么时候访问人数最多。这里可以通过数据魔方来获取相应的用户来访时间数据,当经营多品类的时候,选取商品数最大的两个行业进行数据获取,通过数据魔方获取买家来访时段数据。

在一天内,有几个访问量很大的时间段:9:00~11:00,14:00~16:00,20:00~23:00,总计 9 小时。也就是当产品下架时间在这些时间段内,获得流量的概率就会加大。还有一个问题是,周一到周五与周末的买家访问人数存在多少差距?通常情况下,大多数商家都能感受到周末的买家较少,是因为周末多数人都较少在电脑旁,因此上淘宝的人也就少了。周末2 天的流量与周一到周五的差距还是较大的。为了让产品能够尽量获得较大的流量,建议主要集中在周一到周五、周六周日 2 天合并为一天对待。经过分析可以获得两个数据指标:将一周按 6 天等分,一天内访客流量较大的时间有 9 小时。

3.合理安排上架产品

计算每日上架产品数。根据之前说的平均分配的方法,我们首先要算出每天要分配多少产品上架。根据产品总数和实际一周分配天数进行计算,即:总产品数/天数=每日上架产品数,324/6=54,得出一天应该上架 54 个产品。根据计算,我们可以先得出一张表,将每天的宝贝品类上架数进行合理的分配:因周六周日视为 1 天,所以实际情况是 54/2=27,即周六周日分别上 27 个产品。可以根据实际情况对品类分配进行调整,如某商家发现摄像头周末的购买率远大于周一至周五,则可以将摄像头的上架数主要调整到周六周日,这里只要遵守每天上架的产品总数即可。

4.产品上架时间要准确

计算每小时上架产品数,同样按照平均分配的方法,进行每天每小时需要上架的产品数,并计算出上架间隔时间。即每天上架产品数/每天上架小时数＝每小时上架产品数,得出 54/9＝6;然后再计算每小时内上架产品之间的间隔时间,即 60 分钟/每小时上架产品数＝上架间隔时间,得出 60/6＝10,最终算出每小时上架产品 6 个,间隔时间为 10 分钟。

5.分配产品数量

根据上面的计算,可以计算出每个时间段的宝贝数量。这里需要注意的是,产品只有在即将下架的时候才会获得优先展现的机会。也就是当你期望产品在 10 点有优先展现机会时,产品的实际下架时间需要设定在 10:10。如果你将产品设定在 10 点下架,则产品的优先展现时间会是 9:50 左右,即实际上架时间要比期望展现时间点延迟相应的时间。根据上架表可以扩展到每天每小时具体上架产品的安排,这样可以让运营人员有一个很明确的执行清单。同时,商家也可以根据自身产品销售策略的不同,在这个范围内调整相应的产品上架顺序。如,一天内 U 盘的主要成交时间段在上午,则可以调整其他品类的产品到当天的其他时间,让 U 盘集中在上午呈现。同样这里需要遵守的是已计算好的总上架产品数和相应的时间节点。

🛒 实战演练

(1)提交淘宝客开启成功的截图。

(2)到"美丽说"寻找两件最喜欢的商品,提交链接,并说明喜欢的理由。

(3)设置两个店铺的友情链接,操作完成后截图。

任务8.3　应用掌柜说、淘帮派

🚚 任务描述

(1)应用掌柜说对自己的网店进行推广。

(2)应用淘帮派对自己的网店进行推广。

🔍 操作指引

(一)应用掌柜说对自己的网店进行推广

(1)所有已开店的掌柜,进入"我的淘宝"—"我是卖家",点击进入"我的掌柜说",如图 8-3-1所示。

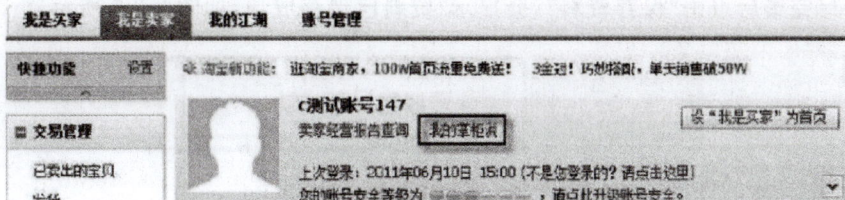

图 8-3-1 "我的掌柜说"页面

（2）进入掌柜说主页，在导航栏看到"管理掌柜说"的链接，如图 8-3-2 所示。

图 8-3-2 "管理掌柜说"的链接

（3）点击"管理掌柜说"进入到掌柜说页面，首先在"编辑资料"页面填写资料，如标签和介绍，如图 8-3-3、图 8-3-4 所示。

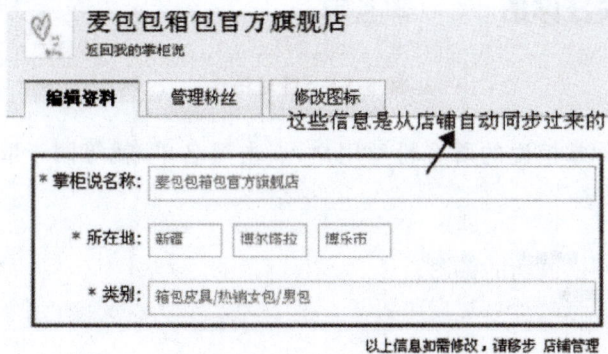

图 8-3-3 填写相关资料

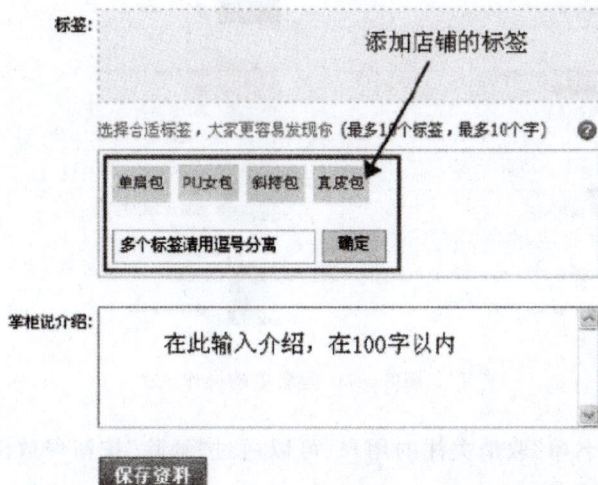

图 8-3-4 添加店铺标签、介绍

（4）填写完毕后点击"保存资料"，会提示"资料已保存成功，如图 8-3-5 所示。

图 8-3-5　保存操作

（5）点击"管理我的掌柜说"的页面，点击"管理粉丝"，如图 8-3-6 所示。

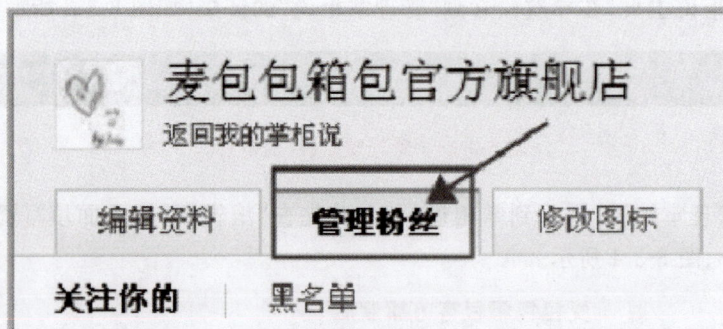

图 8-3-6　管理粉丝

（6）会看到关注你掌柜说的所有粉丝用户，点击黑名单，就等同于取消关注关系，如图 8-3-7所示。

图 8-3-7　黑名单的操作

（7）被你点击"黑名单"取消关注的用户，可以通过"解除"按钮释放出来，重新进入到你的粉丝列表，如图 8-3-8 所示。

图 8-3-8　解除黑名单

(8)点击任意一个用户头像,进入用户个人主页,点击"加为好友",通过对方验证后结成好友关系,如图 8-3-9 所示。

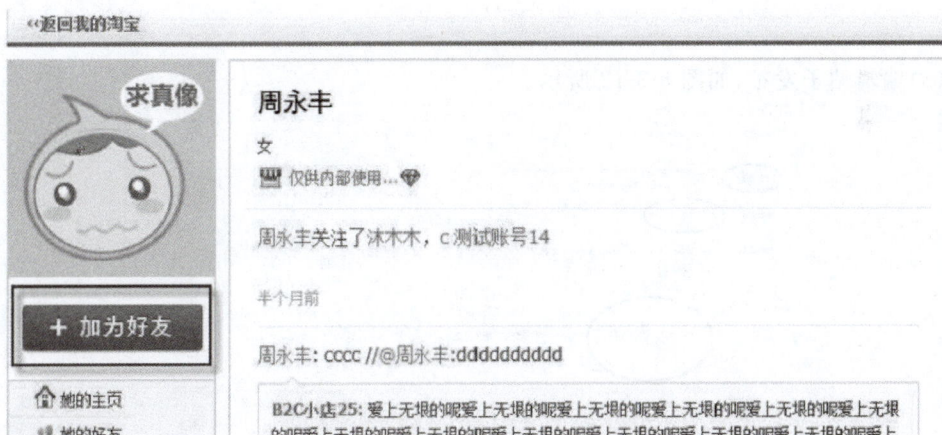

图 8-3-9　加为好友操作

(二)应用淘帮派对自己的网店进行推广

(1)创建一个淘帮派 http://bangpai.taobao.com,如图 8-3-10 所示。

图 8-3-10　创建淘帮派

(2)发布新帖子,如图 8-3-11 所示。

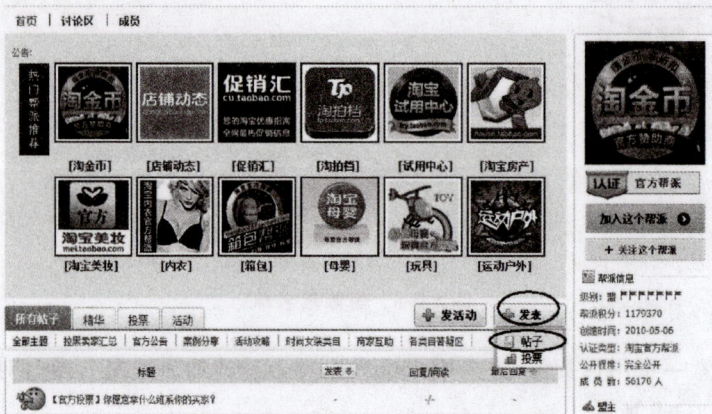

图 8-3-11　发布新帖

(3)编辑帖子发布,如图 8-3-12 所示。

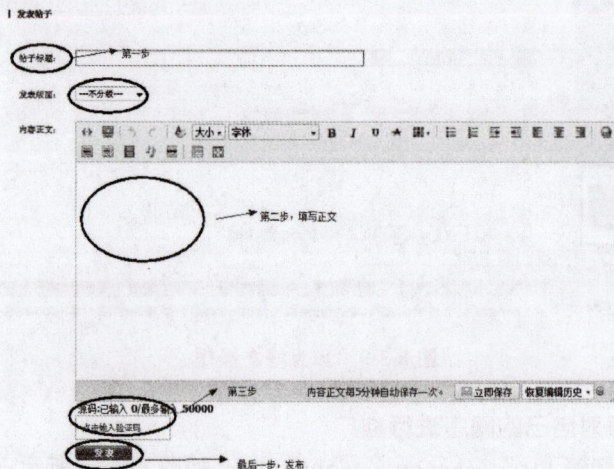

图 8-3-12　编辑帖子发布

(4)回复帖子,如图 8-3-13 所示。

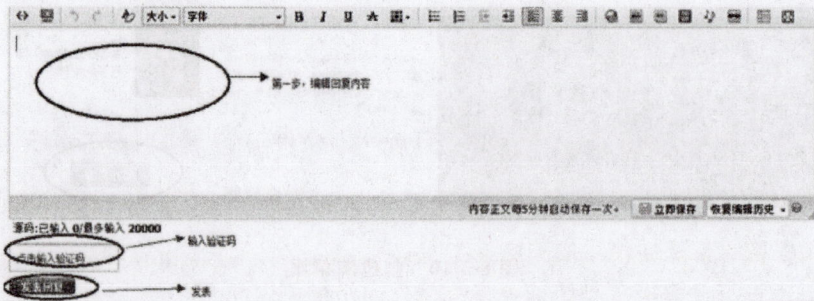

图 8-3-13　回复帖子

知识链接

网店推广要注意的三点如下：

(一)目的明确,内容具体

网店推广的目的要具体,比如要让一定时期浏览量达到 20 万人次,或者发送帖子的数量达到 10 万等。也就是说,先定下一个可实现的目标,然后通过不断努力,给自己一定的时间,争取提前实现它,至少是按时实现。目标客户所接触的对应内容,一定要是让人愿意去看、对人有吸引力和说服力的文字或其他内容。

(二)对于推广方式的选择,以到位为准则

推广方式有很多种,在选择的时候,需要注意适合自己的为好。例如,那些付费的且高收费性的推广方式,一定不适合于刚开始运营的网店。

(三)推广点的选择与整合

想要很好地进行推广,对推广点的选择与整合非常重要。因为只有明确了需要推广的物品的优缺点,尽量将好的一面展示给目标群,才能达到一个非常好的推广效果,所以一定要对推广点有一个明确的选择和整合。

实战演练

(1)开设一个自己的店铺帮派,截图提交。

(2)发布一个新帖子,截图提交。

(3)发布一条店铺动态,截图提交。

思考与训练

一、判断题

1.淘宝直通车的服务是按照成交量收费的,不成交不收费。(　　)

2.商品图片在网店中起到决定性作用。(　　)

3.支付宝的交易管理功能可以帮助卖家清晰地记录每一笔通过支付宝交易的交易状态。(　　)

二、单选题

1.下列哪项不是店铺推广选择关键词的思路?(　　)

A.按宝贝推广的关键词选择思路

B.采用其他店铺推广中使用的关键词

C.采用在宝贝推广中使用的关键词

D.也可通过流量解析工具获得更多有流量的精准关键词

2.淘宝店铺推广是如何扣费的?(　　)

A. 按展现扣费

B. 同单品推广一样,按点击扣费

C. 店铺推广当日扣费可能会超出设置的日限额

D. 按转化扣费

3. 对店铺推广标题描述不正确的一项是（　　）

A. 店铺推广信息可以同时展现两个标题：主标题和副标题

B. 主标题建议突出店铺的特点和经营范围

C. 店铺推广只能显示一个标题

D. 副标题是主标题的补充,建议突出店铺营销、折扣等信息

三、多选题

1. 商城的免费活动促销工具主要包括（　　）

A. 满就送　　　　　　　　　　　　B. 直通车

C. 限时折扣　　　　　　　　　　　D. 搭配套餐

2. 在淘宝上使用支付宝,卖家可以（　　）

A. 看到买家的支付情况

B. 拥有账目分明的交易状态记录

C. 免却交易手续费 50％

D. 获得更多的信用评价机会

3. 在淘宝上经常能搜索查看到很多好宝贝和其他感兴趣的内容。为了方便今后查阅,可以收藏的内容有（　　）

A. 类目　　　　　　　　　　　　　B. 店铺

C. 搜索　　　　　　　　　　　　　D. 宝贝

四、问答题

1. 淘宝网店推广方式有哪些?

2. 网店推广的目的有哪些?

3. 网店推广要注意哪三点?